헌 법 이   보 장 하 는   경 제 민 주 화   이 야 기

결국 다시
경제민주화다

김종인

박영사

경제민주화에 더 다가선 국민의 열망

경제민주화가 1987년 개정된 헌법(제119조 제2항)에 명시된 지 벌써 30년이 흘렀다. 하지만 우리 사회에서 경제민주화가 구현된 현장을 찾아보기 힘들다. 그동안 계층간 소득 격차는 크게 벌어졌고 오히려 양극화가 심화됐다. 1987년 체제 이후 30년 동안 '정치민주화'는 상당히 진전된 반면 경제민주화는 여전히 답보 상태이다.

경제민주화 조항이 헌법에만 규정돼 있으면 뭐하겠는가. '구슬이 서 말이라도 꿰어야 보배'라는 우리말 속담처럼 경제민주화도 우리 사회가 의지를 갖고 실천을 해야 한다. 그런데 현실은 딴판이다. 경제민주화에 대한 오해와 편견으로 가득하다. 1987년 경제민주화 조항을 만든 개헌 당시나 2017년 현재나 전국경제인연합회 등 재계의 반발은 조직적이고 정략적이다. 이들은 "경제민주화를 하면 경제가 어려워진다"고 주장한다. 실상은 경제민주화가 되지 않아 경제가 어려운데도 말이다. 우리 사회는 곳곳에서 이들의 논리에 젖어들었다.

경제민주화에 대한 그릇된 오해와 편견을 바로잡기 위해 절절한 심정으로 이 책을 다시 고쳐 썼다. 경제민주화란 구슬을 제대로 꿰어 우리 사회의 미래를 담보하는 소중한 보배로 만들기 위해서이다. 경제민주화는 결코 개별 거대경제세력(필자는 재벌을 이렇게 표현한다) 그룹을 규제하기 위한 것이 아니다. 양극화가 진행될수록 경제·사회적 긴장이 높아질 수밖에 없다. 결국 경제와 정치 영역에서 작동해야 할 민주주의 질서가 위협받는 결과로 이어질 것이다. 이를 막기 위한 최소한의 안전장치가 바로 경제민주화다.

독일 유학 당시 국가의 건국부터 정치, 경제 발전 과정을 오랫동안 연구했다. 독일을 보면서 한국이 발전하는 과정에 어떤 정치적, 경제적 문제가 뒤따를 것인지 고민했다. 나름의 예방책을 만들어 한국에 돌아가 기여해야겠다는 마음에서다. 영국, 미국, 독일 등 성공한 나라들을 보라. 이들 국가가 정치발전과 함께 경제적 번영을 이룬 바탕에는 경제 질서를 바로잡는 사전적인 조치가 전제 됐다는 공통점이 있다.

영국은 입헌정치의 시발점인 대헌장(Magna Carta) 이래 산업혁명 시기 노동자의 선거권 획득을 위한 차티스트(Chartist) 운동에 이르기까지 '피를 부르는 혁명' 없이 민주주의 정치체제를 정착시킴으로써 경제발전의 기반을 다졌다.

미국의 건국정신은 자유주의였다. 정부가 개인의 경제활동에 관여해선 안 된다는 의식이 팽배했다. 그러나 독점기업의 폐해가 심각하자 19세기 말 독점금지법을 제정했고, 20세기 초 US스틸 등 거대 독점기업을 해체시키는 등 이른바 반기업적 조치를 과감히 실행했다. 이어 누진소득세를 도입하는 등 일련의 경제민주화 조치를 취해 사회개혁의 기초를 다졌다.

제2차 세계대전에서 패전국이 된 독일은 어떻게 부활했을까? 초대 부총리와 2대 총리를 지낸 루트비히 에르하르트라는 뛰어난 지도자가 있었기 때문이다. 그는 '사회적'이라는 수식어가 붙은 시장경제 체제를 도입했다. '사회적 시장경제'란 시장의 효율을 높이기 위해, 신자유주의를 택하면서도 정부 역시 시장에서 공정한 경쟁이 가능하도록 심판 역할을 수행하는 것이다. 정부가 시장이 해결하지 못하는 영역에 개입하도록 했다는 것이 신자유주의와 다른 지점이다. 독일 경제를 대기업이 아닌 중소기업이 이끌고, 수출의 70%를 담당하게 된 배경이다.

그렇다면 한국의 선택은 자명해진다. 경제민주화의 길을 차근차근 밟아 나가야 한다. 정규직과 비정규직 간 임금 격차가 소득격차로, 소득격차가 다시 계층격차로 고착화되는 과정에서 많은 국민들이 경제민주화의 필요성을 이해하기 시작했다. 경제민주화는 어려운 개념이 아니다. 많은 사람들이 매일 경제활동하면서 체험하고 느끼는 개념이자 일상에서 통용되는 원리다. 그럼에도 우리 정치권은 아직도 이를 겸허히 받아들이지 않는다. 심지어 재계는 경제민주화란 표현에 거부감을 보이면서 '경제합리화'나 '경제선진화'로 용어를 바꾸는 게 어떠냐고 제안하기도 했다.

다시 얘기하지만 경제민주화는 어디서 갑자기 나타난 해괴한 논리가 아니다. 민주주의 국가가 구성원의 갈등을 줄여나가면서 안정적으로 시장경제의 효율을 높이는 데 필수불가결한 핵심 개념이다. 다른 나라의 전례들이 이를 증명한다. 우리는 '정답'을 알면서도 이를 실행할 용기가 없는 것 같다.

대통령 선거의 해인 2017년 시대정신은 단언컨대 경제민주화일 것이다. 2012년 18대 대선에서 정치권이 경제민주화 이슈를 주도했다면 지금은 국민이 경제민주화를 요구하고 있다. 금수저와 흙수저라는 '수저계급론'으로 계층격차를 자조하는 국민들이, 연인원 1,500만명이 운집한 광장의 촛불 민심이 경제민주화를 시대정신으로 소환했다.

박근혜 대통령에 대한 탄핵심판을 초래한 최순실 국정농단 사태의 근원도 따지고 보면 경제민주화에 역행한 결과다. 정치권이 한낱 선거구호로만 경제민주화를 외친다면 결국 국민이 직접 경제민주화를 실현시키고자 나설 것이다. 그렇게 되면 우리 사회는 결코 적지 않은 비용을 치러야 할 것이고, 기성 정치권이 설 공간은 더욱 좁아질 것이다.

돌이켜보면, 19대 총선을 앞둔 2011년 말부터 여의도 정치권은 물론 경제계 키워드로 경제민주화가 등장했었다. 지난 18대 대선에서도 새누리당(현 자유한국당)의 핵심 공약으로 채택돼 당시 박근혜 후보의 당선에 기여했다. 박근혜 정부가 출범한 뒤 얼마 지나지 않아 예전 같은 대기업 중심 경제정책으로 되돌아가고 말았다. 30년 전 헌법에 경제민주화 조항을 명문화하는 데 일조하고 18대 대선 과정에서 경제민주화 공약에 관여한 당사자로서 이를 지켜보는 마음이 착잡하다.

경제민주화는 필자 평생의 소임이었다. 1970년 이후 '경제민주화'를 정책에 반영하기 위해 노력해왔다. 경제민주화는 자본주의 시장경제의 효율을 극대화시키면서 사회 안정을 함께 달성하기 위한 최소한의 제도적 장치다.

필자는 박정희 정권에서 의료보험 도입을 주장해 관철시켰다. 당시 국민소득이 1,000달러도 안 되는 상황에서 시기상조라는 내각의 반대가 거셌지만 '근로자가 아프면 일을 못 하고, 소득이 줄어들면 사회가 불안정해진다'고 설득했다. 전두환 정권에서는 기업 감세 정책을 반대했고, 헌법 개정안에 경제민주화 조항을 포함시켰다.

그러나 정치민주화가 이뤄진 1987년 이후 경제세력과 정치세력간에 힘의 역전이 일어나기 시작했다. 1987년 이전 권위주의 대통령들이 재벌을 만들었다면, 정치민주화 이후 대통령들은 경제세력에 압도당하면서 경제민주화는 계속 좌절됐다.

노태우 대통령 당시 청와대 경제수석을 맡아 재벌들이 3개 주력 업종만 하도록 하는 구조조정을 추진했지만 결국 실패로 돌아갔다. 김대중 대통령은 외환위기를 서둘러 수습하기 위해 대기업에 공적자금을 대거 투입했고, 결국 대기업 구조조정의 기회를 놓쳤다. 노무현 대통령 역시 경제민주화 의지를 보이면서 도움을 요청했지만 끝내 "권력은 시장으로 넘어갔다"고 고백하기에 이르렀다. 박근혜 대통령은 경제민주화 공약을 걸고 당선됐지만 1년도 안 되어 경제민주화라는 말 자체가 사라졌다. 더불어민주당도 지난해 4·13총선에서 경제민주화 공약을 내세워 승리했지만, 실천할 것인지는 지켜볼 필요가 있다.

역대 대통령 재임기간 경제민주화가 번번이 좌절되는 것을 지켜보면서 경제민주화를 실현시키려면 대통령의 정확한 상황 인식과 의지가 매우 중요하다는 결론에 이르렀다. 더구나 이제는 선거 구호로만 경제민주화를 외쳐서는 결코 안 되는 시기가 도래했다. 저출산·고령화로 사회 구조의 틀이 흔들리는 상황에서 우리 경제는 돌파구를 찾지 못하고 있다. 3년 연속 2%대의 저성장을 기록하게 된 우리 경제는 경제민주화라는 장치 없이 재도약 자체가 어렵다. 미국 도널드 트럼프 행정부 출범으로 세계 질서가 요동치고 있는데 한국 외교는 낭떠러지 앞에 서 있다. 이런 총체적 위기 속에서 한국은 앞으로 5년이 마지막 기회가 될 수도 있다는 절박감이 든다.

다음 대통령이 이런 경제 상황을 인식하지 못 하면 한국 경제도 일본처럼 20년 저성장의 늪에 빠질 것이다. 중산층 이하 대다수 가구를 살리기 위해서, 국가 경제의 성장 잠재력을 확충하기 위해서 경제민주화는 반드시 실천해야 할 과제이다.

물론 경제민주화의 길은 쉽지 않을 것이다. 우리 경제의 압축 성장 과정에서 잉태되고 자란 거대경제세력은 막강한 힘을 갖게 됐다. 경제주체들 간 '힘의 불균형'을 시정하기 위해선 희생정신과 약자에 대한 배려가 절실하다. 정치 지도자부터 경제민주화 개념을 확실하게 이해하고 제대로 실천하려는 의지를 갖고 있어야 한다. 준비된 대통령이라면 경제민주화에 대한 분명한 철학과 의지, 리더십을 가져야 한다.

박정희 대통령부터 박근혜 대통령에 이르기까지 필자가 경제민주화를 실현시키기 위해 쏟았던 노력들은 결국 보수와 진보 양 진영에서 공격을 당하는 빌미가 됐다. 진보 진영에서는 과거 군사정권에 협력한 것 아니냐고 비판하고, 보수 진영에서는 지난해 4·13총선에서 망해가는 정당을 살려놓았다고 못마땅해 한다. 경제민주화를 실현시키기 위한 행보는 굳은 신념에서 비롯된 것이었으나 이쪽 사람을 만나도, 저쪽 사람을 만나도 필자가 잘못했다는 이야기를 듣고 있다. 양 진영에서 이런 이야기를 듣다보니 나라를 위해 '통합의 다리'를 놓아야 한다는 강한 책임감을 느끼게 됐다. 한국 사회의 중심에서 1970년 이후 격동의 과정을 지켜 본 사람으로서, 마지막으로 이러한 극단적인 대립을 치유하고자 노력하지 않으면 무책임한 것이라는 결론에 이르렀다.

그런 절박함 속에서 경제민주화를 위한 역할을 다하고자 2012년에 썼던 책의 상당 부분을 수정 보완했다. 특히 미국을 비롯해 독일과 스웨덴 등 '경제민주화 선진국' 사례를 자세히 소개했다. 경제민주화 개념에 대한 설명도 최근 국내외 경제 상황을 반영해 덧붙였다.

이런 점들을 짚어가며 왜 다시 경제민주화가 절실한가를 정리했다. 격차 해소와 거대경제세력 개혁, 노동시장 변혁, 복지 패러다임 전환, 재정 건전화, 금융 혁신 등 경제민주화를 향한 주요 정책과제의 큰 그림도 함께 제시했다. 구체적인 정책과 액션플랜은 다음 정부 몫이다. 이 책이 대전환기에 선 한국 경제가 경제민주화를 바탕으로 소생해 선진 경제로 나아가는 데 밑알이 되기를 간절히 소망한다.

얼마 전부터 페이스북을 열심히 공부하고 있다. 더불어민주당 비상대책위원회 대표직에서 물러난 뒤 국민의 대의기관이자 독립적인 헌법기관으로서 국민과 보다 활발히 소통하고 싶어서였다. 첫날 5,000명이 넘는 분들이 친구 요청을 해서 새로운 친구를 맺을 수 있었다. 젊은 세대들이 토로한 고민과 애환을 들으며 앞으로 해야 할 일을 더욱 분명하게 가슴에 새겼다. 특히, 젊은 기자들이 페이스북 개통을 축하한다며 꽃바구니를 보내주었는데 리본에 적힌

"경제 할배 이제 나라를 구해주세요"라는 격려 문구에서 새삼 필자의 사명이 무엇인지를 절감했다.

시간을 쪼개 책을 고쳐 쓰면서 처음 경제민주화 책을 집필할 때처럼 할아버지 말씀을 여러 차례 떠올렸다.

"세상에 권력과 금력, 인연 등이 우리들을 둘러싸고 유혹하며 정궤(正軌)에서 일탈하도록 얼마나 많은 노력들을 하고 있는가? 만약 내 마음이 약하고 힘이 모자라서 이런 유혹들에 넘어가게 된다면 인생으로서 파멸을 의미할 뿐이다(김병로 초대 대법원장 1954년 3월 20일 법관 회동 훈시)."

끝으로 경제민주화의 큰 뜻에 공감하고 재집필의 힘과 지혜를 주신 많은 여러분께 깊은 감사의 말씀을 드린다.

2017년 3월
서울 광화문에서 김종인

제1부
2017년, 한국의 선택

제2부
경제민주화를 통한 포용적 성장의 길

제1장
격차 해소

제2장
거대경제세력(재벌) 개혁

2017년,
한국의 선택

제1부

결국
다시
경제민주화다

제1부

제1장

결국 다시
경제민주화다

● ●
● ●

왜 결국 다시
경제민주화인가?

▌시장실패 극복의 길 ···
경제민주화

　2012년 19대 총선거 이후 정치권 등 여러 곳에서 경제민주화에 대해 이야기하고 있지만 아직도 미완의 과제로 남아있다. 1987년 경제민주화가 헌법에 명시된 지 30년이 되었는데 취임 선서에서 헌법을 준수하겠다고 다짐하는 대통령부터 이를 제대로 인식하지 못하고 있기 때문이다.

　2012년 18대 대통령선거 당시 경제민주화를 핵심 공약으로 내세웠던 박근혜 후보도 결국 원점으로 돌아갔다. 박근혜 정부의 핵심 정책은 경제민주화에서 창조경제로, 민생 안정에서 경제활성화로 바뀌었다. 대통령 당선인 시절 '중소기업 중심 경제'를 강조하며 대기업 단체인 전국경제인연합회를 제치고 중소기업중앙회부터 방문하더니만 이내 거대경제세력(재벌)[1] 중심의 정책으로 돌아섰다. 정부출범 초기에 추진되던 경제민주화 입법은 소리 소문 없이 사라지거나 여러 시행령이 덧붙여지며 본래 입법 취지에서 멀어져 갔다. 그러다가 최순실 국정농단 사태라는 정경유착 상황을 초래했고, 대통령이 탄핵되기에 이르렀다.

경제민주화가 추상적인 개념으로 보일 수도 있다. 그러나 오늘날 한국에서 나타나는 여러 경제·사회 문제를 극복하고 사회의 안정과 조화를 이루기 위해서는 달리 뾰족한 방법이 없다. 정부가 나서 경제가 효율과 안정을 동시에 추구할 수 있는 장치를 마련해 실행하는 경제민주화 작업이 요구된다.

자본주의란 원래 경제활동에 참여하는 개개인이 능력에 따라 이윤을 추구하면 시장에서 자유로운 경쟁을 통해 발전한다는 개념이다. 아담 스미스는 저서 《국부론》에서 시장이 모든 것을 조정할 수 있다고 보고, 이른바 시장에서의 경쟁 메커니즘이 중요하다고 강조했다. 그는 '보이지 않는 손(invisible hand)'이 모든 것을 해결할 수 있다고 했지만 현실은 다르다. 현실의 시장에선 보이지 않는 손이 해결하지 못하는 부분이 있다. 정부가 추진하는 경제정책의 출발점은 바로 여기에 있어야 한다.

자본주의 시장경제를 내버려두기에는 개별 경제주체의 타고난

---

1) 필자는 흔히 재벌로 통하는 대기업집단을 '거대경제세력'으로 부른다. 정치세력에 맞서 자신들의 이익을 도모하거나 때로는 정치세력보다 막강한 힘을 과시한다는 측면을 고려한 명명(命名)이다.

능력이 모두 다르고 크게 차이 난다. 이를 두고만 보면 능력 있는 소수가 독과점하고 나머지는 도태되고 만다. 이래서는 사회가 갈등을 겪으며 불안해지고 시장도 제 기능을 할 수가 없다. 시장경제는 어느 날 하늘에서 뚝 떨어지는 게 아니다. 국민의 세금으로 운영되는 정부는 시장경제의 메커니즘이 제대로 작동되도록 여건을 만들어주고 약자를 보호해줄 책무가 있다.

물론 세계사적으로 자본주의 시장경제 질서를 뛰어넘는 체제는 아직 없다. 효율을 강조한다는 점에서 시장경제 체제는 우수하다. 하지만 지나치게 효율만 추구하다가는 '보다 앞선 효율'이 다른 효율을 축출하게 된다. 그 결과 오히려 시장경제는 효율도 없고, 조화도 없는 지경에 이르고 만다. 결국 시장이 이 상태에 이르지 않고 안정적으로 나아갈 수 있도록 정부가 나서서 보호해야 한다. 이를 헌법에 명시한 것이 바로 경제민주화 개념이다. 1987년 6월 항쟁은 대통령 직선제 개헌을 담은 6·29선언으로 마무리됐다. 국민의 힘으로 정치의 민주화를 이뤄냈으니 이제 경제의 민주화도 해내야 한다는 생각에 헌법에 그 정신을 담았다. 경제 분야를 다루는 헌법 제9장의 제119조 제1, 2항이 그것이다.

헌법 제119조

① 대한민국의 경제질서는 개인과 기업의 경제상의 자유와 창의를 존중함을 기본으로 한다.
② 국가는 균형있는 국민경제의 성장 및 안정과 적정한 소득의 분배를 유지하고, 시장의 지배와 경제력의 남용을 방지하며, 경제주체간의 조화를 통한 경제의 민주화를 위하여 경제에 관한 규제와 조정을 할 수 있다.

헌법 제119조 제1항은 시장의 효율을 높이고, 제2항은 불완전한 시장을 보완하자는 것이다. 이 둘이 양립하지 않으면 시장의 효율도, 경제주체 간의 조화도 이루지 못하게 된다.

시장경제에서 흔히 일컫는 '시장실패'로 인한 문제들―즉, 독과점 구조와 실업, 분배 문제 등―은 '시장경쟁'이라는 이름으로 '승자독식'과 '약육강식'의 왜곡된 시장질서를 그대로 방치한 결과 나타나는 현상들이다. 이처럼 왜곡된 경제구조와 현상을 치유하지 않고선 시장경제가 제대로 작동하지 않는다.

우리나라에는 시장경제에 맡겨 놓으면 다 잘 돌아간다고 믿는 사람들이 여전히 적지 않다. 그들의 논리대로라면 외환위기 때 문제가 있었던 조직은 모조리 무너졌어야 했다. 부채가 많은 기업들과 은행들은 모두 파산했어야 옳다. 하지만 만약 그렇게 했다가는 사회가 불안해지고 경제 상황도 훨씬 더 나빠졌을 것이다. 그런 파장과 후유증을 염려해 정부가 막대한 공적자금을 투입해 은행을 살리고 일시적 자금난에 빠진 기업들을 회생시킨 것 아니겠는가.

경제민주화는 절대로 시장경제를 부정하는 것이 아니다. 시장경제의 문제점을 보완하기 위해 경제민주화가 필요한 것이다. 다시 말해 자본주의 경제체제와 민주주의 정치제제를 공존시키기 위해 경제민주화가 요구되는 것이다. 경제민주화는 시대의 흐름이다. 비단 한국만이 아니다. 미국 등 선진국을 포함한 전 세계적 흐름이다.

2008년 글로벌 금융위기 이후 불평등을 심화시키고 금융불안을 키운 기존 성장 전략에 대한 대안으로 조명받고 있는 '포용적 성장(inclusive growth)'도 따지고 보면 우리 헌법의 경제민주화 개념과 맥을 같이 한다. 포용적 성장이란 불평등 완화를 통한 지속 가능한 성장을 일컫는다. 미국 버락 오바마 대통령 2기 행정부는 포용적 성장을 핵심 정책으로 추진했다.[2] 비록 2016년 미국 대통령선거에서 패배했지만 민주당 후보로 나선 힐러리 클린턴도 소득 불평등을 완화하기 위한 '포용적 자본주의(inclusive capitalism)'를 핵심 선거공약으로 내세웠다.[3] 경제협력개발기구(OECD)나 국제통화기금(IMF) 등 국제기구의 보고서는 물론 재계의 입장을 주로 대변하는 스위스 다보스포럼에서도 포용적 성장은 핵심 의제로 자주 등장했다.

압축성장 25년…
경제사회 구조 왜곡

우리 현대사를 함께 살펴보자. 필자는 우리나라에서 자본주의 경제와 산업화가 본격화한 1962년, 제1차 경제개발 5개년 계획이 시작된 해부터 오늘날에 이르기까지를 25년 주기로 나눠서 보곤 한다.

경제개발 5개년 계획이 5차에 걸쳐 1986년 마무리됨으로써 한국은 세계 자본주의 역사에서 가장 짧은 기간에 산업화에 성공한다. 우리는 이를 흔히 '압축성장'으로 부른다. 그러나 단기간에 급성장

---

2) 백악관 경제자문위원회는 2016년 2월 '대통령의 보고서'에서 포용적 성장을 핵심 주제어로 삼았다. 이를 위해 사회 각 분야에 숨어있는 지대(rent)를 없애야 한다는 점을 구체적 정책 대안과 함께 다뤘다.
3) 힐러리 클린턴은 소득 불평등을 완화하기 위해 이익공유제를 확대할 것을 제1호 공약으로 제안했다. 그는 포용적 자본주의의 핵심은 "기업이 이윤을 근로자와 나누는 것(profit sharing)"이라고 강조했다. 포용적 자본주의에서 기업은 주주들의 단기 수익에 치중하지 않고 근로자와 지역사회, 환경보호를 위한 장기 투자에 나섬으로써 공정경제를 추구해야 한다는 것이다. 힐러리는 기업이 근로자에게 분배하는 이익의 15%에 대해선 2년 동안 세금공제 혜택을 주겠다는 방안도 제시했다.

하면서 경제와 사회 구조가 왜곡되었다. 1962년부터 1987년 6·29 민주화 선언에 이르는 첫 25년의 압축성장기에 대기업군(재벌)의 경제세력화와 함께 경제사회적 모순들이 구조적으로 심화되었다. 재벌 위주의 강자가 약자의 희생을 바탕으로 번성하는 '약육강식' 경제구조로 바뀌었다.

1987년 대통령 직선제를 포함한 헌법 개정 이후부터 18대 대통령선거가 치러진 2012년까지, 25년 동안 정치민주화가 진행되었다. 그 과정에서 국민의 기대와는 달리 경제세력은 더욱 비대해졌고, 정치는 이들 경제세력들의 영향력 아래 무기력증을 노출하였다. 그 결과 소득과 재산 분배의 양극화가 심화됐고 경제사회 전 분야에 걸쳐 갈등 구조가 잉태되었다.

정치민주화에 이어 외환위기를 맞는 과정에서 우리나라 정치사회 구조는 더욱 어지럽게 꼬였다. 1980년대부터 미국에서 유행한 신자유주의[4)]에 편승해 김영삼 정부는 신경제(100일 계획)니 뭐니 하면서 편승했다. 이어 김대중 정부 때 외환위기를 수습하는 과정에서도 정부 관료들이 상당 부분 신자유주의에 입각한 정책을 폈다. 성급하게 경제위기 상황을 치유하는 데 급급한 나머지 재벌 개혁은커녕 재벌 구조가 고착화돼 거대경제세력(재벌)이 국가의 모든 영역에 영향력을 행사할 수 있는 힘을 배양하기에 이르렀다. 김대중 대통령과 국민의 정부가 좀 더 치밀하게 준비했더라면 한국 사회의 모순을 상당 부분 시정할 수 있는 좋은 기회였는데 아쉽다. IMF(국제통화

---

4) 신자유주의 : 국가권력의 시장 개입을 비판하고 시장의 기능과 민간의 자유로운 활동을 중시하는 이론. 1970년대부터 케인스 이론을 도입한 수정 자본주의가 실패했음을 지적하며, 정부의 시장 개입을 줄이고 시장의 자유로운 경쟁에 맡기자는 경제적 자유방임주의를 주장하였다.

기금) 관리 체제에 들어갔을 때 거시경제 측면 못지않게 미시경제 상황을 꿰뚫어 보고 근본적인 기업 구조조정에 나섰어야만 했었다.

거시 경제지표는 돈을 계속 투입하면 좋아지게 되어 있다. 기업부채가 얼마나 늘어나든지, 투자한 결과가 실질적으로 효율이 있는지 없는지와 상관없이 투자하는 동안에는 성장률로 나타나 거시지표는 좋게 나타난다. 하지만 기업부채 등 미시경제 부분이 지나치게 잘못 굴러가다가 결국 터진 것이 외환위기다. 근본적인 기업 구조조정을 실행했어야 했는데 그때까지 우리나라에선 그 말의 의미조차 제대로 알지 못했다.

1991년 필자가 노태우 정부의 청와대 경제수석으로 있을 당시 주력업종 제도를 주장하면서 구조조정을 시도해 보려고 했으나 당시 이를 이해하는 경제관료가 없었다. 오히려 '지금 아무 문제도 없는데 왜 그런 일을 하려고 하느냐'는 식의 반응이었다. 기업들은 직접적인 이해관계가 있으므로 거세게 저항했다. 혼자서 버티다가 경제수석직을 그만 두자 그나마 쌓았던 벽이 무너지고 말았다. 1993년 김영삼 정부가 들어서고 신경제 100일 계획을 추진하면서 기업들에 투자를 독려하자 여러 분야에서 중복·과잉 투자가 빚어진 것이다.

결국 이것이 빌미가 되어 IMF 사태가 터지고 말았다. 기업의 과다부채와 과잉시설이 외환위기의 주범이었던 것이다. 1998년 구제금융 협의차 서울에 온 미셸 깡드쉬 IMF 총재가 "한국이 7년 전에 하려고 했던 것(주력업종 제도)을 성공했으면 우리가 여기 올 필요가 없는데 그것을 못해서 우리가 도와주러 왔다"고 말했을 정도다.

김대중 정부가 들어서서 한국 경제를 수술하겠다며 경제부처 장관들을 임명했는데, 옛날과 똑같은 '외과의사'를 데려다 놓았다. 질환의 직접적 원인이 되는 환부를 들어내려고 수술실에서 환자의 배를 가르고 보니 너무 겁이 나 적당히 마취주사를 놓고는 덮어버렸다. 여기저기서 아픈 부위가 터지고 피가 날 것 같으니까 서둘러 수술 부위를 봉합하는 데 그친 것이다. 그 연장선이 바로 지금 한국 경제의 모습이다. 경제사회의 여러 부문에서 나날이 심화되고 있는 현상이 양극화다.

우리나라에서 왜 1987년에 정치민주화에 대한 국민적 요구가 컸을까? 김영삼과 김대중 등 야당 지도자가 앞장서 민주화를 이뤘다는 평가도 있지만, 따지고 보면 1987년의 정치민주화는 이 땅의 넥타이 부대(화이트 컬러), 즉 샐러리맨들이 이룬 것이다. 정치 민주주의는 사회의 조화를 전제로 한다. 정치적 민주주의가 이뤄지면 정당들은 유권자의 표를 의식하지 않을 수 없다. 정당이 표를 먹고 살려면 다수 유권자인 사회적 약자를 위한 정치를 해야 한다. 샐러리맨들의 손에 의해 정치의 민주화를 이뤘으니 경제에 있어 룰이 공정하게 작동되도록 하는 경제의 민주화에 힘써야 할 텐데 우리 정치권은 그러지 못했다.

박정희 이후 역대 대통령들은 모두 '성장 콤플렉스'에서 벗어나지 못했다. 고속 성장만을 업적으로 여기며 외형적인 성장 위주 정책에 매진했다. 그런데 여기에 달라붙는 계층이 누구인가? 바로 거대경제세력, 재벌이다. 이들은 각종 경로를 동원해 로비를 일삼는다. 그리고 경제상황이 조금 어려워지기 시작하면 '우리 없이는 경제 회복이 어렵다'는 '위기명제'로 시장과 정권을 위협한다.

의사의 진단과 처방이 잘못되면 환자의 질병을 치유할 수 없듯이 경제정책 수립자들이 정책을 잘못 수행하면 경제가 발전은커녕 지속 가능하기도 어려워진다. 정부가 재벌을 도와주면 높은 성장을 구가할 수 있다는 잘못된 정책 때문에 외환위기를 자초했는데, 지금도 그런 잘못을 계속하고 있다. 선진국들은 성장률이 우리나라보다 낮아도 우리보다 훨씬 조화로운 사회를 이루어가고 있다.

한국도 이제 과거의 성장 우선주의에서 벗어나 성장률이 조금 낮아도 사회 안정과 조화를 이루는 것이 더 중요하다는 인식의 전환을 할 때가 되었다. 이미 잠재성장률 하락 등의 영향으로 달성하기 어려운 4%대 성장에 연연하지 말고 조금 낮은 2% 중반 내지 3% 초반 수준의 성장을 하더라도 대기업과 중소기업이 더불어 성장하고 부유층과 중산층 이하 서민이 고루 혜택을 보는 포용적 성장을 추구해야 마땅하다. 정부는 이처럼 한국 경제가 처한 실체적 경제상황을 가계와 기업 등 주요 경제주체들과 투명하고 정직하게 소통함으로써 이해를 구하고, 그러한 투명성이 곧 공평한 시장질서의 근간이 되며, 이게 바로 시장정의라는 선순환적 경제민주화를 이행해야 한다.

부끄러운 고백이지만 필자는 2012년 대선 때까지만 해도 당시 박근혜 새누리당 후보가 경제민주화를 이룰 수 있는 인물이라고 생각했다. 그런데 결국 원점으로 돌아오고 말았다. 대통령중심제 국가인 대한민국에서 경제민주화는 대통령이 확실한 신념을 가져야 이룰 수 있다. 1987년 전두환 정권 말기, 헌법에 경제민주화 조항(제119조 제2항)을 넣은 지 30년이 되었지만 안타깝게도 정치 지도자들은 이를 제대로 인식하지 못하고 있다.

한국 경제가 당면한 과제를 해결하려면 경제민주화에 대한 최고 정치 지도자의 결심이 중요하다. 정치권이 경제민주화를 실행하지 못하면 결국 국민이 직접 경제민주화를 실행하려 들 것이다. 이 경우 정치적 리더십이 발휘된 경제정책을 통한 경제민주화보다 사회적 비용이 클 것임은 자명하다.

기업의 탐욕,
정부와 의회가 억제해야

냉정하게 말해 경제학자든, 정부 관료든 특히 1975년 이후 해외에서 경제학을 공부한 사람들은 신자유주의와 시장경제에 너무 집착하는 것 같다. 모든 것을 시장에만 맡기면 다 잘된다는 확신에 가득 차 있다.

그런데 이들이 제대로 구분하지 못하는 중대한 문제점이 있다. 바로 시장이 해결할 수 있는 게 있고, 시장이 해결할 수 없는 분야가 있다는 것이다. 그럼에도 생각이 경직되어 있어 시장경제에 맡기면 모든 문제가 풀리는 것으로 대학에서 강의하고 정부 정책을 입안해 집행하고 있다.

학계와 정부에서 이런 시각을 갖고 있는 판에 재계는 더 말할 것도 없다. 이들의 논리대로라면 시장경제 체제에서 파생되는 부정적인 문제까지 모두 해결할 수 있어야 하는데 현실은 전혀 그렇지 않다. 노벨 경제학상 수상자인 폴 사무엘슨[5]은 "맹목적인 시장경제 신봉자는 정서적인 불구자"라고 했는데, 우리나라에 이런 사람들이 너무 많은 것 같다.

주지하다시피 시장경제 체제는 자본주의의 대표적인 특성이다. 그리고 이는 (건전한) 경쟁을 기본 전제로 한다. 자본주의를 채택하는 대다수 국가의 정치 시스템은 민주주의다. 그리고 민주주의 정치 체제는 평등을 전제로 한다. 다시 말해 민주주의의 기본 전제

---

5) Paul Anthony Samuelson(1915~2009) : 미국의 경제학자. 매사추세츠공과대학(MIT) 교수. 1970년 미국인으로 처음 노벨 경제학상을 수상했다. 1948년 출간한 저서 《경제학(Economics)》은 40개국 언어로 번역돼 400만부 이상 팔렸다.

는 평등, 자본주의의 기본 전제는 경쟁인데 이 두 개념이 현실 세계에서 조화를 이루는 것이 거의 불가능하다. 평등과 경쟁의 부조화로 나타나는 현상이 작금의 미국과 유럽연합(EU) 국가에서 발생하는 사회 혼란이다. 이들 자본주의 경제 선진국에서 2008년 글로벌 금융위기 이후 사회 혼란이 두드러진 것을 무엇으로 설명할 것인가?

평등과 경쟁의 부조화로 인한 대표적인 사회 혼란이 2011년 가을 미국을 전염시킨 '월가를 점령하라(Occupy Wall Street)'는 시위다. 처음에 히피들의 장난 정도로 치부됐던 시위대의 분노가 미국 전역으로 확산되었다. 발단은 월가로 대표되는 금융권의 탐욕이었다. 월가 금융회사들은 2008년 리먼 사태 이후 7,000억 달러의 구제금융을 받았다. 그럼에도 직원들은 여전히 거액의 봉급을 받으면서 추가 지원을 요청했고, 그 부담이 고스란히 국민에게 전가되는 점에 분노한 것이다. '우리는 99%'라는 구호가 상징하듯 시위는 1%의 탐욕 계층을 겨냥한 사회운동으로 번졌다.

민주주의와 시장경제가 공존하도록 하려면 시장경제 체제에서 파생되는 문제를 풀어나가야 한다. 시장경제 체제의 문제는 '보이지 않는 손(invisible hand)'이 해결할 수 있다고 (아담 스미스 이후) 경제학자들은 그렇게 믿어 왔다. 보이지 않는 손이 과연 무엇을 어떻게 해결할 수 있다는 말인가?

따지고 보면 지금까지 자본주의가 발전해온 과정도 인간의 타고난 속성인 탐욕이 작동한 결과다. 하지만 그 탐욕이 어느 한계를 초과하면 자본주의 자체를 몰락시킬 수도 있다는 점을 우리는 간과하고 있다. 2008년 글로벌 금융위기는 탐욕이 한계를 넘어선 대표적 사례인데, 경제학자들은 수긍하려 들지 않는다. 글로벌 금융위기의 원인을 놓고 시스템의 문제냐, 신자유주의라는 경제질서 자체의 문제냐는 논란을 벌이고 있다. 필자는 2008년 글로벌 금융위기의 원인을 시스템의 문제가 아닌 '탐욕의 문제'라고 본다. 금융자본의 지나친 탐욕이 금융위기를 초래한 것이다.

시장에만 맡기지 말고 '포용적 제도'로 제어해야

그렇다면 지나친 탐욕을 누가 어떻게 제어해 해결할 것인가? 인간은 탐욕을 스스로 억제하지 못한다. 따라서 사회가 제도적으로 억제해줘야 한다. 영국의 정치사상가 에드먼드 버크[6]가 영국 의회에 보낸 편지가 있다. 에드먼드 버크, 그 자신이 자유주의 신봉자였지만 인간의 기본적인 자유를 지키기 위해서는 자유를 양보하는 자세가 필요함을 역설했다.

"인간의 탐욕은 끝이 없기 때문에 그 탐욕에 대한 제재를 가하지 않으면 다른 사람의 자유를 침해하게 된다. 따라서 의회가 제도적으로 장치를 만들어 탐욕의 한계를 넘지 못하도록 해야 한다."

이런 논리를 정책으로 처음 채택한 인물은 철혈 재상으로 불렸던 독일의 비스마르크다. 프로이센을 앞세운 보불전쟁[7]에서 프

---

6) Edmund Burke(1729~1797) : 1765년부터 1794년까지 하원 의원을 지낸 영국의 정치가이자 정치사상가. 정치적 권력 남용을 반대했으며 시민의 행복과 정의를 실현하는 정치제도와 방법을 주장하였다. 저서로 《프랑스 혁명에 관한 고찰》(1790)이 있다.

7) 보불전쟁 : 1870년 프로이센의 지도 아래 독일 통일을 이루려는 비스마르크의 정책과 이를 저지하려는 프랑스 나폴레옹 3세의 정책이 충돌해 일어난 전쟁. 1871년 독일이 프랑스로부터 항복과 함께 알자스-로렌 지방을 할양받았다. 파리 함락 직전인 1871년 1월 18일 베르사유에서 독일제국 성립이 선포되었다.

랑스를 굴복시켰지만, 비스마르크가 1871년 독일 통일을 완수해 독일제국을 선포할 당시 독일 경제는 매우 피폐해 있었다. 비스마르크가 경제를 회복시키고 사회불안을 막기 위해 1881년 사회법(Social Law)을 도입하려 들자 독일 기업가들이 크게 반발하였다.

이때 비스마르크는 "기업들이 지금 정부에 협조하지 않으면 정부가 더 이상 기업과 기업가들을 보호할 수 있는 능력을 가질 수 없다"는 논리로 설득하였다. 요즘 말로 국가의 공권력으로 문제를 해결하는 데는 한계가 있음을 설명한 것이다. 이에 기업들이 비스마르크를 지지하고 나서 1881년 근로자 사회의료보험 제도에 이어 1883년 연금 제도가 도입되는 등 독일 사회에 안전장치가 마련되었다.

일찍이 영국에서 민주주의가 발전한 것은 산업화가 국민의식을 변화시키고, 이런 국민의식의 변화를 바탕으로 제기되는 국민의 새로운 욕구를 왕정이 조금씩 받아들였기 때문이다. 단계적으로 왕의 권한을 줄이면서 이를 의회의 권한으로 넘긴 결과다. 이른바 권리장전 채택부터 명예혁명까지가 그런 과정이다. 그 결과 민주주의와 산업화가 함께 발전한 대표적 국가가 영국이다.

경제가 성장만 하면 부가 늘어나고 상품 수가 많아지고 즐겁고 행복할까? 꼭 그렇지만은 않다. 부가 늘어나면 동시에 경제를 장악하는 사람들의 힘도 커지기 마련이다. 경제발전 초기에는 경제세력의 힘이 정치세력에 훨씬 못 미치지만 경제규모가 커지고 산업이 고도화할수록 경제세력의 힘이 커져 어느 단계를 넘어서면 경제세력이 정치세력을 압도하게 된다.

우리나라는 1987년 민주화 선언 이후 우여곡절을 거쳐 지금 이 지점에 와 있다. 정치의 민주화를 이루면서 동시에 경제활동 영역에서의 불합리를 시정하는 작업이 이뤄졌어야 했다. 이를 위한 여러 가지 입법이 필요한데 입법을 추진하는 과정에서 경제세력들이 '시장경제 체제에 어긋난다'며 헌법재판소에 위헌 소송을 제기하는 등 조직적으로 반발할 것은 자명하다.

우리나라 재계는 언론과 법률시장, 학계 등 여러 분야의 여론 주도층에 미치는 영향력이 막강하다. 이들 여론 주도층이 재계의 요구에 부응한 나머지 연합해서 '시장경제 원칙'을 합창하면 보수적 성향의 헌법재판소 재판관들이 어떤 선택을 하겠는가? 이런 상황을 방지하기 위해 필자가 1987년 헌법 개정 작업에 참여하면서 경제 민주화 조항을 헌법에 포함시켰다. 다시 말해 갈등을 사전에 막고, 사회 모순을 제도적으로 개선하기 위한 입법 활동을 보호하는 헌법적 근거를 마련해둔 것이다.

정치의 민주화를 이해하는 사람이라면 경제의 민주화도 함께 알아야 한다. 정치의 민주화는 '1인 1표'를 확보하는 것이다. 그렇다고 경제의 민주화도 '1인 1표제'를 하자는 것은 아니다. 가계, 기업, 정부 등 경제주체들이 공동으로 생존을 유지할 수 있는 터를 마련해 주자는 것이다.

자본주의 시장경제를 완전 자유방임에 맡겨 두면 경제력을 갖춘 사람들이 야수처럼 이것저것 죄다 집어삼켜 시장 자체가 망가진다. 그 야수를 집에서 기르는 애완견처럼 순치시켜야 한다. 야수를 순치시키려면 정부가 제도를 제대로 끌고 나가야 한다. 이러한 제도는 가계, 즉 국민적 공감대를 통해 지지를 받을 수 있어야 한다.

2012년 대런 에스모글루 미국 매사추세츠 공과대학(MIT) 교수가 포용적(inclusive)제도를 언급하면서 이른바 '포용적 성장'이 세계적으로 전파되었다.[8) 에스모글루 교수는 국가의 제도가 얼마나 포용적이냐, 착취적이냐에 따라 사회적 풍요로움과 가난함, 나아가 부국과 빈곤국이 결정된다고 본다. 포용적인 정치제도가 있어야 경제제도 역시 포용성을 지닐 수 있으며, 특정 집단의 이익과 욕구에 편향된 제도로는 경제와 국가가 몰락의 길을 걸을 수밖에 없음을 역사가 증명한다는 것이다.

요컨대 미국에서 한창 거론되는 '포용적 자본주의(inclusive capitalism)'는 물론 사회와 정치 등 여러 분야에서 '포용적 사회 제도(inclusive social institution)'와 '포용적 정치 제도(inclusive political institution)'가 함께 작동해야 나라가 온전하게 정상적으로 발전할 수 있다. 자유방임이 자본주의 경제의 1.0 모델이라면, 케인지언 복지국가 추구가 2.0 모델, 신자유주의가 3.0 모델, 포용적 자본주의는 4.0 모델로 볼 수 있다.

더불어 사는 포용적 성장으로

자본주의라는 개념은 기업이 무조건 자신들 뜻대로 기업을 운영하고 국가 경제를 좌우하는 것이 아니다. 지구상의 많은 국가가

---

8) Daron Acemoglu(1967~, MIT 경제학과 교수)는 2012년 James A. Robinson 하버드대 정치학과 교수와 함께 쓴 저서 《국가는 왜 실패하는가(Why Nations Fail)》에서 한 나라가 부국이냐 빈곤이냐의 흥망 여부는 기후와 지리적 위치, 문화가 결정한다는 기존 학설과 달리 얼마나 포용적(inclusive)인 경제·정치 제도를 갖고 있느냐에 달려 있다고 분석했다. 즉, 경제·정치 제도가 포용적이냐, 착취적이냐에 따라 사회적 풍요로움과 가난이 결정된다는 것이다.

'자본주의' 제도로 경제를 운용하고 있지만, 그 형태는 국가별로 처한 상황에 따라 달리 형성되고 있다. 영국의 자본주의는 유럽의 대륙 자본주의와 다르고, 유럽의 대륙 자본주의는 북유럽 스칸디나비아 자본주의와 다르며, 북미 자본주의와도 상당히 다르다.

자본주의 경제를 연구하는 학자들은 성공한 자본주의와 실패한 자본주의를 비교하면서 실패한 이유를 찾는다. 그렇다면 가장 성공한 자본주의 국가는 어디인가? 미국이다. 미국과 시스템은 조금 달리하지만 성공한 나라가 독일이다. 반면 자본주의 경제 시스템을 도입한 일본은 왜 오늘날 저렇게 헤매고 있는가? '잃어버린 20년'으로 불릴 정도로 오랜 경기침체 국면에 빠져 있는가? 가장 큰 이유는 제도를 현실에 맞게, 국민의식에 맞춰 변화시켜 나가면서 경제주체들이 적응할 수 있도록 해야 하는데 그렇게 하지 못했기 때문이다.

대런 에스모글루 MIT 교수는 《국가는 왜 실패하는가》라는 책에서 자본주의 경제체제의 성공과 실패 사례를 자세히 다루고 있다. 역설적으로 경제민주화라는 표현을 직접 쓰지 않아서 그렇지, 전 세계에서 경제민주화를 정부 정책으로 가장 먼저 시행한 국가는 대표적인 자본주의 국가인 미국이다.

미국에서도 1890년대 반독점금지법을 처음 시행할 때 석유왕 록펠러나 철강왕 카네기 등 대자본가들이 정부 정책에 반발했었다. 그런데 곰곰이 생각해보니 정부 정책이 옳은 방향임을 깨달았다. 카네기는 전 재산을 사회에 헌납했고, 록펠러는 재단을 만들었다. 비록 1세대 기업가는 옳지 않은 방법으로 재산을 축적했지만, 2세대에 이르러선 과거 잘못을 참회하는 뜻에서 사회에 기여하는 방법을 택한 것이다.

이런 변화를 유도하는 쪽으로 한 나라의 제도를 만들어가는 일이 어찌 순탄하겠는가. 법과 제도를 정비하려는 초동 과정부터 반대에 부닥치고 이에 정치와 의회, 사법부 등이 굴복하면 무산되고 만다. 거대경제세력(재벌)이 로펌까지 장악한 우리나라 현실에서 경제민주화 조항마저 없다면 수많은 경제 관련 법과 제도, 조항들이 위헌 여부를 묻는 소송에 휘말려 헌법재판소 결정을 기다리고 있을 것이다.

경제민주화란 시장의 효율을 높임과 동시에 시장에 참여하는 사람들이 조화를 이룰 수 있도록 만드는 것이다. 경제주체들이 화합해야 시장경제가 효율을 발휘할 수 있다. 경제주체들이 충돌하면서 어찌 효율을 기대할 수 있겠는가. 어느 기업에 노사분규가 계속 일어난다고 가정해보자. 이 문제(분규)를 근원적으로 해결하지 않고선 제품 생산을 정상화시킬 수 없다. 다시 말해 경제민주화란 시장경제를 보완적으로 조율해서 효율과 안정을 동시에 추구하는 것이다.

경제정의는 매우 중요하고 당위적인 가치로 사회 구성원 모두에게 이익을 가져다준다. 경제정의 중 가장 중요한 것은 자유를 신장시키는 것이다. 이른바 '빈곤으로부터의 자유'를 확보할 수 있어야 한다. 사회가 공평하지 않으면 구성원에게 빈곤으로부터의 자유를 찾아주기 어렵다. 예를 들어 배고픈 거지가 빵집 앞을 지나다가 김이 모락모락 나는 빵을 보았다. 먹고 싶은데 그럴 수 없는 사회여서는 안 된다는 것이다. 경제정책에 있어서 최상의 목표는 물가안정이 아니라 인간의 자유를 어떻게 극대화시키느냐, 즉 '물질적 자유의 극대화'에 두어야 한다. 빈곤 속에서는 가장 기본적인 자유도 억압받을 수밖에 없는 게 현실이기 때문이다.

결국 경제민주화란 정부가 포용적인 제도를 만들어 제공하라는 것이다. 그리고 모든 경제주체가 제도를 따라올 수 있도록 엄격하게 관리하라는 뜻이다. 경제민주화에 있어 정치 지도자의 신념이 중요한 이유다. 지도자의 굳건한 신념이 없으면 이를 관철할 수 없다. 그런데 지금 우리나라 상황을 보면 세력화한 경제집단들이 '우리 없이는 경제성장이 불가능하다'며 협박하고, 정부는 이에 꼼짝 못하며 따라가는 형국이다. 미국의 벤치마킹 대상인 우리나라 건강보험도 처음 제도 도입 당시 박정희 대통령이 결단하지 않았으면 지금까지도 실현하기 어려웠을 것이다.

┃ 소득 불평등이
┃ 성장의 걸림돌

프랑스에서 프랑수아 올랑드 사회당 후보가 2012년 어떻게 대통령에 당선되었는지를 살펴보자.[9] 프랑스는 기본적으로 보수 성향의 국가다. 프랑스에서 사회당이 집권하기는 거의 불가능한 것으로 널리 알려져 있었다. 1981년 사회당 후보인 프랑수아 미테랑이 대통령에 당선된 것은 예외적 사건으로 평가됐다. 미테랑 이후 17년 동안 다시 보수당 정권이 이어지다가 2012년 대선에서 정권이 사회당으로 넘어갔다.

당시 보수당인 니콜라 사르코지 대통령의 여론조사가 불리하

---

[9] 2012년 5월 6일 2차 결선투표에서 프랑수아 올랑드 사회당 후보가 51.1%의 지지율로 48.9%를 획득한 니콜라 사르코지 대중운동연합(UMP) 후보를 누르고 대통령에 당선되었다.

게 나오긴 했지만, 노령층이 늘어났고 보수 성향이 강한 프랑스에서 설마 사르코지 대통령이 낙선하리라 생각하지 않았다. 그런데 2012년 선거에서 2030세대 젊은 층이 압도적으로 지지한 올랑드 후보가 당선됐다. 올랑드 자신이 대통령에 당선된 뒤 "나는 젊은이의 대통령"이라고 선언했을 정도다.

어느 나라든 소득 불평등을 시정하지 않고는 지속적인 경제발전이 불가능하다. 2008년 글로벌 금융위기 이후 세계적으로 소득 불평등이 심화되자 소득격차 확대와 분배의 불균형을 단순히 경제성장 과정에서 나타나는 부작용 중 하나 정도가 아닌 경제성장을 저해하는 핵심 요인으로 인식하는 경제 전문가들이 늘어나고 있다.

영국의 경제 주간지 <이코노미스트>는 선진국이든, 신흥 개발도상국이든 소득 불평등의 정도가 경제성장을 저해하는 수준에 이르렀다고 진단했다. 그러면서 경제성장을 해치지 않으면서 소득 불평등을 완화시키는 '진정한 진보주의(true progressivism)'로 지칭할 만한 발상의 전환이 필요하다고 주장했다.[10) 국제통화기금(IMF)도 2011년 보고서에서 "소득 불평등이 심한 국가일수록 경제성장이 취약하다"고 분석하면서 소득격차 해소와 성장 강화는 동전의 양면과 같은 것이라고 지적했다.[11)

10) 이코노미스트는 2012년 10월 13일자 특집 기사에서 적당한 불평등(차별)은 더 열심히 일하고 위험을 감수하는 동기를 부여하는 등 경제에 이롭지만, 오늘날 불평등은 비효율적이고 성장에 해로운 수준에 이르렀다고 지적했다. 이어 소득 불평등을 완화시키는 방안으로 독점과 부당이득 환수, 부유층까지 지원하는 보편적 복지제도의 손질, 부유층 때리기가 아닌 점진적 세수 확보를 위한 조세개혁 등을 제안했다.
11) IMF의 조나단 D. 오스티리 연구원은 2011년 연구보고서에서 "1980년대 이후 날로 확대되는 소득 불평등이 경제성장의 3분의 1을 잠식하는 요인으로 작용했다"고 분석했다.

노벨 경제학상 수상자인 조지프 스티글리츠 교수도 "소득 불평등의 심화는 경제가 더 쇠약해지는 것을 의미한다"며 미국 경제가 '사악한 순환'에 접어든 것 같다고 진단했다.[12] 미국의 최상위 0.01%, 약 1만 6,000가구가 전체 국부에서 차지하는 소득 비중은 1980년 1%에 불과하던 것이 지금은 5%에 이른다. 소득격차 확대는 소득의 불평등도를 나타내는 지니계수로도 입증된다.[13] 1968년 0.39였던 미국의 지니계수는 2011년 0.47로 높아졌다. 30개 경제협력개발기구(OECD) 회원국 가운데 미국보다 지니계수가 높은 나라는 터키와 멕시코 정도다.

한국이 처한 사정도 이와 크게 다르지 않다. 우리나라가 1962년 제1차 경제개발 5개년 계획으로 산업화에 시동을 건 지 50여 년이 경과했다. 산업화와 정치민주화의 과정을 거치면서 우리 사회에 나타난 부의 집중과 소득편차는 100~200년에 걸쳐 시장경제를 운영한 다른 나라보다 심각하다. 우리나라 소득분배 상황을 보면 소득 상위 1%가 부의 12% 정도를 보유하고 있다.[14] 경제협력개발기구(OECD) 국가 중 미국(23%) 다음으로 부의 쏠림 현상이 심각하다.

---

12) Joseph E. Stiglitz(1943~) : 정보의 비대칭성에 따른 불완전한 시장을 연구하는 '정보경제학'을 발전시킨 미국 경제학자. 2001년 노벨 경제학상을 받았다. 세계은행(IBRD) 부총재로 있던 1997년 당시 국제통화기금(IMF)이 한국에 처방한 고금리·긴축재정 정책이 상황을 더 악화시켰다고 주장했다.

13) 지니계수(Gini's coefficient)는 소득분배의 불평등도를 0과 1 사이 값으로 나타낸다. 그 값이 1에 가까울수록 불평등도가 높다. 일반적으로 0.4를 넘으면 소득분배가 매우 불평등한 수준이라고 평가한다.

14) 박명호 한국조세재정연구원 선임연구원이 국세청 소득세 신고 자료를 활용해 분석한 결과 우리나라 소득 상위 1%의 소득 집중도는 2007년 11.08%에서 2012년 11.66%로 높아졌다. 소득 상위 1%의 기준도 2007년 1억 580만원에서 2012년 1억 1,330만원으로 올라갔다.

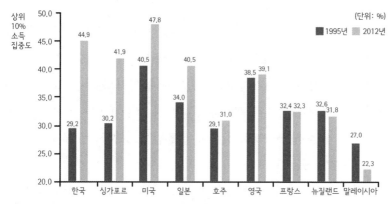

상위 10% 소득집중도 변화(1995~2012)

(단위: %)
■ 1995년 ■ 2012년

상위 10% 소득 집중도

한국 44.9 / 29.2
싱가포르 41.9 / 30.2
미국 47.8 / 40.5
일본 40.5 / 34.0
호주 31.0 / 29.1
영국 39.1 / 38.5
프랑스 32.4 / 32.3
뉴질랜드 32.6 / 31.8
말레이시아 27.0 / 22.3

자료: The World Top Incomes Database

그런가 하면 소득세를 납부하는 사람의 97%가 연간 6,000만원 이하 소득이다. 또 그 중 절반 이상이 연간 소득 3,000만원 이하다. '1%대 99%'의 대립이 결코 남의 나라 이야기가 아니다.[15]

미국과 한국의 소득 불평등 정도가 심각한 것은 상위 10% 소득 집중도의 국제 비교로도 입증된다. 국회입법조사처가 세계 상위 소득 데이터베이스와 국제통화기금(IMF) 자료를 분석한 결과 2012년 기준 우리나라의 상위 10% 소득 집중도는 44.9%로 미국(47.8%) 다음으로 높다. 외환위기 이전인 1995년만 해도 29.2%로 미국은 물론 싱가포르, 일본, 영국, 프랑스, 뉴질랜드 등 비교 대상 대부분의 국가보다 낮았다. 그런데 외환위기와 글로벌 금융위기 등을 겪은 17년 사이 상위 10% 소득 집중도가 무려 15.7%포인트 급상승

---

15) 빌 클린턴 행정부 시절 노동부 장관을 역임했던 로버트 라이시(Robert Reich)는 2015년 저서 《Saving Capitalism: For the Many, Not the Few》에서 "상위 1%의 부가 20%를 넘으면 경제 대재앙이 온다"며 경고했다.

하면서 세계 최악의 양극화 국가 대열에 올라선 것이다.

그림에서 보듯 프랑스의 상위 10% 소득 집중도는 30%대 초반으로 1995~2012년 사이 높아지지 않고 0.1%포인트 낮아졌다. 그럼에도 2012년 대선에서 17년 만에 사회당 후보가 승리했는데 전 세계에서 가장 급격하게 소득 집중도가 높아진 한국은 2017년 대선에서 어떤 결과가 나올까? 청년들이 자신이 태어난 조국을 '헬조선'(지옥 같은 대한민국)으로 칭하며 절망감을 표시하는 데에는 그럴 만한 이유가 있는 것이다.

상위 10% 소득 집중도가 높은 국가에선 나름 소득격차 완화 정책을 추진했다. 버락 오바마 미국 대통령이나 아베 신조 일본 총리 등은 극심한 양극화로는 지속 가능한 성장이 어렵다고 보고 최저임금 인상 등 저소득층의 구매력 향상 정책을 적극 추진했다. 그러나 박근혜 정부와 여당인 새누리당은 최저임금 현실화에 미온적이었고, 담뱃값 인상 등 서민에게 부담이 더 크게 돌아가고 조세의 형평성을 악화시키는 정책으로 양극화를 심화시켰다.

어느 나라든 소득 불평등 상황을 일정 부분 개선하지 않고선 산적한 국가적 난제들을 풀 수 없다. 소득 불평등 정도를 완화하지 않으면 자본주의 경제도, 민주주의 정치도 제대로 실현하기 어렵다. 이는 세계적인 추세다. 한국만 혼자 역행할 수는 없다.

우리나라 정부의 공식 통계조사에서 국민의 45%가 스스로를 하층민이라고 여기며, 50%가 미래에 희망이 보이지 않는다고 응답했다. 특히 결혼과 출산 연령대인 30대의 부정적인 인식이 높다.[16]

---

16) 통계청이 발표한 '한국의 사회동향 2016'에 따르면 2015년을 기준으로 소득, 직업, 교육, 재산 등을 고려한 사회경제적 지위에 대해 '중간층'이라는 응답은 53.0%, '하

이런 상황을 내버려두면 나라가 정상적으로 운영될 수 없다. 국민으로 하여금 다시 역동성을 발휘할 수 있도록 해야 한다. 글로벌 경쟁 시대에 한국 경제가 더 도약하려면 우리가 제대로 적응할 수 있는 시스템을 갖춰야 한다. 그러려면 경제민주화의 참뜻을 올바로 인식해 실천하는 것이 필요하다. 경제민주화를 선거용 구호로만 외쳐서는 안 된다. 차기 정부가 이 문제를 심각하게 다루지 않으면 국민이 직접 경제민주화를 하려고 나설 것이다. 결국 그 정권도 바람직하지 않은 방향으로 내몰릴 것이다.

격차 해소가 2017년 시대정신

대통령선거의 해, 2017년의 시대정신은 무엇일까? 단언컨대 2017년 대선을 움직일 최대 화두는 '격차 해소'가 될 것이다. 우리나라 경제와 사회 여러 분야에서 나날이 심각해지는 격차를 어떻게 좁히느냐의 문제다. 흙수저-금수저 등 '수저계급론'으로 대변되는 계층 간 격차가 2017년의 가장 으뜸가는 시대정신으로 경제민주화를 불러왔다. 5년 전인 2012년 18대 대선 때만 해도 주로 정치권에서 경제민주화를 제기한 것과 달리 지금은 국민이 경제민주화를 요구하고 있다.

2017 세계경제포럼(WEF, 다보스포럼)의 최대 화두도 불평등과

___

층'은 44.6%였다. 계층 간 이동 가능성에 대해 62.2%가 낮다고 응답했으며, 자식 세대의 사회경제적 지위가 본인보다 높아질 가능성에 대해 50.5%가 부정적으로 응답했다. 특히 결혼과 출산 연령대인 30대의 경우 10명 중 6명이 부정적으로 응답했다.

양극화다. WEF는 '세계 위험보고서'에서 향후 10년 동안 지구촌을 위협할 요인으로 경제적 불평등, 사회 양극화, 환경위험 증대 등 세 가지 리스크를 꼽았다. 2016년 4차 산업혁명을 주제로 인류의 미래를 조명했던 WEF가 이번에는 4차 산업혁명에 가려진 그늘을 경고한 것이다.

국제구호단체인 옥스팜이 제출한 '99%를 위한 경제' 보고서는 경제적 불평등이 얼마나 심각한지를 통계로 보여준다. 빌 게이츠 마이크로소프트 창업자, 워런 버핏 버크셔 해서웨이 회장, 마크 저커버그 페이스북 창업자 등 세계적 갑부 8명의 재산이 4,260억 달러(약 503조원)로 전 세계 소득 하위 50% 인구인 36억 명의 재산 합계과 비슷하다고 분석했다.[17) 한국도 이건희·이재용 삼성가 부자 등 갑부 18명이 소득 하위 30%와 비슷한 수준의 재산을 보유하고 있는 것으로 나타났다.[18) 경제활동의 결과 거두는 이익이 자본가에게 집중되고, 근로자 등 하위 계층에는 극히 일부만 분배되는 자본주의의 단면을 보여준다.

2016년 미국 대통령선거 과정에서 보듯 소득격차가 벌어지며 중산층이 무너지자 극단적인 발언을 하는 인물이 대중의 지지를 등에 업고 득세하는 상황이 나타났다.[19) 경기침체에 따른 실업과 중

---

17) 옥스팜은 '99%를 위한 경제' 보고서에 "하위 10%의 연간 소득 증가액은 3달러지만 상위 10%는 1만 1,800달러씩 불어났다" "글로벌 기업 최고경영자 연봉은 방글라데시 노동자 1만 명이 버는 것과 같다"고 적었다. 여성 임금이 너무 낮아 지금 추세라면 남녀 급여가 같아지는 데 170여 년이 걸릴 것이라고 전망했다.

18) 중앙일보 2017년 1월 17일자 "다보스서 온 경고장, 경제 불평등, 양극화… 미래 10년 최대 위협"

19) 퓨리서치센터가 미국 내 229개 도시 지역을 대상으로 조사한 결과 1999~2014년 사이 83%에 이르는 지역에서 중산층의 가계소득이 감소한 것으로 나타났다.

산층 붕괴, 그리고 이에 따른 양극화 심화에 분노한 저소득·저학력·백인 유권자들이 이민자·소수계·여성을 희생양으로 삼으려는 도널드 트럼프 공화당 후보의 전략에 동조한 것이다. 정치 문외한인 트럼프 후보가 화려한 정치 경력의 힐러리 클린턴 민주당 후보를 제치고 백악관에 입성하는 데 기여한 일등공신은 바로 미국 중서부 러스트 벨트(제조업 쇠락지역)[20]의 블루칼라와 소상공인들, 농촌 지역의 보수 성향 백인 농민들이다.

트럼프는 대선 출마를 시사한 2014년 6월 이후 전국의 시골을 돌며 백인 저소득층을 공략했다. "당신들이 어려워진 것은 멕시코인들과 같은 이민자들 때문이다. 우리의 일자리를 빼앗아가는 그들을 장벽으로 막아야 한다"며 백인 하층민들을 자극했다. 스스로를 미국의 주인이라고 생각하지만, 정치 참여에는 소극적이었던 백인들을 움직인 것이다. 경제적 어려움과 낙후된 생활환경에 박탈감을 느껴오던 백인들을 투표장으로 끌어들였다. 공화당 지도부는 물론 내로라하는 선거 전문가와 미디어들도 백인 하층민의 어려움에 둔감했다. 어려운 현실에 분노하는 침묵하는 다수를 트럼프가 건드린 것이다.

트럼프는 또 쇠락한 공업지대인 러스트 벨트에 승부를 걸었다. 백인 인구 비율이 80%가 넘는 이 지역에서 "러스트 벨트는 클린턴 부부가 추진한 북미자유무역협정(NAFTA)으로 망했다"고 발언하며 백인 저소득층을 공략했다. 이 지역의 백인 유권자 상당수는 민주

---

20) 러스트 벨트(rust belt) : 1870년대 이후 100년 동안 미국 제조업의 호황을 구가했던 중심지였으나 1970년대 이후 고비용 구조와 제조업 사양화로 불황을 맞은 지역을 이르는 말. 자동차 산업의 중심지인 디트로이트를 비롯해 철강산업의 메카 피츠버그, 그 외 필라델피아·볼티모어·멤피스 등이 이에 속한다.

당 경선에서 버니 샌더스 상원 의원을 지지했는데, 민주당 경선에서 승리한 힐러리 클린턴 후보가 이들을 흡수하지 못해 결과적으로 선거에서 패배한 것이다. 경제사회적으로 이러한 백인 노동자들은 그들에게 주어진 제도적 환경에서 구태여 말하지 않고 '스스로를 제약하는 감각(sense of constraint)'을 가지고 있다고 본다. 즉 '침묵하는 계급'의 불만을 트럼프가 건드린 것이다.

한국 사회의 양극화도 위험수위를 넘었다. 희망이 없는 젊은 이들, 미래세대는 자신들이 태어난 조국을 '헬조선'(지옥 같은 대한민국)이라 부르며 절망하고 있다. 열심히 공부하고 일해도 정규직 취업이 어렵고 계층 이동 사다리마저 끊겼기 때문이다. 급기야 연애, 결혼, 출산을 포기한다는 '삼포세대'로도 모자라 인간관계와 집까지 포기한다는 '오포세대', 여기에 꿈과 희망마저 포기할 수밖에 없다는 '칠포세대'라는 말까지 등장했다. 19살 비정규직 청년이 서울 지하철 2호선 구의역에서 스크린도어를 수리하다 열차에 치여 숨졌다. 이 사고는 흙수저와 금수저로 대변되는 '수저계급론'에 공감하는 한국 사회를 응축해 보여준다. 급기야 최순실 국정농단 사태의 와중에 '돈도 실력'이란 말까지 등장해 젊은이들의 가슴을 아프게 했다.

아무리 노력해도 계층 상승이 어렵다는 인식 확산은 국가와 사회에 대한 불만으로 연결될 수 있다는 점에서 심각한 징후다. 더욱이 젊은 세대에서 비관론이 확산되는 것은 출산·육아 등에까지 영향을 미쳐 국가의 지속 가능성을 위협할 것이다. '격차 사회'를 넘어 '격차 고정'이 현실화하기 이전에 사회 제도와 경제의 룰을 바꿔야 한다.

우리나라 경제·사회 여러 분야에서 계층 간 격차가 벌어지는 현상을 두고 '양극화'란 표현을 쓴 지 어느새 20년이 되어가지만 정치권에서 특별한 대책을 내놓지 않았다. 이런 상황이 이어지면 한국 경제도 일본과 같은 장기 불황에 빠져들 것이다. 젊은이들에게 미래에 대한 희망을 갖도록 하기 위해서, 갈수록 허약해지는 중산층의 복원을 위해서, 국민경제의 건전한 발전을 위해서, 국가경제의 성장 잠재력을 확충하기 위해서 경제의 룰을 변화시키는 경제민주화는 반드시 실천해야 할 과제다.

제2장

결국 다시
경제민주화다

●●
●●

선진국들이 먼저 한
경제민주화

'경제민주화 선진국', 미국

미국은 일찍이 유럽에서 건너온 사람들이 기존 질서에서 벗어나 자유를 구가하며 살았던 곳이다. 이런 역사적 배경 때문에 경제적으로 힘이 있는 자가 정치·사회 제도를 결정하는 구조였다. 그 덕분에 경제가 다른 나라보다 빠른 속도로 성장할 수 있었다. 산업혁명은 영국이 앞섰지만, 산업혁명을 재빨리 뒤쫓아 산업화에 성공한 국가는 미국과 독일이 꼽힌다.

그러나 미국은 경제성장 과정에서 지나치게 자유경쟁에 맡긴 결과 독점이 횡행하게 되었다. 에이브러햄 링컨 대통령이 남북전쟁을 종식시키면서 남과 북으로 나뉘었던 나라는 하나로 뭉쳤는데, 아무런 규제 없이 급성장한 거대경제세력이 문젯거리로 등장한 것이다. 링컨 대통령 사후 19세기 말 미국 의회에선 독점의 폐해 등 경제 관련 논의가 많아졌다. '소득세를 도입하자, 누진세를 도입하자, 은행 영업에도 규제를 가하자' 등 여러 주장이 제기됐지만 의회에서 법안으로 채택되진 못했다.

이런 상황에서 몇몇 독과점 기업과 재력을 갖춘 사람들의 힘이 갈수록 커지자 '머크래이커(muckraker=추문 폭로자)'로 불리는 저널리스트들이 계속 문제점을 지적하고 나섰다. 당시 미국은 주요 산업인 석유, 철도 등에서 소수 대자본가가 독점적 지위를 악용해 경쟁을 말살하는 등 병폐가 심했다. 이에 독점 및 거래제한을 규제해야 한다는 여론이 형성되었고, 1890년 미국 최초의 독점금지법인 셔먼(Sherman)법[1]이 제정된다.

석유왕 존 록펠러가 1870년 설립한 석유회사 스탠더드 오일은 철도업체와 결합해 석유 수송망을 장악한 후 차별적 운송요금을 적용하는 방법으로 경쟁업체들을 무너뜨렸다. 19세기 말에는 미국 석유시장의 90%를 장악했으며, 석유가격으로 횡포를 부려 소비자와 중소업체들의 원성을 샀다. 독점금지법안 제정을 주도한 오하이오

---

1) 1890년 미국 연방의회에서 제정된 '불법한 제한 및 독점으로부터 거래를 보호하기 위한 법률(An Act To Protect Trade And Commerce Against Unlawful Restraints And Monopolies)'의 통칭. 오하이오주 상원 의원인 존 셔먼이 주도했으며, '시장경쟁의 대헌장'으로 불린다. 국내외 거래를 제한할 능력을 갖춘 생산주체 간에 이뤄지는 어떤 형태의 연합도 불법이며, 미국에서 이뤄지는 거래 또는 통상에 대한 어떤 독점도 허용하지 않는다는 두 가지 핵심 조항을 담았다. 미국 반트러스트법의 중요한 법원(法源)이며, 그 후 제정된 클레이턴법 및 연방거래위원회법과 함께 각국의 독점금지 규제의 모델이 되었다.

주 상원의원 존 셔먼(John Sherman)은 스탠더드 오일을 겨냥해 "정치체제로서 군주를 원하지 않듯 경제체제로서의 독점을 원치 않는다"고 주창했다. 그러나 독점금지법만 만들어졌지 제대로 시행되지 않다가 1900년대 들어 다시 이슈가 되었다.

1901년 대통령 선거에서 공화당은 윌리엄 매킨리 대통령 후보, 테어도어 루스벨트 부통령 후보의 러닝메이트로 선거에 참여했는데 두 후보의 성향이 극명하게 엇갈렸다. 당시 경제세력들은 뉴욕 주지사 시절 업무를 엄정하게 처리하기로 소문이 난 루스벨트를 싫어했다. 이에 공화당은 매킨리를 대통령 후보로 내세우며 루스벨트를 부통령 후보로 묶어두었다. 당시 석유왕으로 불린 존 록펠러와 철강왕 카네기, 금융왕 J. P. 모건 등 재력가들이 자신들을 옹호해줄 대선 후보로 매킨리를 선택해 선거자금을 댔고 매킨리는 재선에 성공했다. 그러나 매킨리는 1901년 US스틸 해고 노동자에게 암살당했고, 루스벨트 부통령이 대통령직을 승계했다.

테어도어 루스벨트는 뉴욕 주지사 시절부터 '내가 이 나라를 이끌게 되면 독점과 불공정행위를 말끔히 해소하겠다'고 할 정도로 신념에 찬 인물이었다. 그는 대통령에 취임하자 곧바로 독점 폐해의 해소에 나섰다. 미국 석유시장의 90%를 장악한 채 가격 횡포를 부린 '스탠더드 오일'에 30개 회사로 강제분할 하도록 명령을 내렸다. 미국 담배시장의 95%를 독점했던 '아메리칸 토바코'도 16개 회사로 분리시켰다. J. P. 모건의 금융 영업 행태에 대해서도 제재 조치를 취했다. 이런 독점기업 해체의 기초 작업이 모두 루스벨트 재임 기간(1901~1909년)에 이뤄졌다. 법무부가 나서 법원에 소송을 제기함으로써 다음 윌리엄 하워드 태프트 27대 대통령 시절에 대법원의 분할 명령으로 이들 3대 독점기업이 해체되기에 이른다.

미국의 '경제민주화' 일지

1890년 셔먼법 제정
[같은 업종의 카르텔(기업연합)과 트러스트(기업합병)를 형사처벌]
1901년 테어도어 루스벨트 대통령 취임
1903년 법무부에 독점금지국 설치
1909년 법무부, 스탠더드오일 상대로 소송 제기
1911년 대법원, 스탠더드오일을 30개로 분리하도록 명령
       아메리칸 토바코 16개 회사로 분리
1914년 클레이턴법 제정, 연방정부 기업분할과 매각명령권 확보
       연방거래위원회(FTC)법 제정
1936년 로빈슨 패트먼법으로 확대 수정
1974년 AT&T 반독점 피소
       [7년 법정공방 끝에 시내전화 부문을 22개 지역전화회사로 분리]
1998년 마이크로소프트 반독점 피소
       [2001년 법정 밖 타협]
2014년 애플 전자책 담합 피소 논란

　　미국의 경제민주화 작업은 1913년 취임한 우드로 윌슨 대통령 시절로 연결된다. 윌슨은 중앙은행을 개설했고, 연방 소득세를 도입했다. 이와 같은 테어도어 루스벨트 대통령부터 우드로 윌슨 대통령에 이르기까지의 일련의 경제민주화 작업은 1930년대 대공황 이후 프랭클린 루스벨트 대통령이 미국 사회 전반을 개혁하는 뉴딜 정책을 가능하게 하는 토대를 이뤘다. 제2차 세계대전 이후 미국이 세계를 지도하는 모범국가로 우뚝 서게 된 것은 1900년대 초 일련의 경제민주화 과정이 있었기 때문이었다.

　　자본주의 경제체제 종주국으로 불리는 미국, 그것도 민주당 진보 정권이 아닌 공화당 보수 정권에서 반독점법이 만들어졌고 독점 기업들이 해체됐다. 그 반독점법의 칼날을 맞아 석유왕 록펠러, 철

강왕 카네기, 금융왕 모건 등 재력가들의 독점기업이 강제 분할 당했다. 이들은 정부의 칼날을 모면하기 위해 기부재단을 세우기에 이른다. 어찌 보면 미국 기업인들의 기부정신도 자연발생적이라기보다는 정부가 독점기업들을 혼내는 것을 피하거나 누그러뜨리기 위한 보험 들기에서 근원을 찾을 수 있다.

1890년대부터 1920년대까지 이른바 '진보 시대(Progressive Era)'라고 불리는 시기에 미국 정부와 일반 시민들은 사회의 부조리와 부패를 시정하려는 노력을 했고, 시장에서의 부당행위를 막으려고 했다. 테어도어 루스벨트 대통령이 셔먼 독점금지법에 의거해 45개 기업을 고소했고, 윌리엄 하워드 태프트 대통령이 75개 기업을 고소했다.

시장경제와 자유민주주의를 대표하는 국가인 미국은 일찍이 독점의 경제적 비효율성을 간파했다. 이에 따라 1890년 같은 업종의 카르텔(기업연합)과 트러스트(기업합병)를 형사처벌하는 셔먼법을 제정했고, 1914년에는 클레이턴법으로 연방정부가 기업 분할과 매각 명령권을 확보했다. 스탠더드 석유회사와 아메리칸 토바코, 뒤퐁, AT&T 등이 이렇게 해서 해체되거나 분할됐다. 시장경제와 자유민주주의는 결코 재벌공화국과 공존할 수 없다. 대기업이 서민경제를 잡아먹는 괴수가 아니라, 국민경제를 이끌어 가는 본연의 역할을 하도록 하는 것이 경제민주화의 본질이다.

┃ '사회적 시장경제'의 모체, 독일

2008년 글로벌 금융위기 이후 선진국 가운데 가장 안정적으로 경제가 성장하고 있는 나라는 독일이다. 오늘날 독일과 독일 국민이 누리고 있는 번영과 복지는 바로 시장의 효율과 사회적 조화를 접목한 '사회적 시장경제(social market economy)' 체제 덕분이다. 그렇다면 과연 '사회적 시장경제' 체제란 무엇인가?

독일은 제1·2차 세계대전에서 두 차례 패하는 등 뼈아픈 과거를 거울로 삼아 시장경제 체제를 충실히 도입하고 실천했다. 그 결과 대기업과 중견기업, 소기업 등 경제주체 간 공정한 경쟁과 균형 발전이 가능했다.

독일에는 특히 작지만 강한 중소기업, 이른바 '히든 챔피언'이 많은데 제도상으로 엄격하게 구분되어 있어 대기업들이 강소기업을 흡수하려 해도 그렇게 할 수 없는 구조다. 또한 이들 히든 챔피언들은 금융에 대한 접근권도 시스템으로 보장받고 있다.

독일도 2008년 신자유주의 금융 시스템을 따라가려고 법을 바꿨다가 8,000억 달러 정도의 손해를 보았다. 이를 정부가 떠안은 결과 국가채무가 한때 국내총생산(GDP) 대비 80%까지 올라갔다. 그러나 2014년 이를 71%로 낮췄다. 그 결과 메르켈 수상은 집권 10년 차에 지지율이 77%를 기록하며 '통일이 준 선물'이란 평을 듣고 있다. 앙겔라 메르켈 수상이 나라를 잡음 없이 이끄는 이유는 기독민주당 출신이면서 사회민주당과 대연정을 한 데 있다. 사민당의 요구사항을 대부분 수용하니 75% 이상 국민들의 뜻을 반영할 수 있어서다.

한국은 강력한 대통령중심제 국가이기 때문에 대통령이 확실하게 결심하면 경제민주화를 이룰 수 있는 구조다. 그런데 자꾸 쉬운 길로 가려고 하니까, '먼저 경제성장률부터 높이고 봐야겠다'고 생각하기 때문에 경제민주화를 실천하지 못하는 것이다. 진정 국가의 미래를 생각한다면 일시적인 인기에 연연하지 말고 국가의 초석을 다지는 경제민주화를 결단해야 한다.

의회의 역할도 중요하다. 현실적으로 경제민주화를 실행하려면 관련 법을 국회에서 제정해야 하기 때문이다. 그러나 알다시피 우리나라 국회의원들은 거대경제세력(재벌) 등 각종 이익단체에 '포위되어' 있어 기대하기 어렵다.

기획재정·정무 등의 경제관련 국회 상임위원회를 보자. 얼핏 보이지 않는 경제단체들이 막강 파워를 과시하고 있다. 국회 입법 과정을 보면 처음 법안이 제기됐을 때 꽤 잘 짜인 법안이 상임위 심의 과정에서 의원들 입맛에 맞춰 변질되기 일쑤다. 의원들이 경제단체 등의 로비에 휘둘리기 때문이다. 필자가 2012년 대선 과정에서 경제민주화 관련 내용을 새누리당의 정강정책에 집어넣을 때에도 적지 않은 기업인들로부터 '그래선 안 된다'는 소리를 들었다.

독일 경제부흥의 기초를 닦은 것은 루트비히 에르하르트다. 강단도 있고 실력도 출중했다. 그는 1948년 화폐개혁 당시 서방 측 점령지역의 경제총수 역할을 했다. 화폐개혁을 단행할 때 자신의 경제정책과 사상을 한꺼번에 발표해 당시 미국 군정 당국을 놀라게 했다. 가격 통제와 배급제와 같은 조치를 상의 한 번 없이 철폐했다. 군정사령관의 명령을 듣지 않았다는 이유로 헌병한테 붙잡혀가기도 했다. '패망한 나라에서 무슨 시장경제냐'는 군정 경제전문가들의 힐난을 들었지만 소신을 굽히지 않았다. 군정장관과 담판할 때 "나를 처벌할 권한은 있어도 내 머리를 바꾸지는 못한다"는 말로 대항했다. 에르하르트의 이런 용기와 소신이 오늘날 독일 경제 질서의 기본이 된 것이다.

독일은 유럽의 다른 열강보다는 조금 늦게, 1871년에 통일 국가를 형성하였다. 그런 국가가 지금은 유럽에서 가장 효율적인 경제, 가장 안정적인 정치 시스템을 갖춘 나라가 되었다. 사회적으로도 두드러진 불평이나 불균형이 없는 나라다. 한국처럼 분단을 겪고, 또 통일을 이룬 나라이기도 하다. 별 자원이 없다는 면에서 우리나라와 흡사한 면이 많다. 독일의 경제발전도 처음에는 국가가 주도했다. 이것도 우리와 비슷하다. 역사와 환경이 비슷한 정치·경제 선진국으로서 우리가 주목해야 할 나라가 독일이다.

독일은 1945년까지는 민주주의와는 거리가 있는 나라였다. 독일 통일을 이끈 비스마르크는 의회와 의회주의를 멸시했던 인물이다. 당시 의회도 있고, 정당도 있었지만 실질적인 의미에서 민주주의 국가는 아니었다. 그러다가 제1차 세계대전에서 패한 뒤 제대로 된 민주주의를 해보자고 해서 만든 것이 바이마르공화국 헌법이다.

바이마르공화국 헌법 제정은 헌법학자가 주도했다. 헌법에 모든 것을 규정해 놓으면 민주주의가 된다고 생각했다. 자유주의 좌파 출신 휴고 프로이스가 이 헌법의 초안을 작성했다. 주로 스위스와 영국 헌법을 참고했다. 이 헌법은 종래의 비스마르크 헌법과는 달리 민주주의 원리의 바탕 위에 독일 국민의 통일을 지도 이념으로 삼고 다시 사회국가적 이념을 가미한 것이 특징이다. 인간다운 생존(생존권)을 보장하면서도 경제 조항을 규정함으로써 20세기 현대 헌법의 전형이 되었다. 1933년 히틀러 정권의 수권법(授權法)을 비롯한 이후 일련의 입법에 의하여 사실상 폐지되었으나 민주주의 정치 체제를 채택한 많은 나라에 영향을 끼쳤다.

제2차 세계대전 승전 국가들은 독일이 대국이 되는 것을 두려워했다. 그래서 독일을 농업국가로 만드는 계획도 세웠고, 심지어 독일의 역사책을 다 불태워 과거를 모르게 하자는 이야기까지 나왔다. 여기서 경제 총책 에르하르트의 역할을 우리가 다시 볼 필요가 있다. 에르하르트가 1948년 화폐개혁과 함께 계획경제를 철폐하는 순간 독일 경제에 숨통이 트였다. 물건이 시장에 나오고 부엌에서 연기가 나기 시작했다. 이것이 바로 '라인강의 기적'의 시작이었다.

경제를 책임지는 사람은 에르하르트처럼 자기 확신이 있어야 한다. 경제이론에 대한 지식이 중요한 게 아니다. 상황 인식을 제대로 하고 뭔가 새로운 것을 할 수 있는 능력을 갖춰야 한 나라의 경제를 맡을 수 있다.

신자유주의도 독일에서 가장 먼저 시작했다. 1947년 스위스 신자유주의 클럽을 결성한 프리드리히 폰 하이에크와 밀턴 프리드먼의 생각은 가급적 시장경제에 맡기자는 것이었다. 독일식 신자유주의의 가장 두드러진 특징은 시장이 해결하지 못하는 것은 정부가 할 수밖에 없다는 것이었다. 그래서 생겨난 이름이 '사회적 시장경제 체제(social market economy)'다. 시장경제 체제를 보장하면서 시장 자체가 해결하지 못하는 것을 그대로 두면 사회와 시장이 모두 깨지고 만다. 자유시장 원리와 사회의 조화 원칙이 합쳐지는 것이 바로 독일인들이 말하는 사회적 시장경제다. 제2차 세계대전 이후 시장경제를 가장 모범적으로 행한 나라가 독일이다. 로널드 레이건 미국 대통령이 "최소한 독일만큼의 시장경제는 해야 하지 않느냐"고 평가할 정도다.

한국 정치권에서도 최근 독일 모델을 벤치마킹하자는 움직임이 있다. 독일 모델을 한 마디로 요약하자면 '정치적으로는 연정(聯政), 경제적으로는 사회적 시장경제'다. 2016년 4·13총선 결과 정치권이 '여소야대'의 3당 체제로 개편됐다. 대선에서 누가 당선돼도 과반정당이 될 수 없는 상황에서 20대 국회는 독일식 연정을 참조한 '협치(協治)'를 할 수밖에 없다. 그리고 경제적으로는 '한국형' 사회적 시장경제, 즉 경제민주화가 다시 주목받을 것이다.

'고(高)부담 고(高)복지' 국가, 스웨덴

태어나는 순간 모든 아이에게 지급되는 아동수당, 부모 합산 480일의 출산휴가, 초등학교부터 고등학교까지 학비 전액 지원, 대학생에게는 상환 의무가 없는 학비보조금 지급, 정리해고 시 1년 동안 기존에 받던 봉급 100% 보전, 노인에게 지급되는 기초국민연금, 거동이 불편한 노인에게는 요양원 배정… 이처럼 스웨덴의 복지정책은 모든 국민이 말 그대로 '요람에서 무덤까지' 인간다운 삶을 영위할 수 있도록 국가가 도와준다.

스웨덴은 높은 조세부담과 복지지출 비중에도 불구하고 세계 5위의 국가 경쟁력을 유지하는 '복지 – 재정 – 성장'의 선순환을 가능하게 만든 대표적 국가다. 흔히 높은 수준의 복지 제도는 국민의 높은 조세 부담으로 이어지고, 결국 성장동력을 잃게 된다고 주장하는 경제학자들에게 스웨덴은 '노(No)'라며 반론을 제기한다. 그래서 '고(高)부담 고(高)복지'에도 불구하고 높은 국가 경쟁력을 유지하고 있는 스웨덴을 두고 '아름다운 모순' 또는 '스웨덴 패러독스(Sweden Paradox)'[2]라고 부르기도 한다.

---

2) 일본의 경제학자 유모토 겐지와 사토 요시히로는 2011년 저서 《스웨덴 패러독스》에서 스웨덴 경쟁력의 5가지 비결로 협력적 노사관계, 높은 교육수준, 정보기술(IT) 인프라, 연구개발(R&D) 투자와 산관학(産官學) 관계, 세제 인센티브를 꼽았다.

스웨덴도 1930년대 초에는 불황과 높은 실업률로 경제 상황이 좋지 않을 뿐더러 정치적으로도 혼란 상태였다. 이런 상황에서 대립하던 정당들은 정쟁이 아닌 타협을 통한 상생을 선택했다. 1938년 진보 성향의 사민당과 보수 성향의 농민당이 협약을 통해 연정을 맺으며 국민을 위한 복지정책에 힘쓰기로 합의했다. 유권자의 표심을 잡기 위한 공약 경쟁이 아닌 진정으로 국민의 삶을 위한 선택을 한 것이다.

정치권의 협치로 스웨덴의 복지는 확대됐지만, 그럴수록 국가재정은 세입보다 세출이 많은 구조로 악화됐다. 자연스럽게 국가채무가 불어났다. 이때에 재정위기를 극복하기 위해 스웨덴은 복지정책 축소가 아닌 다른 발상으로 대처했다. 바로 복지정책을 뒷받침할 경제성장을 꾀한 것으로 1940년대 스웨덴 경제학자 렌(Gösta Rehn)과 마이드너(Rudolf Meidner)가 고안해낸 '렌-마이드너 모델'이다.

렌-마이드너 모델의 원리는 간단하다. 완전고용과 물가안정, 성장과 복지의 공존이다. 1929년 세계 대공황 이후 대다수 자본주의 국가들은 케인스주의로 불리는 수정자본주의에 입각한 경제정책을 채택했다. 케인스 이론상 실업률과 임금상승률은 역의 상관관계를 가진다. 즉, 경제성장과 물가안정은 상충한다는 것이다. 렌-

렌-마이드너 모델의 4대 요소와 5대 정책 수단

4대 요소	5대 정책 수단
(1) 복지 이전 경제성장 우선	(1) 실업수당 등 적극적 노동정책
(2) 경제성장 통한 고용 창출	(2) 완전고용
(3) 조세제도 통한 복지 평등 추구	(3) 긴축 재정
(4) 물가 안정	(4) 적극적인 직업소개 및 교육
	(5) 공공 저축 통한 적자 해소

마이드너 모델은 이와 상반되는 '역(逆)케인스주의'로 경제성장과 물가안정을 동시에 꾀하자는 혁신 모델이었다.

그 결과 높은 조세부담률에도 1950년대부터 1970년대까지 스웨덴의 경제성장률은 경제협력개발기구(OECD) 국가 중 일본을 제외하고 가장 높았다. 세금 부담이 높으면 성장에 악영향을 미친다는 상식이 깨진 것이다.

스웨덴 경제가 안정을 찾은 데는 정치권과 정부의 역할이 컸다. 1970~1980년대 철강산업이 위기를 맞자 이를 구제하려고 재정을 대거 투입했다가 재정위기를 겪었다. 1991년부터 3년 연속 성장률이 마이너스를 기록하고 재정 건전성이 훼손되자 1994년 재정수지 적자를 국내총생산(GDP)의 2% 이내에서 관리하는 강력한 재정준칙을 도입했다.

연금제도도 과감하게 뜯어고쳤다. 필요한 만큼 지급하는 사회수당식 기초연금과 전통적인 공적연금을 폐지하는 대신 연금을 기여한 만큼 지급하는 명목 확정 기여 방식으로 바꿔 소득비례 연금제도를 도입했다. 연금의 지속성을 확보하기 위해 미래 사회보장 급여 지출의 현재가치가 사회보장기금 적립금의 현재가치를 초과하면 ─ 즉, 가입자 수가 감소하고 기대수명이 증가해 재정의 어려움이 예측되면 ─ 현재 급여 지급액을 삭감하는 자동 안정화 장치를 두었다. 이를 통해 1998년부터 재정수지가 흑자로 전환됐다.

스웨덴의 개혁이 가능했던 핵심 요인 중 하나는 근로의욕을 높이기 위해 일하는 사람에게 유리하게 설계된 적극적인 노동정책이다. 단순히 실업수당을 지급하는 데 그치지 않고, 전직(轉職)을 위한 직업훈련과 직업 소개를 통해 성장산업에 필요한 인력이 원활히 공급되도록 했다. 이로써 노동시장의 유연성을 확보하면서 취업률을 높이고 산업구조도 전환시켰다.

일련의 개혁 조치는 국민이 체감할 수 있는 사회안전망을 제공했기 때문에 가능했다. 복지 관련 국민의 조세부담률이 높지만, 모두가 낸 세금으로 모두가 혜택을 누리는 복지라는 인식을 갖고 있어 조세저항이 거의 없다. 높은 복지 수준을 유지하려면 그만큼 조세를 부담해야 한다. 스웨덴의 조세부담률은 2015년 현재 43.3%로 GDP의 절반 가까이를 세금과 사회보험료로 납부하고 있다.[3]

스웨덴의 저출산 해법도 주목할 만하다. 출산을 여성의 문제가 아니라 부부의 문제, 나아가 사회가 책임져야 할 공동체의 문제로 인식하는 데서 저출산의 해법을 찾았다. 부부가 모두 일할 수 있도록 하고, 양육의 부담을 사회가 나눠 가지며, 교육·의료·주택 문제를 사회가 해결하는 방식으로 사회복지 체제를 만들자 출산율이 높아져 2.0을 넘어섰다.

스웨덴은 복지와 성장의 양립을 꾀하는 시스템의 집합체다. 일찍이 시작된 고령화와 빈곤국가의 운명을 바꾼 계기는 1928년 진보 성향 사민당의 정치지도자 페르 알빈 한손[4]이 "한 사회의 모든 구성원은 평등하다", "국가는 국민을 행복하게 만들어주는 집이다"며 주창한 사회민주주의에 입각한 '국민의 집' 이념이었다. 스웨덴 국민 전체에 기반한, 스웨덴 국민을 위한, 모든 사람이 평

---

3) "Revenue Statistics," 2016, OECD
4) Per Albin Hansson(1885~1946) : 스웨덴 사회민주당 지도자. 1932~1936년, 1936~1946년 스웨덴 총리를 지냈다. "국가는 모든 국민을 위한 좋은 집이 되어야 한다"고 주창했던 그에게는 여생을 보낼 집 한 채가 없을 정도로 청렴했다.

등하다는 '국민의 집' 이념은 오늘날의 스웨덴 모델 – 적극적인 노동정책, 높은 노동조합 조직률, 단체교섭을 통한 노사 협조, 동일 노동·동일 임금, 보편적 복지, 완전 고용, 인플레이션과 실업률 억제 – 이 형성되는 기반이 되었다. 투쟁과 마찰, 혁명이 아니라 대화와 협의를 통한 협조 정신으로 문제를 풀어간다는 실리주의가 엿보인다.

스웨덴도 1970년대 오일 쇼크, 1990년대 금융위기, 2008년 리먼 브러더스 쇼크 등 세 번의 위기를 거쳤다. 그때마다 정당과 정파를 초월한 세제개혁, 연금개혁, 다년도 예산제도 도입 등 국가적 대응으로 재정 건전성을 유지했다. OECD에 따르면 스웨덴의 국내총생산(GDP) 대비 국가채무 비율은 2015년 43.9%로 유럽 국가 중 가장 건실하다.

'3권(權)담합'이 망친 경제, 일본

제2차 세계대전에서 패배한 뒤 이합집산을 반복하던 일본의 정치권은 1955년 자민당 정권을 탄생시킨다. 자유당과 일본민주당이 합당해 자유민주당(자민당)이란 이름으로 출범한다. 그 이후 일본 사회는 이른바 '삼권(三權)' – 정치인, 재계, 관료 – 이 담합해 오늘에 이르고 있다. 일본 사회는 한 마디로 돈의 힘(金力)이 지배하는 사회다. 그로 인해 오늘날 일본 정치권은 사회 현상과 흐름을 제대로 읽지 못하고 있다. 게다가 일본은 사회를 좀 더 나은 구조로 변화시키려는 시민사회의 움직임도 상대적으로 미약하다.

그 결과 국제사회의 신뢰를 얻지 못하고 국내적으로도 복잡한 정치 상황이 전개되고 있다. 1985년 플라자 합의5) 때까지 고환율을 유지해 기업의 바이털리티(vitality, 활력)가 자생적으로 생겨날 수 없었다. 그러다 플라자 합의 이후 환율 변동이 심해지자 크게 동요했다. 이런 와중에 일본 정부가 금리를 인하하자 부동산 투기가 일어났다. 일시적으로 경기가 좋아지는 것처럼 보이기도 했지만, 1989년 이후 꺾이기 시작한 일본 경제는 지금까지 허덕이고 있다.

지금 한국이 일본의 그런 행태를 답습하고 있다. 경제권력이 비대해지면서 국회의원들이 재계의 영향권 안에 있으니 경제민주화 관련 입법이 되겠느냐는 반응이 일반적이다. 이런 상황이 계속되면 양극화는 더욱 심화되고 종국적으로 국민의 힘으로 해결하려드는 일이 생길 것이다.

일본경제가 흔히 '잃어버린 10년'을 넘어 '잃어버린 20년'이란 이야기를 듣기 전에는 1955년부터 1972년까진 연평균 8%대의 고성장을 구가했지만 1차 오일쇼크 이후부터 성장률이 내려가기 시작했다. 그러나 일본 정부는 1989년 오히려 장밋빛 전망을 했다. 당시 니케이지수가 3만 8,900선이었는데 1995년에 그 두 배인 8만에 이를 것이라고 장담했다. 니케이지수가 8만으로 높아지고 21세기가 되면 국내총생산(GDP)으로 일본이 미국을 능가할 것이라고 정부 보고서에 적었다. 하지만 그런 전망을 내놓은 지 2년 만에 니

---

5) Plaza Accord. 일본의 대미 무역흑자로 일본과 유럽, 미국 간 무역마찰이 심했던 1985년 9월 22일 G5(프랑스·독일·일본·미국·영국) 재무장관들이 뉴욕 플라자호텔에 모여 '미국의 무역수지 개선을 위해 일본 엔화와 독일 마르크화의 평가절상을 유도하며, 이것이 순조롭지 못할 때에는 정부의 협조와 개입을 통해 목적을 달성한다'는 내용의 합의를 한다.

케이지수는 하락세로 돌아섰고 경제도 고꾸라지기 시작했다.

제2차 세계대전에서 패한 일본이 부흥한 배경에는 일본의 취약점(disadvantage)을 강점(advantage)화하자고 역설한 오키타 사부로와 같은 인물의 희망적인 메시지가 있었기 때문이다. 1980년대까지는 이런 논리가 먹혀들었다. 1955년 자민당이라는 이름의 전후 최초 단일 보수정당이 탄생했고, 1955년부터 1972년까지 8%대의 높은 경제성장률로 국민의 생활수준이 향상됐다. 1975년 무렵 일본 사회당 의원들이 '우리가 비록 사회당이지만 자민당이 하는 대로 따라가면 우리 생활도 향상된다'고 할 정도였다. 하지만 이것이 자민당 몰락의 원인이 되었다. 자민당이 이런 칭찬에 도취돼 경제운용에 문제를 야기했다.

게다가 그동안 일본의 재계가 거대한 세력으로 성장했다. 일본 재계가 일본 사회 전체를 좌지우지할 정도의 파워를 가진 것이다. 오죽하면 일본의 삼권분립은 재계, 자민당, 관료 등 세 집단의 권력 나눠먹기라는 말까지 나돌았을까? 관료는 정치인에게 꼼짝 못하고, 정치인은 재계에 꼼짝 못하는 메커니즘으로 운영돼온 것이 일본 사회였다. 그 결과 일본의 경제정책은 객관적인 데이터를 근거로 한 판단에 의해 이뤄지지 않았다. 재계의 압력에 의해 경제정책이 마련되고 집행됐다. 일본 통상산업성과 대장성 관료들이 재계와 밀접하게 관련된 상태에서 정책을 집행해온 것이다. 일본의 환율 정책이 이를 입증한다. 일본이 일찍이 시장원리에 따르는 환율정책을 폈다면 오늘날 이런 고통을 받지 않았을 것이다.

2011년 일본의 연간 무역수지가 31년 만에 적자를 기록했다. 왜냐하면 일본 돈 엔화가 급작스럽게 고평가되니, 일본 제품의 가격경쟁력이 떨어진 것이다. 더불어 일본 기업들의 활력이 떨어졌다. 독일 경제와 일본 경제를 비교해보면 금방 알 수 있다. 독일은 비교적 빨리 1970년대 초부터 환율정책을 시장원리에 맞게 해왔다. 기업들이 일찍이 이에 적응했기 때문에 기업의 바이털리티(vitality, 활력)가 생겨났다.

1985년 플라자 합의 이후 양국 경제의 상황 변화를 보면 차이가 확연히 드러난다. 플라자 합의에 따라 독일 마르크화와 일본 엔화는 똑같이 50%씩 평가절상되었다. 당시 일본 엔화의 달러화 대비 환율이 230엔에서 120엔으로 평가절상되자 일본 수출업체들이 수익을 내지 못했다. 당시 독일 마르크화도 엔화와 비슷한 정도의 평가절상이 있었지만 기업들이 큰 문제없이 적응해나갔다.

일본 업체들이 급작스런 엔화 평가절상으로 수익을 내지 못하자 일본 정부는 국내 금리를 낮췄다. 이러한 일본 정부의 저금리 정책은 엉뚱한 결과를 초래했다. 저금리는 부동산 투기와 증권 투기를 가져왔다. 기업과 개인들이 싼 금리로 금융회사에서 돈을 빌려 부동산과 주식을 사들인 것이다. 일본 내 은행과 보험사, 대장성의 합작품으로 일본 주식시장의 주가가 계속 올라 1989년 니케이지수가 3만 8,913을 기록하기에 이르렀다.

그러나 일본 정부의 장담과 달리 1990년대 들어 일본 중앙은행의 금리인상이 본격화되자 주가와 부동산 가격이 떨어지기 시작했다. 주가는 1990년대에 30% 이상 하락했다. 주가가 하락하자 부동산 경기도 침체에 빠져들었다. 그 결과 일본 경제의 '잃어버린 10년'이 시작됐고, 경기침체 상태가 20년을 넘어서자 '잃어버린 20년'이라는 말을 듣게 된 것이다.

한국 경제도 지금 일본과 같은 길로 가고 있다. 이명박 정부는 집권 초기부터 환율정책을 지나치게 편의적으로 운영했다. 인위적인 고환율 정책으로 수출 대기업들은 큰 반사이익을 누렸지만, 내수 중소기업과 자영업자들은 혜택은커녕 수입물가가 올라 고통을 받았다. 그 결과 사회의 양극화가 더 심화되었는데도 이명박 정부와 박근혜 정부는 걸핏하면 부동산시장 활성화 대책을 내놓으며 인위적으로 경기를 부양하는 등 시장을 왜곡시켜왔다.

제3장

결국 다시
경제민주화다

● ●
● ●

신자유주의는
실패한 경제 논리

│ 신자유주의의
│ 퇴조

현재 우리나라에서 활발하게 활동하는 40대·50대 경제학자들
이 1970~80년대 해외에 유학 가서 주로 배운 것이 이른바 신자유
주의다.[1] 정부 정책을 주무르는 경제 관료들도 마찬가지다. 하지만

---

1) 신자유주의 : 1920년대 독일 서남부 프라이부르크대학의 오이켄(Walter Eucken) 교
  수를 중심으로 등장한 경제사조. 정부의 지나친 개입으로 위축된 시장 기능을 되찾
  자는 것으로 고전적 자유주의와 구분하여 신자유주의(neoliberalism)로 부른다. 이
  들은 정부가 지나치게 시장에 개입하여 자유로운 기업 활동을 제한하는 등 시장 기
  능을 위축시키면 국민경제 발전을 저해하는 요인이 된다고 주장했다.

신자유주의는 이미 미국·영국 등 선진국과 세계 석학들이 모여 토론하는 다보스포럼 등에서도 실패한 정책이라는 결론이 났다. 하버드대학교 총장을 지낸 미국의 대표적 경제학자 로렌스 서머스[2] 교수도 미국의 신자유주의 정책은 실패한 것으로 진단했다.

신자유주의는 국가권력의 시장 개입을 비판하고 시장의 기능과 민간의 자유로운 활동을 중시하는 이론이다. '보이지 않는 손'과 자유방임주의로 대변되던 18~19세기 자유주의는 1929년 세계 대공황이 발생하자 영향력을 잃었다. 대안으로 케인스주의로 불리는 수정자본주의가 등장했다. 정부가 시장에 적극 개입하여 소득 평준화와 완전고용을 이루는 복지국가를 지향하는 것이다. 하지만 1970년대 석유 파동과 함께 스태그플레이션(저성장 속 고물가)이 장기화하자 이에 대한 반론이 제기되었다. 정부의 시장 개입을 줄이고 시장의 자유로운 경쟁에 맡기자는 것이었다.

밀턴 프리드먼(Milton Friedman) 등 시카고학파로 대변되는 신자유주의자들의 주장은 미국 닉슨 행정부의 경제정책에 반영되었고, 이어 미국 레이거노믹스와 영국 대처리즘의 근간이 되었다. 신자유주의 이론은 세계화 흐름 속에서 유행처럼 번졌으며, 자유무역과 국제적 분업을 강조했다. 세계무역기구(WTO)나 우루과이 라운드(UR)와 같은 다자간 협상을 통해 세계 각국에 시장을 개방하도록 압박했다. 공기업의 민영화를 통해 '작은 정부'를 지향하였으며, 자유시장과 규제완화, 개인의 재산권 개념을 중요하게 여겼다. 하지

---

2) Lawrence Summers(1954~) : 미국의 경제학자이자 경제관료. 하버드대학교 최연소 정교수를 시작으로 재무부 차관과 장관, 하버드대 총장을 지냈고 버락 오바마 정부에서 국가경제회의 위원장을 역임했다.

만 신자유주의 논리에 따른 정부의 불개입 내지 개입 최소화 정책은 노동시장의 유연성을 강조해, 실업자를 양산했고 그로 인한 빈부격차 확대, 사회적 약자에 대한 복지 축소 등의 부작용을 낳았다는 평가를 받고 있다.

신자유주의가 실패할 수밖에 없던 근본적인 이유는 기업이 국가의 기능을 절대로 대체할 수 없기 때문이다. 소득 재분배와 관련해 정부의 기능을 일부 기업에서 부담할 수야 있지만 분명히 한계가 있다. 가령 기업연금 제도로 의료보험 제도를 대체할 수 있겠는가? 아니다, 할 수 없다. 기업은 언제 망하거나 문을 닫을지 모르기 때문이다.

제1차 세계대전 이후 1929년 미국 월스트리트가 무너질 때까지 세계 경제는 자유주의 원리에 따라 움직였다. 하지만 대공황으로 월가가 무너지고 세계 경제가 장기 불황에 빠지자 케인지언이즘이 등장하고, 정부의 시장개입 등 국가의 역할이 중요해졌다. 국가권력이 상당한 역할을 하는 시대가 1970년대까지 이어졌다. 하지만 1973년 1차 오일쇼크 때 정부가 역할을 제대로 하지 못한 채 국가채무가 늘어나자 정부의 효율성에 대한 의문이 생겼다. 이런 배경속에서 미국에서는 로널드 레이건 대통령, 영국에서는 마가렛 대처 수상이 집권했다. 이후 신자유주의는 레이거노믹스의 근간이 되었다. 하지만 레이거노믹스나 대처리즘을 보면 신자유주의는 우리나라에서 이야기하는 식의 무조건적 자유방임주의와는 거리가 있다.

신자유주의는
만능이 아니다

신자유주의는 1938년 파리에서 열린 발터 리프만 콜로키움 (Walter Lippman Colloquium)에서 생겨난 개념이다. 그때는 이미 자유주의 경제학이 몰락한 이후다. 프리드리히 폰 하이에크(Friedrich von Hayek)[3]와 루트비히 폰 미제스(Ludwig von Mises)[4] 빌헬름 뢰프게(Wilhelm Röpke), 알렉산더 뤼스토우(Alexander Rüstow) 등 경제학자들과 철학자들 26명이 모여 "어떻게 하면 자유주의 경제를 다시 살리고 효율을 거론할 수 있을까"를 논의한 끝에 '신(新=neo)'자를 붙였다. 자유주의 경제학과 시장이 공존하는 것을 '신자유주의'라고 한다.

그렇다고 경제주체들이 마음대로 하라고 방임하는 것 또한 신자유주의가 아니다. 1980년대 미국 레이건 대통령과 영국 대처 수상 시절 경제 상황이 어려워지자 정부(국가권력)의 시장 개입을 나쁜 것으로만 평가했다. 레이건 대통령은 "정부가 문제를 해결하는 게 아니고, 오히려 정부가 문제"라고 말할 정도였다. 그런데 지금 돌아보면 그릇된 생각이었다. 신자유주의적 경제정책을 집행한 이후 사회갈등이 더 많아지고 빈부격차도 더 커졌기 때문이다.

신자유주의가 제2차 세계대전 이후 서독에서 가장 먼저 적용

---

3) Friedrich August von Hayek(1899~1992) : 오스트리아에서 태어난 영국의 경제학자이자 정치철학자. 서구 복지국가가 채택한 케인스 이론에 대항하여 자유 민주주의 이론과 자유시장 경제체제를 옹호해 신자유주의의 사상적 아버지로 불린다.

4) Ludwig von Mises(1881~1973) : 오스트리아 태생의 미국 경제학자. 화폐가치를 효용이론에 둔 화폐이론체계를 완성하고, 화폐적 경기이론의 전개에 공헌했다. 경제계산론 분야에서는 사회주의 제도에는 가격기구에 의한 합리성이 없으므로 사회주의 계획은 불가능하다고 주장했다.

됐다. 1947년 스위스의 작은 도시 로잔느의 파크호텔에 35명의 경제학자들이 모여 이른바 신자유주의 클럽을 결성했다. 모임을 주도한 핵심 인물은 프리드리히 폰 하이에크와 밀턴 프리드먼(Milton Friedman)이었다. 정부의 시장 개입을 최소화하는 '작은 정부' 개념이 거론되었다. 가급적 시장경제 원리에 맡기자는 거였다. 이때 만들어진 몽 펠르랭(Mont Pelerin) 소사이어티는 초기에는 제대로 인정받지 못했다.

신자유주의가 빛을 발한 것은 1980년대 미국에서 레이건 대통령(1981~1989년, 공화당)과 조지 부시 대통령(1989~1903, 공화당), 영국에서 대처 수상(1979~1990년 3기 연임)이 집권하면서부터다. 하이에크는 대처 영국 수상의 경제자문 교수를 맡았다. 대처 수상이 가방 속에 항상 갖고 다닌 것이 하이에크가 쓴 《노예의 길(The Road to Serfdom)》이라는 책이었다. 하이에크에게 작위를 수여하고 훈장도 주었다. 하이에크는 유대인으로 히틀러에 대한 저항의식에서 책 《노예의 길》을 썼다. 그러나 하이에크의 책 《노예의 길》이나 프리드만의 책 《자본주의와 자유(Capitalism and Freedom)》를 보아도 정부 역할을 일체 부정하는 것은 아니다.

신자유주의라고 해서 곧 무정부주의를 전제로 하는 것은 아니다. 정부의 기능 중 가장 중요한 것은 국민을 조화롭게 이끄는 것이다. 다른 말로 시장경제의 효율과 안정을 유지하자는 것이다. 시장경제의 효율을 높이기 위해 개인과 기업의 자율을 보장하되 시장을 정상적으로 작동시키려면 정부는 작지만 강해지라는 주문이다. 여기서 '강한 정부'라는 것은 특정 경제세력이 모든 것을 지배하는 것은 막으라는 의미다. 정부가 경제세력과 이익집단보다 우위에서 기능해야 한다는 것이다.

대공황 이후 득세한
케인지언이즘

1929년 대공황이 발발하기 전까지 아담 스미스의 자유주의 경제 이론에 입각해 경제가 운용됐다. 하지만 주식시장 붕괴에 이어 실물경제까지 무너지자, 자유주의 경제 이론으로는 세계적인 불황을 치유할 수 없었다. 그 무렵까지 정부는 당연히 균형예산을 짜 집행하는 것으로 알았다. 균형예산 논리에 따라 세입이 줄어드는 것에 맞춰 세출도 줄이자 경제 상황은 더욱 악화되고 실업자도 증가했다. 당시 미국의 실업률이 20%에 육박했고 실업자도 2,000만 명에 가까웠다. 그 결과 허버트 후버 대통령이 재선에 실패하고 프랭클린 루스벨트가 대통령에 당선된다.

공교롭게도 미국에서 루스벨트 대통령 당선과 독일 히틀러 총통의 등장이 같은 시기에 이뤄졌다. 히틀러는 막대한 규모의 재정 지출로 경제를 회복시켰다. 중앙은행을 무시한 채 돈을 풀어 고속도로 아우토반을 건설했다. 청년들에게 결혼자금을 대줘 내수 증가를 꾀했다. 그 결과 실업자가 700만 명에 이르렀던 실업 문제를 짧은 기간에 해소하고, 1936년에 베를린올림픽을 성공적으로 치렀다. 마침 1936년은 케인스가 대표적 저서 《고용·이자 및 화폐의 일반이론》을 출간한 해였다.[5] 당시 케인스주의가 이론적으로 정립된 것은 아니었지만 이미 히틀러가 실전에서 사용한 셈이다. 그런 과정을 거쳐 케인스 이론이 쉽게 나올 수 있었다는 학설까지 있을 정

---

5) John Maynard Keynes(1883~1946) : 영국의 대표적 경제학자. 《The General Theory of Employment, Interest and Money(고용·이자 및 화폐의 일반이론)》 등 여러 책을 저술했다.

도다.

1929년 가을 미국 뉴욕 월가에서 시작된 대공황 이래 그간의 경제학이 설 땅을 잃었다. 세계적인 공황의 원인을 설명하고 이를 극복할 방법을 제시하는 데 한계가 있었기 때문이다. 이런 상황에서 케인스의 이론이 각광을 받았다. 케인스의 《번영에의 길》이 프랭클린 루스벨트 대통령의 뉴딜 정책의 기반이 되었고, 《일반이론》은 그 이론적 지침이 되었다. 이로써 케인스는 마샬을 포함한 고전파와의 결별을 선언했고, 다수의 경제학자가 이 대열에 참여했다. 1936년 이래 경제학이 크게 변했다고 하여 '케인스 혁명' '케인스학파'라고 부른다. 불완전고용 등 처음에는 낯선 느낌을 주던 표현도 오늘날 일반적인 용어로 통한다. 케인스가 이른바 수정자본주의의 이론을 제공한 것이다.

미국에서도 1929년 대공황에 이르는 과정에서 획기적인 일이 있었다. 1860년대 남북전쟁[6]을 치른 당시 링컨 대통령은 "절제 없이 자라나는 경제세력들이 미래에 미국의 큰 위험 요소가 될 것"이라고 경고했다. 건국 이래 미국의 재정은 주로 관세 수입에 의존했다. 직접세인 소득세 도입은 마치 미국의 건국정신에 위배되는 것으로 여겨졌다. 1880년대 중반 이후 누진소득세를 도입하자는 논의가 있었지만 번번이 의회에서 좌절됐다. 미국의 건국정신이 자유주의로 정부가 개인의 경제활동에 관여해선 안 된다는 의식이 팽배했기 때문이었다. 그 결과 시장에서는 독과점 현상이 나타났고 그에 따른 횡포는 날로 커졌다. 이와 같은 시장의 독과점을 제어하기 시작한 것이 테어도어 루스벨트 대통령이다. 당시로선 예기치 못했던

---

6) 남북전쟁 : 1861년~1865년 미합중국의 북부와 남부가 벌인 내전(內戰)

진보적인(progressive) 정책을 가동했다.

앞서 설명한 것처럼 테어도어 루스벨트 대통령은 록펠러가 소유한 스탠더드 오일을 강제 분할시켰다. 독점기업의 횡포를 손보기 시작한 것이다. 테어도어 루스벨트가 재선에 성공해 8년 재임한 뒤 친구인 윌리엄 태프트 대통령을 거쳐 1913년 우드로 윌슨 대통령으로 이어진다. 윌슨 대통령 재임 시절 미국에선 그전보다 더욱 진보적인 정책이 집행된다. 대표적인 것이 미국의 중앙은행인 연방준비제도(FRB=Federal Reserve Board of Governors)의 창설이다.[7] 이어서 처음으로 누진소득세(progressive income tax)가 도입되기에 이른다.

하지만 윌슨 대통령이 두 번째 임기를 마치고 제1차 세계대전 이후 물러나자 공화당 출신이 연속해서 대통령이 된다. 제1차 세계대전 이후 호황을 누리던 경제가 허버트 후버 대통령 임기 첫해인 1929년 가을부터 급격히 나빠지면서 뉴욕 월가가 무너졌다. 결국 후버 대통령이 대공황을 해결하지 못한 채 물러나고, 1933년 프랭클린 루스벨트가 대통령에 취임한다.

사회안전망 강화한 루스벨트 대통령

프랭클린 루스벨트 대통령 시대에 미국 사회는 큰 변화를 겪는다. 변화의 핵심은 당시 대공황으로 경제 상황이 어려움에도 불

---

7) 연방준비제도 : 미국을 12개 연방준비구로 나눠 연방준비은행을 둔다. 여기서 은행권 발행, 가맹은행의 법정 지급준비금 보관과 어음 재할인, 공개시장 조작 등의 역할을 맡으며 워싱턴 소재 연방준비제도이사회가 운영을 총괄한다.

구하고 고소득층에 대한 과세를 대폭 강화하고 저소득층에 대한 세금 부담을 덜어주는 것이었다. 이른바 '부자 증세(增稅), 빈자 감세(減稅)' 정책이다. 그리고 노동조합의 활동을 보장해 주었다. 미국에서 노동조합이 세력화해 등장한 것은 바로 대공황 이후다.

현실적으로 노동조합 체제가 정비되지 않으면 소득 분배가 제대로 이뤄질 수 없다. 기본적으로 소득 분배는 노동시장에서 1차적으로 이뤄지기 때문이다. 자본주의 경제는 전통적으로 기업이 우월한 위치에 있기 때문에 근로자가 원하는 수준의 임금인상은 거의 불가능한 상황이었다. 기업이 자율적으로 임금을 결정해 온 상황에서 노조가 강해지자 임금협상이 과거보다 근로자에게 유리하게 작동했다. 사회 전체의 소득 분배에도 영향을 미쳤다. 유럽 국가에서도 마찬가지였다. 기업가 세력이 막강해지자 이를 상대하는 하나의 세력으로 노동조합을 정부가 지원했다. 정부가 독려하지 않았다면 노조 스스로 생겨나기는 어렵다. 경제학자 갈브레이스가 이야기한 대로 카운터베일링 파워(countervailing power, 대항력)가 존재하지 않으면 기업 위주로 일방적으로 흘러가게 되어 있다.[8]

내친 김에 루스벨트 대통령은 1935년에 사회안전망(social security nets)을 만들었다. 뉴딜(New Deal)정책이란 미국 사회에 새로운 제도를 많이 도입하고자 한 것이다. 오늘날 미국의 연금 제도인 '소셜 시큐리티(social security)'도 이때 시작했다. 소셜 시큐리티는 원래 연금뿐만 아니라 의료보험까지 포함시켰다. 의회를 통과해 대통령 서

---

8) 산업이 과점화되면 이에 맞서 소비자 쪽에 카운터베일링 파워(대항력)가 생겨나 대기업을 견제하는 역할을 한다는 갈브레이스(J. K. Galbraith, 1908~2006, 미국의 경제학자)의 주장으로 1952년 발표되었다.

명까지 마친 뒤 시행을 앞둔 단계에서 의료보험 분야에 대한 위헌 판결이 나는 바람에 시행하지 못했다. 미국의 의료보험 제도는 이때 실패한 이래로 지금까지 제대로 이뤄지지 못한 채 문제가 되고 있다.

결국 뉴딜 정책 가운데 핵심적으로 남은 것은 소셜 시큐리티 하나 밖에 없다. 개인이 젊었을 때 돈을 납부한 뒤 나이가 들어 수령하는 것이므로 기업에 부담이 없고 이의를 제기할 사람도 없어 지금까지 남아 있는 것이다. 루스벨트 대통령이 3연임(1933~1945년 12년 재임)하면서 정책의 일관성을 유지한 결과 소득세 누진 최고 세율이 한때 90% 가까이 올라간 적도 있다. 상속세와 증여세율도 높았다.

미국 역사를 보면 재벌 중에서 20세기에 법정에 서지 않은 이가 거의 없을 정도다. 반독점금지법에 따라 담합 행위가 적발되거나 상속세를 제대로 납부하지 않아 문제가 됐다. 그 무렵 장학재단이 많이 생겨났는데 이는 상속세와 증여세를 피하기 위한 수단이기도 했다. 재단을 만든 뒤 의결권이 없는 재단에 주식을 넣어 놓으면 적은 주식을 갖고도 경영권을 방어할 수 있기 때문이었다. 당시 카네기 재단과 록펠러 재단 등이 이런 연유로 설립되었다.

20세기 초반부터 중반까지 미국의 개혁은 테어도어 루스벨트 대통령 때 본격적으로 시작해 윌슨 대통령 시대에 강화됐다가 그후 10여 년 공화당 정권하에서는 제대로 이뤄지지 않았다. 대공황이후 1930년대 프랭클린 루스벨트에 이어 트루만, 공화당 출신인 아이젠하워, 그리고 민주당 출신인 케네디와 존슨 대통령에 이르기까지 개혁 작업이 진행됐다. 민주당 정권은 1933년부터 1952년까지 20년 동안 지속됐다. 1953년에 취임한 드와이트 아이젠하워 대통령은 사실 공화당과 그리 특별한 관계가 없었다. 제2차 세계대전 당시 연합군 최고사령관을 지낸 전쟁 영웅으로 공화당이 옹립해 대통령에 당선된 인물이다.

공화당 보수파들은 아이젠하워에게 뉴딜 정책을 모두 뒤집어엎자고 제안했다. 고소득층에 대한 과세도, 소셜 시큐리티도 파기하자고 했다. 하지만 아이젠하워 대통령은 공화당의 요청을 거부한 채 오히려 정부의 개입을 강화했다. 아이젠하워가 그렇게 할 수 있었던 것은 제2차 세계대전 당시 연합군 총사령관으로서 유럽의 사회 제도를 직접 지켜보았기 때문이다. 이어 존 F. 케네디가 등장해 대통령으로 2년여 재직하다 암살당한 뒤 린든 존슨이 물려받는다. 존슨 대통령이 '위대한 사회(The Great Society)' 운동을 벌이면서 메디케어(medicare, 노인의료혜택)9)와 메디케이드(medicade, 저소득층의료혜택)10) 제도를 도입했다.

1965년 무렵 미국에서 케인스 이론이 절정에 이른다. 프리드먼 같은 이가 자신도 케인지언이라고 할 정도로 케인스주의가 대세였다. 미국 경제의 황금기였으며, 중산층이 두텁게 형성되었다. 국가가 그만큼 노력한 결과였다. 이런 상태가 리처드 닉슨 대통령 시절까지 이어졌다. 1970년대 말까지만 해도 미국의 누진 소득세율이 최고 70% 수준을 유지했다.

그러던 것이 1973년 1차 오일쇼크가 터지자 스태그플레이션

---

9) medicare : 미국 연방정부에서 지원하고 운영하는 의료혜택 제도. 65세 이상 노인과 65세 미만이라도 특정한 장애나 질병이 있는 사람들을 대상으로 한다. 의료 혜택을 받을 수 있는 질병의 종류가 메디케어보다 메디케이드가 더 많다.
10) medicade : 미국의 국민 의료혜택 제도로 저소득층과 장애인을 위한 것이다. 연방정부와 주정부가 공동으로 재정을 보조하며 운영은 각 주에서 맡는다.

(저성장 고물가)이란 말이 나올 정도로 케인스 이론이 작동하지 않았다. 정부가 재정지출을 아무리 늘려도 고용이 증가하지 않았다. 경기가 회복되지 않고 인플레이션만 조장돼 스태그플레이션 현상이 나타났다.

이런 상황에서 지미 카터 대통령이 바통을 이어받았다. 카터 대통령에게 치적이 없다고 하는 사람들도 있지만, 그는 오늘날 미국 정보기술(IT) 산업이 꽃피울 수 있는 기초를 마련한 인물이다. 카터 대통령은 독점 통신기업인 AT&T를 해체시켰다. 미국 통신산업의 독점 상태를 분할시킴으로써 미국의 IT 산업이 발전할 수 있는 경쟁 체제를 구축한 것이다. 그러나 카터 대통령 시절에도 경기가 제대로 살아나지 못하자 정권은 다시 공화당 정부로 넘어간다.

신자유주의 채택해 실패한 레이거노믹스

1980년 미국에서 공화당 로널드 레이건 후보의 대통령 당선은 곧 신자유주의의 등장이었다. 로널드 레이건이 누구인가? 정부는 문제를 해결하는 것이 아니라 정부 자체가 문제라고 한 인물이다. 당시 '정부는 무조건 작아져야 한다'는 말이 유행했다. 레이건 미국 대통령보다 1년 앞서 1979년 등장한 인물이 마가렛 대처 영국 수상이다. 영국과 미국의 최고통치권자가 바뀌면서 이른바 신자유주의의 개화기가 시작된 것이다.

앞서 이야기한 대로 신자유주의에 기초한 경제질서를 최초로 활용한 나라는 당시 서독연방공화국이다. 1947년 신자유주의 클럽을 창설한 35명 멤버 가운데 독일인이 다섯 명 있었다. 그 중 두

명이 전후 독일의 경제질서를 확립한 루트비히 에르하르트 경제상의 측근 참모 역할을 하였다. 에르하르트 자신도 신자유주의 클럽 회원이 되었다. 그래서 독일이 전후 완전한 시장경제 체제를 확립하고 신자유주의적 사고 아래 경제를 운용한 것이다. 정부가 절대로 시장 메커니즘에 개입하지 않았다. 한 번 더 설명하자면, 독일식 신자유주의의 가장 두드러진 특징은 시장이 해결하지 못하는 것은 정부가 할 수밖에 없다는 것이었다. 이를 '사회적 시장경제 체제(social market economy)'라 부르는데, 시장경제 체제를 보장하면서 시장 자체가 해결하지 못하는 것은 정부가 해결한다는 논리다. 그래서 시장경제 앞에 '소셜(social)'이라는 표현을 붙인 것이다.

당시 독일의 대표적인 학자는 신자유주의 클럽에 참여했던 빌헬름 뢰프케[11]와 질서자유주의를 주장한 발터 오이켄[12]이다. 뢰프케는 시장경제가 제대로 작동하기 위해서는 제도만이 아니라 건강한 부르주아 정신 내지 윤리가 필요하다고 강조했다. 오이켄은 효율적인 시장경제 질서를 형성하기 위해서는 정부의 개입이 필수적이라고 보았다. 오이켄이 주장한 '질서자유주의'란 민주주의 정치를 하기 위해 헌법이 있는 것과 마찬가지로 시장의 헌법이 하나 따로 있어야 된다는 것이다. 시장이 어떻게 해주어야 시장경제를 가장 효율적으로 발휘할 수 있느냐는 측면에서 이야기하고 있다. 그런

---

11) Wilhelm Röpke(1899~1966) : 독일의 경제학자. 자본주의나 집단주의에 구애되지 않고 시장경제가 질서를 찾도록 정화하는 일이 중요하다고 강조했다.

12) Walter Eucken(1891~1950) : 독일의 경제학자. 경제학에 있어 역사적 방법과 이론적 방법의 통합을 주창한 저서 《국민경제학의 기본 문제》로 유명하다. 정부는 질서자유주의를 통해 인플레이션과 독과점 방지를 표방하는 경제질서를 적극적으로 수립해야 한다고 주장했다.

식으로 제2차 세계대전 이후 시장경제 원리에 따라 가장 성공한 사례가 서독 경제다.

제2차 세계대전 이후 성공한 경제 모델로 흔히 일본과 독일을 거론한다. 하지만 엄밀한 의미에서 볼 때 일본은 시장경제에 입각한 나라가 아니다. 계획경제와 시장경제가 섞인 구조다. 시장경제의 요소로 민간에게 사유재산을 인정하면서 소비에트 스타일의 계획경제를 가져다 적극 활용하였다. 그리고 한국 경제는 1950년대부터 1970년대까지 일본 경제를 모방해 성장했다.

이와는 달리 미국은 정부가 거대경제세력을 제어할 수 있는 힘과 수단을 갖고 있었다. 테어도어 루스벨트 대통령에서 프랭클린 루스벨트 대통령으로 이어지는 과정, 그리고 지미 카터 대통령에 이르기까지 정부가 기업을 제어할 수 있는 힘을 갖고 있었다. 입법과정에서 로비스트를 활용해 영향력을 행사하려 하지만 정부의 정책에 거세게 저항하지는 않았다.

그런데 레이건 행정부 때 정부는 문제를 해결할 능력이 없으므로 모든 것을 민간에게 맡기자는 논리에서 시작된 것이 감세정책이다. 결국 1970년대까지 진행돼온 소득세 누진세율 구조를 딱 두 가지 세율 구조로 바꿨다. 소득세 누진세율 70%를 35%와 15%의 두 가지로 변경한 것이다. 소득세 최고 세율이 종전의 절반 수준인 35%가 된 셈이다. 게다가 (우리나라는 이제 그런 제도가 없지만) 자본에서 나오는 소득에 부과했던 40%의 자본소득세 세율도 15%로 낮췄다. 그 이후 30년 동안 미국의 분배 상황은 엉망진창이 되고 말았다.

미국 의회 예산처 자료를 보면 1979~2013년 34년 동안 소득 상위 1%의 소득이 187% 증가한 반면, 소득 하위 20%의 소득은 39% 증가하는 데 그쳤다. 같은 기간 중위 60%의 소득도 32% 증가에 머물렀다. 이처럼 부유층과 저소득층, 중산층의 소득격차 가 더욱 크게 벌어진 결과 2013년 기준 상위 3% 소득자가 전체 부의 54%를 보유한 것으로 나타났다. 상위 3%의 자산이 하위 90%가 보유한 자산(25%)의 2.16배에 이르는 게 오늘날 미국의 현 실이다. 상황이 이러니 아무리 미국 정부가 양적완화 등 경기부양 조치를 취해도 효과는 거의 없고 오히려 부정적인 영향을 미치는 것이다.

‘제3의 길’ 모색하는 선진국들

우리나라의 많은 경제학자들은 단편적으로 시장이 모든 경제 문제를 자율적으로 해결한다고 믿는다. 그런데 자본주의 경제의 유형을 보면 앵글로색슨 경제학도 영국과 미국식이 다르다. 영국 의 사회학자 앤서니 기든스[13)가 ‘제3의 길’을 주창했는데, 이는 당 시 토니 블레어 영국 수상의 경제정책을 뒷받침하기 위한 것이었 다. 토니 블레어는 노동당의 정강정책을 바꿨다. 노동당을 지지하 는 사람들의 표만 가지고는 집권하기 어렵다고 판단해 정강정책을 바꾸면서 보수당 출신인 마가렛 대처 수상의 경제정책을 상당 부 분 이어받았다. 그러면서 이를 ‘제3의 길’이라고 이름 붙인 것이다.

---

13) Anthony Giddens(1938~) : 영국의 사회학자. 고전과 현상학·구조주의·민속방법론 등 사회이론을 토대로 현대 사회와 자본주의의 현상을 분석했다. 저서로 《좌파와 우파를 넘어서》, 《제3의 길》 등이 있다.

앤서니 기든스는 책《제3의 길(The Third Way)》에서 전후 세계 정치를 주도해온 전통적 사회민주주의와 신자유주의를 극복하자는 새로운 사회발전 모델을 주창했다. 제2차 세계대전 이후 '사회민주주의(제1의 길)'가 1945~1975년의 30년을 주도했다면 1975~1995년의 20년은 '신자유주의(제2의 길)'가 지배했다. 사회민주주의와 신자유주의를 극복하자는 제3의 길은 정치적으로 전통적인 좌우 노선을 넘어 중도좌파적 노선을 선택하고, 경제적으로는 무한경쟁으로 인한 시장경제의 폐단을 막기 위해 정부가 간여하는 새로운 혼합경제 체제를 추구했다.

사실 '제3의 길'이라는 말은 과거 소련에서 처음 나왔다. 1917년 볼셰비키 혁명이 일어난 뒤 소련은 1920년대부터 고스플랜(Gosplan)[14]이 주관하는 경제개발 계획을 추진했다. 고스플랜 초기에 큰 효과를 보았는데, 당시 이렇다 할 산업시설이 없는 상태에서 출발했기 때문이다. 그러나 소련 경제는 1950년대 들어 그간의 효율을 잃어버린 채 갈림길에 서게 된다.

한국도 마찬가지였다. 1962년 박정희 대통령이 경제개발 5개년 계획을 시작할 당시에는 투자 효율이 높았다. 어느 나라든 경제개발 초기에는 무슨 공장을 지어도 물건만 생산해내면 팔린다. 고스플랜이 주도한 사회주의 경제개발계획이 나름대로 효과를 나타내자 자본주의 시장경제 체제의 대항마로 등장하기도 했다. 독일에서도 1920년대 말부터 제3의 길이 거론됐다. 자유주의적 성향의 경제학자 빌헬름 뢰프케는 제3의 길을 이야기하면서 시장경제가 해

---

14) 1921년에 창립된 소련 각료회의의 국가계획위원회. 혁명 이후 러시아 경제를 사회주의 경제로 발전시키기 위한 계획을 입안하고 실행 과정을 점검했다.

결하지 못하는 부분에 대한 정부의 역할을 강조했다. 하지만 최근에는 제3의 길은 없다고 한다. 제3의 길이 따로 있는 게 아니라 정치권력이 생존을 위해 변화하는 상황에 적응하는 것으로 본다. 적응하려면 새로운 것을 도입할 수밖에 없다는 것이다.

영국식 자본주의와 미국식 자본주의는 다르다. 영국은 여러 경제이론이 섞여 있는 나라다. 자유방임주의를 주창한 고전파 경제학의 창시자 아담 스미스와 그를 추종하는 고전파 경제학자 리카도(David Ricardo), 페이비언 사회주의,[15] 케인스의 수정자본주의, 하이에크의 신자유주의에 이르기까지 여러 주장과 사상이 뒤섞여 돌아가는 것이 영국의 경제운영 체제다. 정치적인 구호로 쓸 수야 있겠지만 엄밀한 의미에서 볼 때 경제에 있어서 '제3의 길'이란 없는 것이다. 그렇다면 결국 시대 변화에 맞춰서, 달라진 국민의식에 적응하는 것이 제3의 길이라고 본다. 영국의 역사를 보면 다른 나라와 달리 혁명, 쿠데타가 없었다. 이는 왕권이 시대 변화에 따라 의회로 자꾸 권한을 내어줌에 따라 가능했다.

신자유주의 하나만 갖고 경제가 제대로 굴러갈 수 없다. 마가렛 대처 수상이 국영기업을 민영화할 때에도 제한이 있었다. 민영화는 전부 국민주 공모 방식으로 진행했다. 일반 국민도 임금소득뿐 아니라 소량이지만 주식을 보유함으로써 재산소득도 있다는 인식을 심어주어야 한다는 논리에서였다. 그렇게 해야 자본주의 사회가 안정된다는 판단에서다.

---

15) 1884년 영국 페이비언 협회가 주장한 점진적 사회주의 사상으로 영국 노동당의 지도 이념이 되었다. 사회 개량 수단으로 혁명을 사용하지 않고 의회주의를 통하여 점진적으로 정책을 실현함으로써 자본주의의 결함을 극복하자는 논리다. 페이비어니즘(Fabianism)이라고도 한다.

경제정책,
시대적 과제 해결해야

시장경제란 것이 무엇인가? 경제원론 강의 두 시간만 들으면 이해할 수 있다. 시장경제의 근간은 수요공급의 원칙이다. 재화의 수요와 공급에 따라 가격이 결정된다는 것이 시장경제 논리다. 그런데 문제는 세상 모든 일이 수요공급의 원리에 의해서 결정되지 않는다는 점이다. 이처럼 수요공급의 원리에 따라 움직이지 않은 것은 무슨 원리로 어떻게 설명할 것인가?

케인스 이론이 엉망이라며 신자유주의를 도입했는데, 글로벌 금융위기가 터지니까 경기를 부양한다며 정부 재정지출을 확대한다는 소리를 왜 하는가? 신자유주의 논리와 어긋나는 주장이다. 자꾸 시장을 들먹이는 것은 하나만 알고 둘은 모르는 이야기다.

미국에서 1968년 닉슨이 대통령에 취임하자 밀턴 프리드먼이 득세하기 시작한다. 이른바 신자유주의자의 대표주자인 시카고학파의 등장이다. 이 무렵 등장한 우스갯소리가 있다. 경제학자들 사이에서도 '악화가 양화를 구축하는 그레샴의 법칙(T. Gresham's Law)[16] 이 적용된다'는 이야기였다. 학자들이 단순 논리를 주장하면 정치인들이 이런 단순 논리에 빠져 복잡한 논리는 받아들이려고 하지 않음을 빗댄 말이다. 이처럼 경제정책은 단순하게 어느 한 가지 논리로 할 수 있는 것이 아니다.

밀턴 프리드먼의 반대편에 선 미국의 대표적인 경제학자 폴

---

16) 일반적으로 재화의 경우 좋은 제품이 나쁜 제품을 시장에서 몰아내지만, 화폐의 경우는 화폐의 소재가치가 서로 다른 화폐들이 동일한 액면가로 사용될 경우, 좋은 소재로 만든 화폐는 사라지고 나쁜 소재로 만든 화폐가 시장에 살아남는다는 것을 일컫는다.

사무엘슨[17]은 글로벌화를 이유로 국가가 소득 재분배 기능을 포기하면 사회는 혼란으로 갈 수밖에 없다고 경고했다. 2008년 글로벌 금융위기 이후 당시 조지 부시 대통령을 미국 역사상 가장 무능한 대통령으로 지목한 것은 미국을 궁지에 몰아넣은 장본인이라고 보았기 때문이다. 그는 맹목적으로 시장경제를 찬양하는 사람은 '정서적인 불구자'라는 표현으로 꼬집었다.

그나마 한국 사회에선 시장경제가 제대로 작동되었다고 보기도 힘들다. 시장경제가 작동하고 있다고 생각하는 것은 우리들의 착각이다. 이는 한국 경제가 약 10년의 시차를 두고 따라가고 있는 일본 경제의 모습에서 엿볼 수 있다. 일본 경제 전문가인 미국 경제학자 차머스 존슨[18]은 일본 경제가 미국식 시장 기능에 따라 이뤄진 게 아니라 소비에트 스타일의 계획경제를 따라 한 결과라고 평가했다. 그러면서 그는 일본 경제의 성공이 사회주의(socialism)의 승리라고 했다. 오늘날 재벌이 지배하는 사회가 일본이고, 정치 또한 재벌에 종속돼 있어 오랫동안 집권한 자민당이 그렇게 몰락의 길을 걸었다.

경제개발 초기 한국은 일본을 벤치마킹했다. 박정희 대통령이 1961년 미국 케네디 대통령 초청으로 워싱턴을 방문한 뒤 귀국길에 일본에 들러 기시 노부스케 전 수상을 만나 한국이 일본의 메이

---

17) Paul Anthony Samuelson(1915~2009) : 미국의 이론 경제학자. 1940년 이후 매사추세츠대학 경제학 교수로 재직했으며, 1970년 노벨 경제학상을 수상했다. 사무엘슨이 쓴 《경제학》은 1948년 출판된 이래 미국은 물론 전 세계에서 가장 많이 사용되는 경제학 교과서로 유명하다.

18) Charlmers Johnson(1931~2010) : 미국의 진보적 정치학자. 주요 저서로 《제국의 슬픔(The Sorrows of Empire)》이 있다.

지유신 때처럼 하려고 하니 도와달라고 했다. 당시 관료들로선 일본어가 소통하기 쉬워 일본 제도를 가져다 베꼈다. 일본이 1955년부터 시행한 중화학공업 육성을 한국이 1970년대에 본떠 실시했다. 종합상사 제도 도입도 일본을 따라한 것이다. 1980~1990년대 서방 국가들이 일본의 종신고용제와 도요타자동차의 약진을 두려워할 때 필자가 독일을 왕래하며 만난 이들에게 "일본은 머지않아 정상적으로 굴러가지 못할 것이다"고 말했더니 고개를 갸우뚱했다. 그런데 요즘 만나면 "당신 말이 맞았다"고 한다.

　　미국 케네디 정부에서 경제 자문을 한 발터 헬러(Walter W. Heller)는 그의 저서 《경제정책의 새로운 차원(New Dimensions of Political Economy, 1966)》에서 경제정책은 시대 변화에 따라 맞춰가야 한다고 적었다. 밀턴 프리드먼(Milton Friedman)도 케인스의 수정자본주의가 대세였던 1960년대에는 스스로 케인지언이라고 했다가 시대가 바뀌니까 신자유주의자로 변했다. 케네디 대통령은 경제정책이란 것이 당면한 문제를 풀기 위해 이 이론도 적용하고 저 이론도 적용해 푸는 게 목적이지, 무슨 논리(dogma)에 빠져 들어선 경제정책을 펼 수 없다고 했다.

제4장

결국 다시
경제민주화다

• •
• •

누가 집권하든
경제민주화가 과제

시대 변화를 못 읽으면
망한다

관리의 효율이란 측면에서 보면 옛 소련의 계획경제에 비견할
만한 제도는 없었다. 1917년 볼셰비키 혁명으로 출범할 때 볼품없
는 농업국가였던 소련은 1920년부터 5개년 계획을 실시하면서 눈
에 띄게 달라졌다. 제2차 세계대전을 승리로 이끌고 미국에 맞서는
슈퍼파워로 등극했다. 이때까진 중화학공업, 특히 군수산업에 치중
했기 때문에 소련 경제가 효율적이었던 게 사실이다. 그러나 그것
이 한계였다. 그 무렵까지만 해도 과거보다 잘 살았기 때문에 별
문제가 없었다.

그런데 소련 국민의 의식도 변하기 시작했다. 1957년 니키타 후르시초프(N. Khrushchev)가 등장해 소련 경제를 개혁하자며 자본주의 경제의 효율을 일부 받아들이자고 할 무렵 나온 이론이 '융합(convergence)의 원리'다. 자본주의 경제와 사회주의 계획경제가 조금씩 접근한다는 논리인데 1964년 후르시초프가 쫓겨나면서 힘을 잃고 말았다.

후르시초프가 실각하고 레오니트 브레즈네프(L. Brezhev)가 정권을 잡은 뒤 과거 스탈린식 정책을 답습하자 소련 경제는 결국 20년 만에 붕괴하고 말았다. 1964년부터 1980년대 초까지 소련 경제는 모든 부문에서 쇠약해졌다. 헝가리 출신 공산주의자로 1940년대 말 소련 세계정치경제연구소장을 지낸 유진 발가는 일찍이 "마르크스 이론을 수정하지 않으면 경제가 제대로 돌아가지 않는다"고 경고했다. 그 뒤 이런 맥락을 알고 소련을 이끈 정치 지도자가 미하일 고르바초프(M. Gorbachev)였다.

소련의 사례에서 보듯 시대의 변화를 제대로 읽지 못하면 어떤 국가, 어떤 체제도 성공할 수 없다. 결국 1917년 볼셰비키 혁명 이후 나타난 새로운 경제질서인 공산주의 계획경제는 1990년 소비에트연방 체제가 붕괴되면서 함께 무너지고 말았다. 1989년 베를린 장벽이 무너지자 미국의 정치학자 프랜시스 후쿠야마는 국제관계 평론잡지 《포린 어페어스(Foreign Affairs)》에 "역사는 종언하였다"고 적었다.[1] 하지만 역사는 계속 거기 남아 있는 것이지 끝나는 것은

---

1) 미국 스탠퍼드대학교 교수이며 철학자, 정치경제학자인 Francis Yoshihiro Fukuyama (1952~)는 1990년 논문 '역사의 종언'(The End of History)에서 자유주의와 공산주의 이데올로기 대결의 역사는 자유주의의 승리로 끝났다고 언급했다.

아니다.

후쿠야마는 또 '민주주의적 자본주의(Democratic Capitalism)'만 존재한다고 말했는데, 최근 자신의 생각을 수정했다고 토로했다. 자유민주주의와 자본주의가 현실 세계에서 양립하기 어렵기 때문이다. 자유민주주의와 자본주의 중 하나를 희생할 것이냐, 그렇지 않으면 하나를 수정할 것이냐의 선택을 해야 하는데 대부분 국가에서 자본주의를 수정하는 쪽으로 접근하고 있다.

오늘날 미국이 어려워진 것도 1990년 이후 미래에 대한 확실한 비전 없이 안이하게 살아왔기 때문이다. 토마스 프리드먼[2]이나 마이클 샌델[3]이 그들의 책에서 지적한 것처럼 "황홀경에 빠져 무엇을 어떻게 해야 할지 모르고 지낸 결과"다.

결과적으로 공산주의 계획경제는 인간의 타고난 본능을 지나치게 억제한 나머지 인간의 상승 욕구를 억누르는 비효율적 체제였다. 이와 달리 자본주의 체제는 그동안 상당히 성공한 체제라는 것만큼은 틀림없지만, 인간의 욕구를 지나치게 방치한 결과 탐욕에 의해서 망가지는 상황에 이르면 결국 자본주의 체제도 온전하게 계속 유지되기 어렵다.

바로 이런 문제를 어떻게 조율할 것인지가 오늘날 세계의 화

---

2) Thomas Lauren Friedman(1953~) : 미국 뉴욕타임스 칼럼니스트, 작가. 2011년 저서 《미국쇠망론(That used to be US)》에서 미국의 발전을 가로막는 문제들을 해결할 수 있는 대안으로 '아메리칸 포뮬러'를 제시했다. 이는 미국이 그동안 세계에서 강력한 힘을 발휘할 수 있었던 힘의 원천을 말하는 것으로 더 많은 미국인에게 공교육 제공, 사회기반시설 구축과 지속적인 현대화, 이민자들을 위한 상시 문호개방 등이다.

3) Michael J. Sandel(1953~) : 미국의 정치철학자, 하버드대학교 교수. 저서로 《정의란 무엇인가(Justice : What's the Right Thing to Do?)》 등이 있다.

두다. 자본주의 경제 체제와 민주주의가 어떻게 공생할 수 있느냐의 문제다. 이런 측면에서 지나친 소득 격차와 사회갈등 문제를 먼저 해결하자는 것이다. 그런데 현실적으로 기업의 탐욕은 끝이 없다. 이런 탐욕을 제어하는 역할은 결국 정부가 나서서 할 수밖에 없다. '(시장의) 보이지 않는 손(invisible hand)'이 해결하지 못하면 '(국가라는) 보이는 손(visible hand)'이 해결할 수밖에 없는 것 아닌가.

새로운 계층, 산업화 세력을 포용하라

비록 10년 차이지만 1960년대를 살았던 한국인과 1970년대에 활동했던 한국인의 생각이 다르다. 사람이 절대빈곤에서 벗어나면 여러 욕구가 생겨나기 마련인데, 우리도 그랬다. 처음에는 생존을 위한 욕구가 강했는데, 이것이 어느 정도 충족되자 자아실현의 욕구가 생겼다.

일찍이 미국의 사회학자 아브라함 매슬로우[4]는 욕구 변화의 5단계설을 주창했다. 인간의 욕망은 '생존 → 안전과 안정 → 소속감과 애정 → 존중 → 자아실현'의 순서로 진화한다는 것이다. 산업사회 이후 물질적 욕망이 어느 정도 충족된 근대에 들어 보다 높은 수준의 정신적 가치를 추구하게 된다고 본 것이다.

한국 사회도 마찬가지다. 경제개발 초기 단계인 1960년대 전체 근로자 수는 50만 명 미만이었다. 1970년대 중반에 이르자 근로자가 400만 명을 넘어섰다. 10년 사이 근로자 계층이 하나의 사회

---

4) Abraham H. Maslow(1908~1970) : 미국의 심리학자 겸 철학자

세력으로 성장한 것이다.

이 사회세력이 새로운 욕구를 내세우게 된다. 이들 근로자 계층이 가장 먼저 부르짖은 것은 '법대로 하자는 것'이었다. 근사하게 만들어진 노동법대로 해달라고 요구했다. 근로자는 노동법대로 해달라고 요구하고, 기업은 노동법이 잘못되었다며 노동법대로 하면 기업의 경쟁력이 약화된다고 맞섰다. 이에 정부는 기업이 법을 위반해도 처벌하지 않았고 되레 근로자들을 억압하였다. 그 과정에서 한국 경제는 빠른 속도로 성장하였다. 이른바 (압축적인) 양적 성장을 한 것이다.

그런데 1970년대가 지나가면서 과거 통하던 것들이 먹혀들지 않았다. 다른 요인도 있겠지만 1970년대 말에 터진 YH사건,[5] 부마(釜馬)민주항쟁[6] 등이 그런 시대상황을 보여준다. 결국 1979년 박정희 대통령이 시해 당하는 상황까지 이르렀다. 1978년 총선거에서 공화당이 득표율 1.1%포인트 차이로 졌다.[7] 국민이 선거를 통해 당시 박정희 정권에 대한 불만을 표출했음에도 그것이 무엇인지를 모르고 그냥 지나가다가 10·26사태라는 파국을 맞이한 것이다.

우리 헌정사를 보면 선거 때 경제 문제를 최초로 이슈화한 것은 1956년 5·15 제3대 대통령선거였다. 당시 민주당 신익희·장면 정·부통령 후보는 자유당 이승만 정권에 맞서 "못살겠다 갈아보

---

5) 1979년 8월 9일 YH무역 여성노동자 170여 명이 근로자 생존권 보장 등을 요구하며 신민당사에 들어가 농성을 벌인 사건. 경찰이 강제해산시키는 과정에서 근로자 1명이 추락 사망했다.

6) 1979년 10월 부산 및 마산 지역을 중심으로 벌어진 유신독재 반대 시위 사건

7) 1978년 12월 12일 총선 결과 민주공화당 68명, 신민당 61명, 민주통일당 3명, 무소속 22명이 당선되었다. 친위단체인 유신정우회(77명)를 합쳐 공화당은 과반수를 확보했지만 득표율은 신민당이 32.8%로 공화당(31.7%)을 앞질렀다.

자"는 선거구호로 국민에게 큰 호응을 얻었다. 이에 맞서 여당인 자유당의 선거구호는 "구관이 명관이다"였다. 돌풍을 일으킨 민주당 신익희 후보가 선거를 목전에 두고 갑자기 사망하는 바람에 이승만 후보가 대통령에 당선됐다. 비록 집권 자유당이 이기긴 했지만, 선거 과정과 선거 결과는 민심이 집권당으로부터 돌아섰음을 여실히 보여주었다.[8]

그럼에도 이를 철저히 묵살한 자유당은 2년 뒤 1958년 제4대 총선거에서 수도 서울에선 단 한 명만 당선되었을 뿐 나머지는 참패했다. 집권 여당의 부정선거가 횡행했던 그 무렵에도 차마 서울에선 부정선거를 할 수 없어 민심이 그대로 반영되었는데, 3대 대통령선거에서 나타난 민심을 무시한 끝에 참패한 것이다.

선거결과란 평상시 제도권 정보기관이 제공하지 못하는 정보를 한꺼번에 쏟아낸다. 따라서 정치권은 선거결과에 함유된 의미를 제대로 읽고 수용해 국정을 조화롭게 끌고 가야 장수할 수 있다. 그러나 당시 이승만 정부와 자유당은 선거결과에 나타난 민심과 반대로 강경책으로 치고 나갔다. 더구나 1960년 4대 대통령선거 때 이기붕 후보를 부통령으로 당선시키기 위해 또다시 부정선거를 자행하다 결국 4·19혁명으로 자유당 정권은 무너지고 만다.

이듬해 5·16쿠데타가 일어났고 군사혁명위원회는 6가지 공약을 내걸었다. 그 중 제4항(절망과 기아선상에서 허덕이는 민생고를 시급히

---

8) 개표 결과 이승만 504만 표, 조봉암 216만 표, 고(故) 신익희 185만 표로 이승만이 투표수의 80%를 획득하리란 예상과 달리 52%에 그쳤다. 4년 전보다 22%포인트 낮은 득표율로 기권과 무효표까지 합치면 대다수 국민이 이승만을 거부한 것으로 나타났다. 또 부통령 선거에서 민주당 장면 후보가 자유당 이기붕 후보를 누르고 당선됨으로써 자유당은 실질적으로 선거에서 패배했다.

해결하고 국가 자주경제 재건에 총력을 경주한다)은 당시 국가경제에 대한 목표였다. 쿠데타 이듬해부터 경제개발 5개년 계획이 시행됐다. 그런데 1962년에 단행한 화폐개혁[9]이 실패로 돌아가자 1963년 실시된 대통령선거에서 박정희 후보와 윤보선 후보가 치열하게 경쟁한 끝에 민주공화당 박정희 후보가 15만 6,026표의 근소한 차이로 민정당 윤보선 후보를 누르고 어렵게 대통령에 당선되었다.

1963년 이후 경제개발 5개년 계획이 순조롭게 진행되고 경제상황이 빠르게 호전됐다. 그 결과 생활수준이 향상되자 1967년 5대 대통령선거에서 박정희 후보와 윤보선 후보가 다시 겨뤘을 때 득표 차이가 116만 표로 크게 벌어졌다. 배고픔이 해소되지 않은 그 무렵만 해도 경제적 성과를 갖고 정치적 이슈를 누르고 국민의 지지를 끌어낼 수 있었다.

문제는 그 다음이다. 그전보다 큰 표 차로 당선된 뒤 그릇된 자신감에 사로잡힌 박정희 대통령과 집권 공화당이 1969년 3선 개헌을 추진하였다. 1971년 4월 27일 대통령선거에서 40대 김대중 후보와 겨뤄 94만여 표 차이로 이겼다. 그리고 한 달 뒤 5월 25일 제8대 국회의원 선거에선 공화당 후보가 서울에서 단 한 명을 제외한 나머지는 모두가 낙선하였다. 사실 직전 대통령선거에서도 부산·대구 등 영남권 대도시를 뺀 나머지 대부분 도시에서 박정희 후보가 김대중 후보에게 밀렸다. 관권선거 논란과 함께 표차가 6대 대통령 선거보다 줄어들자 박정희 정부는 더 이상 현행 헌법으로는 집권을

---

9) 1962년 6월 10일 화폐 단위를 환에서 원으로 바꾸면서 10 대 1로 교환토록 명목절하를 시행하는 긴급 통화조치와 구 화폐로 있던 현금과 예금을 동결하는 긴급 금융조치가 함께 시행되었다. 하지만 목표로 삼은 퇴장(退藏) 자금이 많지 않고 산업활동이 침체되자 한 달을 넘기지 못하고 긴급 금융조치를 철회했다.

연장하기 힘들다고 생각하기에 이른다. 이는 8대 국회의원 선거에서 신민당이 개헌 저지선(204석 가운데 69석)보다 많은 89석을 확보함으로써 더욱 확실해진다.

▌선거결과 못 읽으면 권력 잃는다

헌법상 마지막 임기를 시작한 박정희 대통령은 임기의 반도 지나지 않은 시점에서 1972년 북한과 비밀리에 접촉해 7·4 남북공동성명을 발표한다. 그리고 얼마 뒤 '국책사업의 안정적 이행과 평화통일을 위한 안정적 국정 유지'를 명분으로 남북공동성명을 정치적으로 이용하고 계엄령과 국회해산을 통해 10월 유신을 선포한다. 하지만 유신헌법은 삼권분립을 파괴하고 견제 장치를 제거한 반민주적 헌법으로 야당과 재야 정치세력의 비판과 강력한 저항을 받기에 이른다.

윤천주 서울대 교수가 자신의 책(투표참여와 정치발전, 1986)에서 '대한민국선 국회에 야당이 다수 진출하면 정변이 나타난다'고 설명하고 있다. 하지만 야당 의원들이 국회에 많이 진출해 정변이 나타나는 게 아니다. 야당이 다수 진출한 의미가 무엇인지를 파악해 정부가 제대로 기민하게 대응하지 못했기 때문에 정변이 나타나는 것이다. 표면적으로는 7·4 남북공동성명을 내세워 남북통일을 위한 준비 작업을 해야 하고, 미국 닉슨 대통령의 독트린으로 인해 한반도 안보가 우려된다며 유신을 선언하였다. 하지만 실제는 국회를 뜻대로 다루기 힘들어지자 계엄령 선포와 함께 국회를 해산하며 유신을 선언한 것이다. 그리고 사실상 종신 대통령이 될 수 있는 터전을 만든 것이다. 아무리 정치적으로 여러 제도를 만들어도 민심을 거스르면 결국 실패하는 상황에 이르게 된다.

경제학자들이 시장경제 원리, 경제주체의 자유로운 시장참여를 강조하는데 한 나라의 경제와 사회가 시장경제 원리로만 발전하는 것은 아니다. 경제 관료들은 시장경제 논리에 맞춰 경제를 운용하고 그 과정에서 나타나는 정치사회적 문제는 국가가 공권력으로 다스리면 된다고 생각하는데 현실은 그렇지 않다. 박정희 정권이 무너진 과정을 보면 배후에 달라진 근로자, 사회세력으로 성장한 근로자 계층이 있었다. 수적으로 많아졌을 뿐만 아니라 사고방식도 달라진 근로자 계층의 새로운 욕구를 정권이 제대로 읽지 못한 것이다.

박정희 정부는 1975년 재산형성저축상품(약칭 재형저축)을 만들었다. 1977년에는 의료보험 제도를 도입하였다. 사실 재형저축은 필자가 아이디어를 낸 제도로 도입하는 단계까지 관여하였다. 당시 우리나라 1인당 국민소득은 1,000달러에 못 미쳤다. 1974년 말 우연한 기회에 박정희 대통령과 직접 통하는 인사를 만나서 다음과 같이 말했다.

"지금과 같은 식으로 경제정책을 계속 끌고 가면 더 이상 사회 안정을 가져올 수 없다. 안정적으로 계속 집권하려면 정책의 변화를 가져와야 한다. 가장 중요한 것이 산업화와 경제발전의 결과 새롭게 형성된 사회세력을 정부가 인정하고 그들을 포용하는 정책을 펴는 것이다. 새로운 산업화 세력을 인정하지 않고 포용하지 못하면 필연적으로 문제가 생긴다."

그리고 필자는 프랑스 드골 정부 사례를 설명하였다. 샤를 드골은 프랑스에서 가장 위대한 대통령으로 평가받는 인물이다. 1945

년 파리에 개선장군으로 입성한 뒤 레지스탕스들에 의해 임시정부의 수반으로 추대됐다. 하지만 대통령으로 추대된 지 1년 반 만에 정치인들에 의해 쫓겨났다. 드골은 그 뒤 《회고록》을 집필하고, 10년 넘게 프랑스를 어떻게 해야 하나 구상하면서 보냈다. 어느새 나이 일흔을 넘어 "조국이 나를 부르지 않는구나. 이제 나는 할 일이 없다"고 스스로 되물을 무렵이었다. 1957년 프랑스의 식민통치에 항거하는 알제리 민족해방전선의 무장 독립투쟁을 프랑스군이 진압하는 과정에서 불법 처형과 고문 등 잔악 행위가 국내외에서 비난을 불러일으킨다.

결국 프랑스 제4공화정이 끝나고 드골을 다시 옹립해 제5공화정이 들어선다. 이때 드골과 경쟁할 만한 인물이 없어 무투표 당선하다시피 대통령이 돼 내세운 구호가 '프랑스 영광의 재현'이다. 그는 구호에 걸맞게 막대한 재정적자를 해결하고 7년이 넘은 알제리 전쟁을 평화적으로 해결해 근대 프랑스의 기틀을 마련했다. 연설 말미에 항상 '비브라 프랑스(프랑스 만세)'를 외친 그는 자신의 약속대로 프랑스 영광을 구현한 지도자였다. 이런 드골이 1965년 재선 투표에서는 힘들게 2차 투표까지 간 끝에 대통령에 당선되었다. 그러나 1968년 학생 시위에서 촉발된 5월 위기로 10년에 걸친 드골 체제의 기반이 흔들렸고, 결국 이듬해 국민투표에서 신임이 부결되자 임기를 마치지 못하고 대통령직에서 물러났다.

드골이 두 번째 대통령 재임 시절 왜 실패했을까? 1950년대 후반과 1960년대 중반 프랑스인들의 의식이 바뀌었기 때문이다. 50년대 혼란기에는 드골처럼 강력한 대통령을 필요로 했다. 하지만 그 자신이 모든 것을 정리함으로써 프랑스 사회가 정상 궤도로 돌아오는 과정에서 국민의 생각이 변한 것이다. 국민의 의식은 변했는데, 그들의 지도자를 자임하는 드골은 과거 50년대 생각에 머물러 있었다. 1965년 선거가 끝난 뒤 드골은 '지금까지 잘해온 나를 이렇게 배척할 수 있을까' 하며 프랑스 국민에게 서운함과 배신감을 느낀 것이다. 국민이 선거를 통해 표출한 의사를 수용하지 않은 채 옛날 식을 고집했고 결국 1968년 파리 학생 소요에 의해서 1969년 국민투표로 물러나게 된다.

드골은 제2차 세계대전 당시 프랑스의 구원자였고, 전후 프랑스를 부강하게 만들었다. 미국을 중심으로 한 제국주의의 허구를 지적하고 나토(NATO)를 탈퇴하는 등 미국에 대한 종속을 탈피하기 위한 노력을 기울였다. 하지만 60년대 말 사회의 다양한 욕구와 변화를 충족시키지 못하고 권위주의에 입각한 강력한 중앙집권 정책을 편 끝에 국민의 마음으로부터 멀어졌다. 결국 1968년 5월 30일 드골이 "국민이 원하지 않으면 나는 물러난다"고 연설한 것처럼 국민의 뜻을 제대로 파악하지 못하면 권좌에서 물러나는 신세가 될 수밖에 없는 것이다.

프랑스의 5월 혁명처럼 1968년을 기점으로 세계적으로 저항운동이 번져나갔다. 동서 냉전으로 인한 획일적 사회 분위기에 대한 반발이 미국의 베트남 침략이나 소련의 스탈린주의에 의해 촉발되었기 때문이다. 동시에 전후 경제 번영과 자유를 누리며 대학에 진학한 젊은이들이 시대에 뒤떨어진 교육체제 때문에 대학을 나오고도 실업자가 될 수밖에 없는 현실이 작용하였다. 프랑스 5월 혁명은 빈민가에 위치한 낭테르대학에서 시작됐다. 사회학도 다니엘 콘－벤디트가 이끈 '3월 22일 운동'에서는 "우리는 자본의 감시견이 되지 않을 것이다"고 선언한 리플렛(leaflet) 수십만 장이 뿌려졌다. 5월 메이데이 직후 학생들이 들고 일어서기 시작했다. 유럽 전역으로 퍼진 저항운동의 핵심 메시지는 반권위주의, 반제국주의, 반자본주의로 요약할 수 있다.

압축성장의 산물, 재벌

박정희 대통령이 유신 선언에 장기 독재를 하는 등 문제도 있었지만 정치적 감각은 탁월했다. 1974년 1월 14일 재정에 대한 긴급명령 3호가 발령되었다. 이른바 1·14조치다. 이를 통해 1973년 정기국회에서 마련한 세입·세출 예산을 뒤엎었다. 긴급조치를 통해 국회가 의결한 예산 집행을 정지시킨 것이다. 그럴 만한 이유가 있었다. 국회는 소득세 면세점을 1만 6,000원에서 1만 8,000원으로 높이면서 한바탕 홍역을 치렀다. 이를 지켜본 박 대통령이 1·14조치로 소득세 면세점을 일시에 5만원으로 인상하였다. 그로 인해 소득세 납세 대상자의 85%가 사라졌다. 상위 15% 고소득층만 세금을 내고 나머지 85%는 세금을 내지 않게 된 획기적인 조치였다. 그리고 재형저축이 시행되자 공무원을 포함한 봉급생활자들이 목돈을 마련해 집을 장만할 수 있었다. 여기에 1977년부터 시행된 의료보험 제도10)를 합친 3개 축이 움직임으로써 소득격차로 인한 계층 갈등이 1970년대 말을 지나 1980년대 후반까지 10년 이상 그리

---

10) 1963년 제정된 의료보험법에 의거해 1977년 근로자 500인 이상 사업장을 대상으로 직장의료보험부터 시행되었다. 이후 몇 차례 의료보험법 개정과 함께 의료보험도 점차 확대돼 1988년에는 5인 이상 사업장에까지 실시되었다. 1994년 전 국민적 의료보장제가 확립되었으며 1999년 12월 의료보험법 전면 개정과 함께 국민건강보험법으로 이름을 바꿔 오늘에 이르고 있다.

심화되지 않고 넘어갈 수 있었다.

여기에 박정희 정부는 1974년 처음으로 종합소득세라는 세목을 도입하였다. 종합소득세를 도입하면서 근로소득세 5만원 면세점에 종합소득세를 맞추었다. 그리고 이때 처음으로 '공제제도'라는 개념도 도입되었다. 근로공제 3만원, 부녀자 공제 1만원, 그리고 자녀공제 1인당 5,000원, 이런 식으로 5만원에 맞춘 것이다. 그 뒤 매해 소득세와 관련해 공제금액을 조금씩 상향 조정했다. 공제금액이 올라가므로 자연스레 소득세 납세율은 높아지지 않았다. 그래도 이런 조세정책 덕분에 봉급생활자가 중산층으로 발돋움할 수 있었다. 금융과 세제, 사회보험 등 정부 정책이 중산층 형성에 기여한 것이다. 그 결과 1980년대 중반까진 소득의 불평등 때문에 큰 문제가 일어나진 않았다. 전반적인 소득과 생활수준이야 지금보다 낮았지만, 소득의 불평등 문제가 심각하게 제기되진 않았다.

우리 사회에 중산층이 두텁게 형성되면서 국민의식에 변화가 일기 시작하였다. 그리고 이런 국민의식의 변화는 1987년의 민주화 선언으로 나타나기에 이른다. 대한민국의 민주화는 이른바 민주화 세력 등 정치 쪽에서 일군 게 아니다. 달라진 국민의식, 즉 국민이 일으킨 것이다.

1962년 1차 경제개발 5개년 계획부터 1987년에 이르기까지 압축성장 25년 동안 여러 가지 사회 갈등이 야기되었다. 이른바 '재벌'도 이 시기에 탄생하였다. 경제개발 초기 자원이 부족한 상황에서 시장경제에 맡기면 경제발전이 더딜 것이라는 판단으로 일본을 모방해 경제개발계획을 추진하였다. 이 과정에서 혜택을 본 기업들이 재벌로 성장하였다.

1975년 금요회 모임 초기부터 필자는 재벌을 지금처럼 방치하면 앞으로 재벌을 다스리기 힘들어질 것이라고 경고했다. 우리나라 경제발전 과정을 보면 재벌은 자기들이 잘해서 한국 경제를 일으켰다고 하고, 관료들은 관료들대로 자기들이 잘했다고 한다. 둘 다 아니다. 오늘날 한국 경제는 역동적이고 인내심이 강한 국민이 이룩한 것이다. 25년 동안의 압축성장으로 인해 먹고 살만한 터전을 이룩했고, 그 터전을 바탕으로 한 국민의식 변화가 1987년 민주화 요구 항쟁 끝에 대통령 직선제 개헌을 비롯한 정치의 민주화를 가져왔다.

정치 민주화를 이루긴 했지만, 그때까진 소득분배가 제대로 이뤄지지 않았다. 근로자는 그저 먹고 살 수 있을 정도의 소득이 있었다. 일부 기업에 노동조합이 결성되긴 했지만 힘이 약해 경영진에 맞서기 어려운 구조였다. 그래도 그 무렵까지는 매년 생활수준의 향상이 있었다. 연간 8% 이상 성장을 한 결과다. 그래서 사람들이 소득에 대한 불만이 거의 없었다. 그러다 1987년 민주화 선언으로 정치민주화가 이뤄지자 그동안 억눌렸던 노동조합이 활발히 작동하기 시작했다.

경제민주화는 민주주의와 자본주의의 공생 원리

1987년 6월 항쟁은 6·29선언으로 막을 내렸다. 국민의 힘에 의한 정치민주화를 이뤘으니 직선제 개헌을 하는 것은 당연했다. 개정된 헌법은 1988년 2월 25일자로 발효되었다. 헌법 제9장은 경제 분야를 다루고 있으며, 제119조로 시작된다.

① 대한민국의 경제질서는 개인과 기업의 경제상의 자유와 창의를 존중함을 기본으로 한다.
② 국가는 균형있는 국민경제의 성장 및 안정과 적정한 소득의 분배를 유지하고, 시장의 지배와 경제력의 남용을 방지하며, 경제주체간의 조화를 통한 경제의 민주화를 위하여 경제에 관한 규제와 조정을 할 수 있다.

헌법 제119조 제2항의 '경제의 민주화를 위하여'란 부분은 재벌 기업을 지나치게 규제하기 위한 것이 아니다. 양극화 등으로 경제·사회적 긴장이 고조돼 자본주의와 민주주의가 근본적으로 위협받거나 흔들릴 우려가 커질 때 정부가 자본주의와 민주주의의 붕괴를 막기 위해 원용할 수 있는 비상 안전장치를 염두에 둔 것이다.

강자만 살아남고 약자는 다 쓰러지는 적자생존(適者生存)의 원리가 지배하는 시장만 갖고는 사회가 온전히 유지될 수 없다. 대한민국은 정치 체제로 자유민주주의, 경제 체제로 시장경제를 추구한다. 시장은 경쟁을 전제로 하는 데 비해 민주주의 정치 질서는 평등을 전제로 한다. 정치와 경제 간에는 부정합이 일어날 수밖에 없다. 이를 조화롭게 부합되도록 하려면 정부가 보완적인 기능을 해야 한다. 그렇지 않으면 약자의 불만이 누적되어 폭발하게 되고 사회 전체가 혼란에 빠지게 된다.

사람들은 흔히 헌법 제119조 제1항과 제2항을 별개로 생각하는데 제1항과 제2항이 함께 가지 않으면 시장경제가 이뤄지지 않는다. 시장경제의 효율을 극대화하되 시장경제가 지속적으로 안정적으로 발전하기 위해서는 제2항이 함께 작동해야 한다. 여기서 경제민주화는 어느 특정 경제세력이 나라를 지배하지 않도록 하자는 것으로 정의된다. 재벌 등 특정 경제세력이 나라나 국민은 어찌 되든 간에 자기 욕심만 채우면 되겠는가? 특정 경제세력이 나라를 지배하려고 하면 그 나라는 오래 가지 못한다. 자본주의의 역사를 보아도 그렇다.

재벌들은 시장 기능에 모든 것을 맡기면 된다고 한다. 시장을 포함해 모든 것을 기업에게 맡기자고 하면 '분배의 문제'까지 시장과 기업들이 맡아야 한다는 말인데, 과연 기업들이 분배 문제까지 책임질 수 있는가? 절대 불가능하다. 정부가 할 일과 시장에 맡겨야 할 일이 따로 있다. 무엇보다 민간은 경기변동을 조정할 수 없다. 우리는 그동안 외환위기와 2008년 글로벌 금융위기를 겪었고, 지금은 유럽 재정위기에 따른 경기침체가 세계경제를 위협하고 있다. 시장 원리대로라면 이런 경제위기도 정부가 관여하지 않고 내버려 두어야 한다. 그러나 방치할 경우 전체 경제 상황이 어려워지는 등 문제가 커지므로 정부가 국민 세금이 재원인 재정을 투입해 치유하는 것이다.

노벨 경제학상을 받은 조지프 스티글리츠와 아마르티아 센, 장폴 피투시 등이 2009년 프랑스 정부에 제출한 보고서는 "국내총생산(GDP)은 증가하는데 왜 사람들의 생활은 점점 더 어려워지는가"에 대한 해답을 내놓았다.[11] 1930년대에 만들어진 GDP가 오랜 기

---

11) 2008년 2월 니콜라 사르코지 프랑스 대통령이 노벨 경제학상 수상자인 조지프 스티글리츠 등 세 명의 경제학자에게 '경제 실적과 사회 진보의 계측을 위한 위원회' 설립을 요청했으며, 2009년 9월 보고서가 나왔다. 국내에는 《GDP가 틀렸다》라는 책으로 출간됐다. 이를 토대로 경제협력개발기구(OECD)는 소득과 부, 일과 임금, 건강 상태, 주거 조건, 교육과 숙련기술, 환경의 질, 시민 참여와 행정, 일과 여가의 균형, 안전, 삶에 대한 만족도, 사회적 관계 등 11가지 요건으로 34개 회원국과 주요 신흥국의 삶의 질을 조사해 2010년 10월 《어떻게 사시나요?(How's life?)》라는 보고서를 냈다.

간 각국의 경제성장을 측정하는 지표로 활용돼왔지만 급속한 부채 증가와 환경파괴, 소득 분배의 불균형, 복지수준 저하 등을 제대로 반영하지 못한다고 비판했다. 이들이 지적했듯 시장경제의 효율과 안정을 지속적으로 유지해야 삶의 질을 개선할 수 있다. 그러려면 헌법 제119조의 제1항과 제2항이 동시에 작동되어야 한다.

기업들이 마음대로 하는 것이 자본주의의 본질은 아니다. 시장경제의 기본 메커니즘은 수요·공급의 원리다. 이 원리에 따라 계속 운용하다 보면 능력 있는 자만 살아남고 나머지는 모두 도태되고 만다. 국가를 능력 있는 소수만 갖고 운용할 수는 없다. 국민 각계각층 모두를 아울러야 한다. 미국 등 선진국에서는 노동자와 사용자 사이의 '민주적 협조'(democratic cooperation) 체제가 개별 기업과 경제 전체의 생산성과 효율성을 제고한다는 사실을 잘 알고 있다. 그런데 왜 우리 재벌들은 자꾸 엉뚱한 소리를 하는 것인가? 전경련이나 재벌들은 헌법 제119조 제2항 중 특히 '경제민주화'란 단어 자체를 못마땅해 한다.

기업이 마음대로 하는 게 시장경제?

1987년 국회에서 특별위원회를 만들어 헌법 개정 작업을 벌일 때다. 헌법개정특별위원회에서 경제분과위원회 위원장을 맡았다. 당시 전국경제인연합회(전경련, 당시 회장은 정주영 현대그룹 회장)의 반응이 놀라웠다. 전경련에서 헌법 개정에 대한 홍보위원회를 구성했다. 위원장은 김우중 대우그룹 회장이었고, 홍보 예산으로 20억원을 확보했다.

지구촌 어느 나라에서 헌법을 개정하는데 경제이익단체가 나서 개헌 과정과 내용에 대한 홍보 대책을 마련하고 자신들의 주장을 관철하려 들까? 도무지 그런 사례를 들어본 적이 없다. 당시 현장을 목격하면서 "아, 대한민국에서 소위 재벌의 세력이 이런 지경까지 커졌구나"라고 느꼈다. 한국에서 강력한 이익집단의 등장은 노조가 아닌 전경련이다. 독일에도 전경련 같은 조직이 있지만, 그들은 자신의 이익을 대변하기보다 어떻게 하면 중소기업을 제대로 이끌고 갈 수 있을지를 더 고민한다.

　　헌법개정특위가 아직 본격 가동도 하기 전인 어느 날 정주영 회장에게서 전화가 왔다. 전경련과 토론을 하자는 제안이었다. 아직 개헌의 방향을 정하지도 않았는데 상당히 위협적인 자세였지만 좋다고 했다. 강원도 속초의 토론장소에는 30여 명의 인사들이 모여 있었다. 정주영 회장이 진두지휘해 전경련을 옹호하는 학자와 언론인들로 구성되어 있었다. 마치 요즘 다보스포럼이 하는 것처럼 자본주의의 유형에 대한 토론을 시작하였다. 필자가 말했다.

　　"자본주의 원리가 어느 나라든 똑같이 적용되는 것이 아닙니다. 자본주의의 유형으로 볼 때 스칸디나비아식 자본주의, 영미식 자본주의, 유럽 대륙 자본주의가 있습니다. 유럽 대륙 자본주의도 프랑스와 독일이 다르지요. 나라마다 각색된 수정자본주의를 적용하고 있습니다."

　　이어서 성공한 자본주의와 실패한 자본주의의 사례를 들어 설명했다. 나름대로 수정해서 보완한 자본주의는 성공했지만 그렇지 않은 경우는 실패했음을 강조했다. 요지는 '자본주의는 기업들이 마음대로 하는 것이 아니다'라는 것이었다. 두 시간에 걸친 토론이 끝나고 식사를 함께 하는 자리에서 정주영 회장이 "김 위원, 오해

해서 미안합니다"라고 말했다. 필자는 무엇을 오해해서 미안하다고 하는지 도통 이해할 수 없었다.

헌법에 경제민주화 조항을 넣을 때 쉽게 이뤄지지 않았다. 논쟁에 논쟁을 거듭한 뒤 최종안을 만들어 당시 전두환 대통령에게 재가를 받으러 갔다. 전두환 대통령이 "재계와 충돌해서 어떻게 후원을 받으려고 하느냐"며 문제의 경제민주화 조항을 빼라고 지시했다. 이에 필자가 "지금은 대통령이 명령하면 기업들이 꼼짝 못하는 것 같아도 장래에는 그런 힘을 상실하게 된다. 이 조항을 넣지 않으면 기업들을 다스릴 근거 조항이 없어지니 넣어야 한다"고 설득했다.

지난 2008년 '미래한국헌법위원회'라는 모임이 결성되는 등 국회를 중심으로 개헌 논의가 활발하게 진행된 적이 있었다. 외형적으론 대통령중심제냐, 내각책임제냐의 권력구조에 초점이 맞춰져 있는 것처럼 보였다. 하지만 당시 한나라당과 재벌을 포함한 보수세력이 관심을 갖고 있던 것 중 하나가 바로 이 경제민주화 조항으로 불리는 헌법 제119조 제2항이었다.

아나나 다를까 2012년 5월 말 제19대 국회가 임기를 시작하자마자 1987년 헌법 개정 때와 비슷한 상황이 재연됐다. 전국경제인연합회가 정치권의 경제민주화 움직임에 제동을 걸고 나선 것이다. 전경련은 산하 한국경제연구원을 내세워 주최한 토론회에서 경제민주화에 반대하는 논리를 폈다.[12] 이미 예상한 일이지만 한국경제

---

12) 전국경제인연합회의 싱크탱크 격인 한국경제연구원이 2012년 6월 12일 서울 태평로 한국언론회관에서 '경제민주화 어떻게 볼 것인가'를 주제로 토론회를 개최했다. 토론회에서 신석훈 한경련 선임연구위원은 "헌법 제119조 제2항은 경제적 기본권 제한을 위해 활용되는 제37조 제2항에 기초한 국가개입을 확인하는 규정"이라며 "해석상 혼란만 가중시키는 '경제민주화' 조항을 삭제해도 무방하다"고 주장했다.

연구원 학자들이 헌법 제119조 제2항의 진정한 의미가 무엇인지 모르고 전경련의 주문에 맞춰 경제민주화 조항을 없애야 한다는 소리만 되풀이했다. 대통령선거가 임박한 2012년 10월 25일에는 전경련이 직접 '한국 경제가 사막화되고 있다'는 제목의 보도자료를 통해 "경제 전반의 생산력이 감소하는 경제 사막화 현상에 직면해 있다"라고 주장하면서 기업투자를 위축시키는 재벌개혁·경제민주화는 중단되어야 한다는 논리를 전개하였다.

축구 경기에 룰(rule)이 없으면 시합이 정상적으로 이뤄지기 어렵다. 그리고 축구경기의 룰은 축구가 발전하는 과정에서 자꾸 변해왔다. 경제의 틀과 룰도 마찬가지로 시대 흐름과 국민의식의 변화에 따라 변하는 것이 당연하다. 친재벌적인 사고방식을 가진 이들은 어떤 제도가 조금만 변해도 시장경제의 원리를 해친다고 하는데 이는 시대 흐름에 대한 상황 인식이 잘못돼 있기 때문이다.

물론 정치적 구호로 경제를 마구 재단하려 들어선 곤란하다. 과거 정부에서 출자총액제한이나 순환출자 규제 제도를 도입해 시행하였지만 사실 별 의미가 없었다. 오늘날 이런 상황에 이르기까지 아무것도 막지 못했다. 언론에도 문제가 있다. 사실 언론의 생사(生死) 여탈권이 기업 광고, 즉 기업의 돈에 달려 있으니 한계가 있을 수밖에 없다.

정치권 일각에서 주장하는 '재벌세' 부과 방안은 재벌 문제에 대한 근본적인 해결책이 못 된다. 그런 식으로 접근하면 '문제가 있어도 세금만 내면 좋다'는 의미로 비쳐질 수 있기 때문이다. 부동산 투기 억제 대책을 거론하면서 불로소득에 대해 세금을 매기면 된다는 식의 구상이나 마찬가지다.

암탉이 앞마당에서 이것저것 다 쪼아 먹고 다닌다고 해서 잡아다 목을 비틀 수는 없다. 닭의 목을 비틀어버리면 알을 낳지 않을 테니까 말이다. 닭이 알을 낳아야 뭐라도 먹을 게 있을 거 아닌가. 경제도 마찬가지다. 경제를 제대로 이어 나가려면 흔히 거론되는 '재벌개혁'이나 '재벌해체' 같은 이야기를 굳이 할 필요가 없다. 재벌이 막강한 힘을 갖고 있다는 점은 부인할 수 없는 사실이다. 하지만 재벌은 지금과 같은 상황이 계속 이어지면 결국 재벌 자신들의 존재에도 커다란 위험이 될 수 있다는 점을 명심해야 한다. 대기업과 중소기업 간 양극화와 계층 간 빈부 격차가 지금과 같은 추세로 확대되면 언젠가는 갈등이 폭발한다. 다시 말해 정치민주화 조항이 헌법에 들어간 지 30년이 되어 가는데 경제민주화가 뒤따라 이뤄지지 않으면 무슨 일이 일어날지 누구도 예측하기 어렵다.

헌법 제119조 제2항, 자본주의 지키는 안전장치

경제민주화는 경제세력 간의 힘의 불균형을 시정하자는 것이다. 헌법 제1조는 대한민국은 민주공화국이라고 적고 있다. 민주공화국이라는 말만 갖고는 민주주의가 이뤄지지 않으므로 삼권분립과 기본권 보장을 헌법에 명문화한 것이다. 일각에서 제119조 제1항이 있으면 됐지 제2항이 왜 필요하냐고 그러는데, 제1항과 제2항은 따로따로가 아닌 하나의 패키지로 생각해야 한다. 시장도 어떤 틀을 갖추지 않으면 제대로 효력을 발휘할 수 없다. 또 시장이 해결하지 못하는 여러 경제 문제가 많다. 그런 것들은 국가가 해결해야 한다.

'헌법 제35조 등[13])을 적용하면 할 수 있는데 왜 경제조항이 따로 있느냐'고도 한다. 또 국가 위기라고 생각하면 얼마든지 (시장에) 개입할 수 있다고 적고 있지만, 단 본질을 건드려선 안 된다고 되어 있다.[14]) 그러면 법률적 논쟁이 생긴다. 그것을 모르고 제119조를 만든 게 아니다. 논쟁이 생기면 결국 힘 있는 쪽이 이기기 마련이기 때문에 이를 막기 위해 마련한 것이다.

정부가 탐욕스러운 재벌 문제를 다룰 때 현실적으로 규제를 도입할 수밖에 없는데, 이 경우 위헌 시비가 발생할 수 있다. 언론도 광고를 의식해 재벌의 문제점을 제대로 지적하지 못하는 것이 현실이다. 법률 시장도 재벌 쪽에 서야 돈벌이가 된다. 대학교수와 지식인 엘리트도 그런 세력의 영향권 아래 있다. 이런 상황에서 법률적 문제를 최종 결정하는 헌법재판관들, 대부분 보수적 성향의 그들이 어느 쪽으로 갈 것인가? 이런 논쟁을 차단하기 위해 제119조 제2항을 명문화해 넣은 것이다. 대통령은 취임할 때 헌법을 준수한다고 선서한다. 대통령이 되고자 하는 사람이라면 헌법에 무슨 내용이 있는지 알아야 한다.

2012년 새누리당이 경제민주화 조항을 넣으면서 정강정책을 바꿨는데, 그리 대단한 게 아니다. 우리나라 헌법에 나와 있는 걸 정강정책에 받아들였을 뿐이다. 과거와 비교하면 엄청난 변신을 했다고 할 수 있지만, 그렇게 하지 않을 수 없는 상황이다. 일각에선 당시 새누리당이 '좌클릭했다'고도 했는데, 헌법에 적시된 가치를

---

13) 헌법 제31~35조는 교육, 노동, 복지, 주거, 환경 등의 국민 기본권을 규정하고 있다.
14) 헌법 제37조 제2항 : 국민의 모든 자유와 권리는 국가안전보장 질서유지 또는 공공 복리를 위해 제한할 수 있다.

정당의 정강정책에 도입한 것이 왜 좌클릭인가? 정강정책에 경제민주화를 명문화했으니 실행이 중요한데 이를 실행할 의지와 능력을 갖춘 사람들이 있느냐가 관건이다.

일부 대기업 인사들이 '국회의원들이 우리 손아귀에 있으니 정당에서 아무리 떠들어도 경제민주화를 걱정할 것 없다'는 식의 반응을 보인다고 한다. 거대경제세력도 대한민국의 일부로 존재한다는 점을 잊지 말아야 한다. 그리고 현 상황을 엄중하게 인식해 정치권이 노력하는 방향에 맞춰 따라가야 한다. 거대경제세력이 저항해 정치권과 정부가 사태를 수습하지 못하면 양극화는 더욱 심해질 수밖에 없다. 그 결과 하층민으로 여기는 사람들이 많아지면, 이들이 스스로 문제를 해결하려 들 것이다.

사회가 혼란과 갈등 구조 속으로 빠지면 경제 효율도 없어지고 사회 안정도 못시키는 악순환이 반복된다. 그러면 대한민국이 지금까지 일궈낸 성취도 지켜내지 못하는 상황에 빠진다. 정치권이 이미 드러난 갈등을 조정하기 이전에 갈등을 일으킬 만한 소지를 찾아 사전에 차단하는 작업이 필요하다.

경제민주화라고 해서 재벌 문제만 다뤄서는 해결되지 않는다. 사회 각 분야에 경제민주화와 관련해 취해야 할 제도적인 조치가 많다. 이는 정치하는 사람들, 특히 2017년 대선에서 권력을 잡으려고 하는 이들의 과제다. 경제민주화의 개념도 제대로 이해하지 못한 채 집권하려 들어선 안 된다.

IMF 사태 와중에 당선된 김대중 대통령은 경제사회 제도를 근본적으로 재편하기보다 위기를 서둘러 넘기자는 생각으로 임했다. 그 결과 친기업적 정책을 펴는 바람에 빈부격차가 벌어졌고, 이런 정책 기조는 같은 진보정권인 노무현 정부로 이어졌다. 그 다음 이명박 대통령이 경제를 살릴 줄 알았는데, 양극화가 더 심화되는 것을 보고 국민이 실망했다. 이어서 집권한 박근혜 정부는 최순실 등 비선 실세와 거대경제세력이 연루된 국정 농단 사태를 초래하기에 이른다.

경제민주화에 대한 오해

2016년 8월 대한상공회의소 초청 조찬 강연을 할 때의 일화다. 어느 기업인이 "경제민주화 자체를 부정하는 사람은 없다. 다만 '민주화'란 표현이 들어 있어 거부감은 있다. '경제합리화'나 '선진화' 등 좋은 말이 있는데 왜 민주화인가"라고 질문했다.

민주주의는 권위주의 정치 체제에 대한 반발로 나온 개념이다. 우리나라 자본주의 발전 단계와 역사를 볼 때 부(富)가 경제는 물론 사회의 여러 측면을 권위적으로 지배해왔다. 바로 이런 불합리한 점을 해소하는 방안으로 경제도 민주화해야 한다는 뜻이다. 경제민주화는 로비를 통해 의회를 압박하는 거대경제세력이 나라 전체를 지배하는 것을 방지하자는 것이다.

경제민주화를 반대하는 쪽에선 흔히 '재벌 개혁을 하자는 것이다' '재벌을 해체하려고 든다'고들 주장한다. 하지만 이는 경제민주화 개념을 제대로 이해하지 못한 데서 나온 말이다. 경제민주화는 경제인을 옥죄자는 뜻이 아니다. 어디까지나 한국 경제에 활력을 불어넣고 안정적인 성장의 계기를 만들자는 것이다. 경제민주화는 과거 권위주의 정권에서 파생된 한국 경제의 나쁜 구조들을 해소해 새로운 경제발전 동력을 확보하자는 것이지, 특정 기업에게 해를 끼치는 성격은 아니다.

지금 한국 경제는 매우 위태롭다. 박근혜 정부 임기 내내 경제 성장률이 2~3%대를 맴돌며 온 국민을 불황 속에서 헤매게 했다. 수출은 역대 최장 기간 감소했으며, 생산·소비·투자에서 트리플 침체가 이어졌다. 제조업 평균 가동률도 2000년대 들어 최저 수준 이다.[15] 가계부채가 1,300조원을 넘어섰고, 국가채무도 증가일로 다. 말 그대로 대한민국이 '부채공화국'으로 전락할 상황에 처했다. 경제위기가 사회적 불안정으로 이어져 그동안 이룬 경제성과와 정 치민주화를 일시에 잃어버릴 수 있다.

새로운 경제 틀로 바꾸지 않으면 우리에게 더 큰 경제위기 혹 은 '퍼펙트 스톰(perfect storm)'이 닥칠 것이다. 일본의 '잃어버린 20 년'이 결코 남의 일이 아니다. 경제협력개발기구(OECD)와 국제통화 기금(IMF)도 극심한 불평등이 안정적인 경제성장을 가로막는다는 결론에 도달했다. 지속 가능한 성장과 사회안정을 위해서 경제민주 화로 경제정책 방향을 재설정해야 한다.

대기업만 잘 되면 경제가 잘 풀린다는 식의 사고로 경제를 운 영하는 나라는 없다. 우리나라는 지난 70년 동안 경제정책의 틀이 거의 바뀌지 않았다. 지금은 우리 경제의 근본을 바꿔야 하는 시점 이다. 시대와 기술의 변화에 맞춰 정부의 방향키를 바꿔야 한다. 국 가경제가 성장하는 만큼 국민 호주머니 사정도 나아지는 '포용적 성장(inclusive growth)' 정책으로 전환해야 한다.

경제민주화는 절대로 시장경제를 부정하는 것이 아니다. 오히 려 시장경제를 보완하고 성장을 지속 가능하게 해준다. 양극화가

---

15) 2016년 3분기 현재 제조업 평균 가동률은 72.4%다.

심화되는 것을 방치한 채 우리 사회가 앞으로 나아갈 수 있겠는가? 절대 불가능하다. 대다수 청년들이 처우가 열악한 비정규직이나 아웃소싱 일자리를 갖는 사회에 미래가 있겠는가? 무너진 사회에서 시장만 온전히 남아있을 수 없다. 절대로 있을 수 없다.

사회 여러 분야에서 이미 양극화 현상이 심각하다. 노무현 정부 시절부터 양극화 문제가 거론됐으나 다들 말로만 걱정된다고 했을 뿐 구체적인 처방을 제시한 정치집단은 없었다. 지금처럼 격차가 확대되고 양극화가 심화되면 선동가가 출현하거나 사회가 붕괴될 수도 있다. 다시 말해 경제민주화는 자본주의 시장경제의 효율을 극대화하면서 사회의 안정도 동시에 달성하기 위한 제도적 장치다.

60세를 경계로 다른 사람들

대한민국이 민주주의 정치체제와 자본주의 경제체제를 채택한 지 어언 70년이다. 압축성장 25년, 정치민주화 30년 하는 사이 세대교체가 몇 차례 이뤄졌다. 우리나라 인구 중 가장 큰 비중을 차지하는 1955~1963년생 베이비붐 세대가 본격적으로 은퇴하기 시작했고, 지금 우리 사회 각 분야에서 주축을 이루는 30~40대는 모두 1987년 체제 이후 사회에 진출한 세대다. 이들의 생각은 60세 이상 장년 세대와 근본적으로 다르다. 민주주의 사회에서의 정치참여 행위인 선거에서도 다른 목소리를 낸다. 베이비붐 세대들은 소위 '후진국 한국'에서 태어나 '선진국 한국'에 살고 있다면, 1987년 체제를 전후로 태어난 세대들은 '선진국 한국'에서 태어나 자칫 '후진국 한국'으로 전락할지 모르는 '티핑 포인트(tipping point)'에 서

있는 것이다.

필자는 60세를 경계로 우리나라 사람들의 사고방식이 크게 다르다고 본다. 60세 미만 사람들은 사회의 고질적인 문제를 지적하고 이에 대한 변화를 추구하는 경향이 있다. 반면 60세 이상 연령층의 사람들은 변화를 인정하지 않으려 든다. 아니 스스로 변하지 않겠다고 하는 사람들이다. 여기서 국가 운영을 어느 계층의 의사를 존중하며 해야 할지는 자명하다. 앞으로 이 나라를 이끌고 갈 중추세력이 원하는 대로 맞춰 가야 국가가 발전하는 법이다. 또 그래야만 우리 국민의 장점인 역동성을 경제에 활용할 수 있다.

60세 이상 세대들은 변화를 인식하려 들지 않는다. '과거에는 이랬다'는 식의 이야기를 하면서 시대의 변화를 읽으려 들지 않고 젊은 세대를 탓한다. 60세 이상 올드 세대(old generation)는 과거회귀적이며 보수적인 성향으로 전통적인 새누리당 지지 세력으로 볼 수 있다.

60세 미만 세대는 여러 가지 면에서 노령화해가는 세대와 다르다. 이들은 정치의 민주화를 현장에서 지켜본 세대다. 1962년부터 1987년까지 25년 동안 압축성장하면서 경제사회적으로 모순이 누적됐다. 정치적으로도 문제가 많았다. 경제성장을 내세우며 권위주의적 통치를 했다. 그래도 경제성장 덕분에 국민의식이 바뀌었고, 국민의 힘으로 정치민주화를 이뤄냈다.

그리고 정치민주화를 이룬지 다시 30년이다. 30년이란 시간이 흘렀지만 과거 권위주의 통치 시대에 잉태되고 산적한 경제·사회적 문제들을 정치권에서 하나도 해결해주지 않았다. 그 결과 2011년 서울시장 보궐선거에서 2040세대가 제도권 정당으론 안 되겠다며 호되게 내쳤다. 2016년 4·13총선에서 여의도 정치권을 16년 만에 여소야대 상황으로 바꿔 놓았다. 이어 최순실 국정농단 사태가 터지자 촛불을 들고 서울 광화문 등 전국의 광장에 운집해 정치 개혁을 외쳤다.

하지만 이런 변화를 60세 이상 올드 세대는 이해하지 못한다. 아니 애써 이해하려고 하지 않는다. 그러면서 '그동안 우리가 나서서 이만큼 만들고 고쳐놓은 것을 다행으로 여겨라'라고 말한다. 정치권과 기성세대가 계속 이런 식으로 변화를 거부한다면 자각하지도 못한 상태에서 스러질 수 있다.

우리나라가 1987년 지금의 헌법 체제를 만들 때 태어난 아이가 올해 만 30세다. 당시 중학교 3학년 학생이 지금 마흔다섯이다. 당시 고등학생·대학생과 1970년대 말 유신 저항세력까지 합치면 이들이 40대 중반~50대 후반이다. 이들 연령대는 우리나라에서 교육을 가장 많이 받은 계층이다. 더구나 우리가 21세기를 흔히 정보화 사회와 지식사회라고 부르듯 현대인들은 정보에 접근하기 쉬울 뿐더러 접촉하는 정보의 양도 많다. 이들 세대는 합리적이고 비판적이어서 정부가 과거처럼 정보를 조작하거나 통제하기도 어렵다.

이들 세대들이 가장 싫어하는 것이 불공정하고 비민주적이며 걸핏하면 사회불안 운운하는 것 등이다. 과거 권위주의 시대에 통하던 방식으로 다룰 수 없는 세대다. 이들은 경제적인 불공정을 싫어하기 때문에 소득격차와 복지격차에 매우 민감하다. 이런 현상은 이미 거역하기 힘든 시대적인 흐름이 되었다. 따라서 이런 욕구에 부응하지 않으면 경제든, 정치든 하기 어려워졌다. 21세기 정보화 사회를 살아가는 이들이 무엇을 추구하는지를 깨달아야 한다. 그리고 이를 경제정책과 정치에 반영해야 한다. 그런데 우리 정치 현실은 이러한 변화 자체를 인식하려 들지 않으니 갈수록 유권자와 거리가 멀어지는 것이다.

2011년 10·26 서울시장 보궐선거는 기존 정치권이 유권자의 변화를 읽지 못하는 현상을 여실히 보여주었다. 서울시민들이 소위 기존 정치집단을 한꺼번에 부정한 것이다. 당시 야당이었던 민주통합당은 무소속 박원순 후보에게 야권 단일 후보를 빼앗기면서 존재의 의미를 상실했다. 당시 집권여당이었던 한나라당 역시 박원순 후보에게 패배함으로써 존재의 의미를 잃었다. 이에 앞선 무상급식 지원 범위에 관한 서울시 주민투표 결과 투표율이 25.7%로 나왔는데, 당시 오세훈 서울시장이 주장한 '전면 무상급식 반대'에 찬성하는 유권자 비율은 20% 수준에 그쳤다. 그러고도 변화를 인식하지 못했으니 당시 한나라당이 패배한 것이다.

경제민주화로 정경유착 고리 끊어야

대통령중심제 국가에서 경제민주화는 대통령이 확실한 의지를 갖고 구체적으로 추진할 수 있는 사안부터 추진하면 그리 어렵지 않다. 이미 우리 사회에 경제민주화 전문가는 널려 있다. 2012년 총선거와 대선에서 사회적 합의는 이미 충분히 이뤄졌음에도, 박근혜 정부가 제대로 시행하고 않아 최순실 국정농단 사태를 초래했다. 2016년 4·13총선 결과는 박근혜 정부의 경제민주화 포기에 대한 국민의 엄중한 심판이었다.

미국에서 빌 게이츠 마이크로소프트 창업자나 워런 버핏 버크셔 해서웨이 최고경영자 등이 막대한 개인자금을 기부해 자선사업을 행하는 것은 미국이라는 시스템에서 가장 합리적으로 행동하는 것이다. 그런데 우리나라 재벌 총수 중에 자기 개인 재산에서 세금을 더 떼어 가라고 말하는 자가 있는가? 이런저런 명목의 성금을 내는 것도 자기 돈이 아닌 회사 돈으로 하거나 임직원들과 함께 묻어가는 것이 우리나라 재벌가들이다. 이러한 차이는 어디서 비롯될까? 자본주의 사회에서 거대 자본가의 자선활동은 개인의 소신에 따른 활동이기보다 사회 분위기나 제도가 압박하기 때문인 경우가 많다.

1900년대 초 미국에서 테어도어 루스벨트 대통령이 독점기업을 해체하면서 독점금지법인 셔먼법 등 각종 조치를 강화했다. 그 결과 지금 미국에선 제조업의 횡포를 찾아볼 수 없다. 이것이 미국이 세계에서 가장 자유주의적인 국가로 불리는 이유다.

흔히 유약한 정치 지도자로 분류되는 지미 카터 대통령도 정보기술(IT) 시대를 맞아 AT&T라는 거대 전기통신 독점 기업을 해체했다. 카터 대통령 시절 법무부가 제기한 반독점법 위반 소송에 따라 1984년 법원 판결로 완결된 AT&T사의 분할은 미국뿐만 아니라 세계 가구에서 전기통신 사업의 독점적·일원적 운영체제를 해체했다. 이에 따라 장거리 통신사업을 자유화하는 등 전기통신 사업의 구조 조정과 자유화는 물론 경쟁을 촉발하는 계기가 되었다. AT&T의 분할은 미국 IT 산업이 더욱 빠른 속도로 발전할 수 있는 토대가 됐다.

미국에선 독점기업 해체가 그리 힘든 일이 아니다. 법무부가 독과점에 대해 철저하게 통제하고 있다. 독점에 따른 폐해가 있으면 셔먼법 등에 의거해 분할 명령을 내리거나 소송을 제기한다. 이렇게 강력하게 대처하지 않으면 여러 문제가 나타나고 미국 사회가 제대로 움직이기 어려울 것이다.

한국에는 공정거래위원회가 있지만 독과점 문제를 해결하는 데 있어 부족한 점이 많다. 우리나라는 독점과 담합 등 기업의 불공정행위에 대해 유일하게 공정거래위원회에만 검찰에 고발할 수 있는 권한(전속고발권)을 부여하고 있는데, 실제로 고발하는 경우를 찾아보기 어렵다. 대부분 공정거래위원회와 문제가 된 기업의 의뢰를 받은 로펌, 피해 당사자들이 적당히 합의하는 식으로 처리하고 말기 때문이다.

이에 필자가 2102년 대선 과정에서 이를 폐지하자고 주장했더니 2014년 1월 공정위의 전속고발권을 부분적으로 완화해 감사원, 조달청, 중소기업청에 '고발요청권'을 부여하는 식으로 물타기를 했다. 고발요청권은 공정위가 조사했으나 검찰에 고발하지 않은 사건이라도 중기청장·조달청장·감사원장(검찰총장 포함)이 공정위에 요청하면 의무적으로 고발하는 의무 고발요청 제도이다. 그러나 2015년 9월 국정감사 결과 고발요청권을 부여받은 3개 기관이 권한을 행사한 경우는 9건에 불과해 제대로 운용되지 않고 있음이 드러났다.

대통령이 의지를 갖고 실천해야 한다

흔히 대한민국을 '재벌공화국'이라고 한다. 실제로 재벌이 지배하지 않는 것을 찾아보기 어렵다. 재벌은 광고를 매개로 해 언론을 손아귀에 쥐고 있다. 자칭 엘리트로 불리는 이들도 재벌의 돈에 통제당하고 있으며, 법률 시장도 마찬가지다. 이런 불합리와 모순을 시정하는 데 사람들이 동원할 수 있는 것은 헌법 정신을 근거로 위헌소송을 내는 정도에 그치고 있다. 어떤 시스템을 바꾸는 데는 그 사회의 획기적인 변화를 통해 할 것인가, 아니면 정상적인 평온한 상황에서 단계적으로 시스템을 고쳐 나갈 것인가 둘 중 하나를 선택해야 한다.

우리나라 경제학자들을 보면 대부분 시장경제 모형에만 심취해 시장만능주의에 몰입되어 있다. 그리고 시장의 자율과 효율성만을 전파하는 일에 급급하다. 경제 기사를 쓰는 상당수 언론인들도 경제단체와 부처에 출입하면서 그들의 논리에 함몰돼 있다. 경제민주화를 이야기하여도 경제민주화에 대한 정확한 정의를 모른다. 경제민주화가 경제 성장을 저해한다는 주장은 잘못됐다. 지나친 탐욕을 억제해 특정 거대경제세력이 시장을 지배하는 구조를 차단함으로써 시장 전체의 효율을 높이자는 것이다. 엄밀하게 볼 때 민주당의 법인세 증세 주장은 경제민주화와는 직접적인 관련이 없다. 법인세 증세는 세수 증대와 관련이 있을 뿐이다. 소득 재분배도 경제민주화와 직접적으로 연결되진 않는다.

제발 대통령이 지금 우리 사회가 어떤 상황에 치해 있는지 분명하게 인식해야 한다. 양극화 등 우리 사회의 문제는 이미 대부분 노출돼 있다. 갈수록 심화되는 양극화 문제를 제도권 정치가 제대로 인식해 해소하지 않으면 국민이 직접 해결하겠다고 나서게 된다. 1980년대 국민이 스스로의 힘으로 정치민주화를 가져왔듯 경제·사회적 긴장이 고조돼 자본주의 경제가 위협을 받지 않도록 제도권 정치가 사회적 분위기를 조성해 나가야 한다. '대한민국은 민주공화국이다'는 헌법규정을 선언만 해서는 민주주의가 제대로 이뤄지지 않는다. 기본권 보장과 함께 삼권분립이 지켜져야 민주주의가 완성되듯 경제도 특정세력이 탐욕을 부리도록 내버려 두어선 곤란하다. 결국 자본주의와 시장경제를 온전하게 지키면서 유지해 나가려면 헌법 제119조 제2항에서 규정한 경제민주화는 필수다.

거대경제세력(재벌)은 지금 왜 경제민주화가 요구되는지에 대한 인식을 제대로 해야 한다. 경제민주화 추진이 재벌을 해체하자는 것이 아니다. 우리 사회가 재벌의 존재를 인정하고, 장기적으로 안정된 방향으로 가기 위한 조치를 미리 하자는 것이다. 2011년 가을 미국 전역에서 일어났던 '월가를 점령하자'는 시위가 재벌의 서울 본사 앞에서 벌어지면 어떻게 할 것인가? 그런 사태를 예방하자는 것이 경제민주화다. 대기업들이 각종 불공정거래 행위와 독과점 폐해를 방지하기 위한 공정거래법만 제대로 지켜도 경제민주화는 상당 부분 이뤄진다.

대한민국 사회가 다른 나라와 크게 다른 것이 있다. 바로 남북이 갈라져 있다는 점이다. 남쪽 사회가 조화를 이루지 못하고 파열음을 내면 우리가 지향하는 통일에도 장애가 될 수 있다. 따라서 우리 사회의 양극화 문제를 어떻게든 해소해야 한다. 거대경제세력이 돈을 벌어 그 중 일부를 기부하는 식으로, 마지못해 사회적 책임을 이행하는 것으로 해결될 문제가 아니다. 독재자가 나라를 지배하지 못하도록 민주헌법이 있듯 거대경제세력이 나라를 지배하지 못하도록 경제민주화 제도를 확립해야 한다. 현실적으로 하루아침에 어떻게 하기는 어려울 것이다. 꾸준히 노력하면서 일반 국민이 인식하도록 해야 한다.

이를 위해 차기 대통령의 역할이 매우 중요하다. 경제민주화의 필요성과 심각성을 인식해 근본적인 전환을 이루지 못한다면, 국가와 국민에게 어려운 상황이 닥칠 수 있다. 또한 사회 안정은 물론 경제의 효율성도 달성하기 어렵다. 정부가 강해야 한다. 거대경제세력이나 이익집단보다 상위에 있는 정부여야 한다.

이제 경제민주화는 시대적 과제로 단순히 재벌개혁만의 문제가 아니다. 노동과 남북한 문제까지 아우르는 과제다. 우리가 헌법에 경제민주화 조항이 들어간 지 어언 30년이 되었지만, 아직도 우리 정치와 사회는 이를 수용할 자세가 되어 있지 않다. 결국 다음 대통령의 확고한 의지가 중요하다.

제5장

결국 다시
경제민주화다

● ●
● ●

준비 없이 대통령 되면
아무것도 못한다

대한민국 자본주의 경제 역사를 보면 박정희 대통령 시절인 1960년대 초부터 1970년대 말까지 경제개발 5개년 계획을 시행해 빠른 속도로 경제가 성장했다. 이른바 압축성장을 한 만큼 여러 가지 정치사회적인 문제를 잉태하였다. 박정희 대통령이 경제 분야에선 성공한 대통령이지만, 그 경제적 성공 자체가 정치적 실패를 가져오는 요인으로 작용하였다.

박정희 정권의 가장 큰 문제는 경제만 잘 이끌어 가면—산업이 발달하고 경제규모가 커지고 국민소득이 높아지면—국민이 고맙게 여길 것으로 생각했는데 경제발전 과정에서 나타난 국민의 의식 변화를 제대로 읽지 못했다는 점이다. 절대빈곤 시대의 국민 욕구와 절대빈곤이 해소된 이후의 욕구는 다른 법이다. 사람들은 먹고 살만해지자 정치 시스템의 정통성과 정치 민주화에 대해 관심을 갖게 되었다. 정권이 이를 인식하지 못하고 경제만 잘 풀리면 모든 게 잘 될 줄 알고 밀어붙이다 국민의 저항에 부닥쳤다.

▎산업화 과정에서 커진 근로자 파워

한국 경제는 정치권력과 재벌이 유착되기 쉬운 구조였다. 경제개발 5개년 계획을 시작한 정부는 짧은 기간에 후진국에서 벗어나 선진국을 따라가기 위해 자원을 효율적으로 배분해야 한다며 직접 자원을 배분했다. 중화학공업 육성 정책 등을 시행하는 과정에서 몇몇 기업에게 혜택이 집중되는 결과가 초래됐다.

이런 압축성장의 과정에서 기업들은 상품시장에선 자유로웠지만 요소시장인 고용시장에서 노동을 공급하는 쪽의 힘이 매우 취약했다. 노동조합이 존재하긴 했지만 활동은 크게 제약됐다. 정부도 기업 경쟁력을 높여야 한다며 노조의 정당한 요구도 묵살하기 일쑤였다. 이런 상황에서 소득분배가 제대로 이뤄지기를 기대하기 힘들었다.

1차 경제개발 5개년 계획(1962~1966년)부터 2차 경제개발 5개년 계획(1967~1971년)까지 이런 식으로 진행되었다. 빈곤의 시대였던 이 시기에 근로자들은 노동법에 따른 근로 규정에 관계없이 혹사를 당하면서도 묵묵히 참고 일했다. 그 결과 1·2차 경제개발 5개년 계획 기간에 절대빈곤 상황은 어느 정도 해소됐다.

3차 경제개발 5개년 계획이 시작된 1972년 무렵부터 근로자

세력이 커졌다. 1972년 약 300만 명이었던 것이 1975년에는 400만 을 넘어섰다. 절대빈곤이 해소된 근로자 세력의 의식에 변화가 생 겼고 자신들의 목소리를 내기 시작했다. 하지만 당시 박정희 정부 는 이를 무시한 채 3차 경제개발 5개년 계획을 진행했다.

그러다가 박정희 대통령이 사회 상황을 이런 식으로 끌고 가선 안 되겠다고 생각한 것이 1973년 무렵이다. 1973년 8월에 북한이 소득세를 폐지하면서 대남방송을 통해 북한은 세금이 없는 낙원이 라고 선전해댔다. 당시만 해도 북한 경제가 지금처럼 그리 나쁘지 않고 남한과 별 차이가 없었기 때문에 남한 정부로서도 긴장하지 않을 수 없었다. 그러나 이것은 그다지 놀랄 일이 아니다. 통상적으 로 세금 없이는 국가경제를 운영할 수 없다고 생각하겠지만, 북한은 사회주의 국가로 사유재산을 인정하지 않는 체제이기 때문에 세입 을 세금에 의존하지 않고 가격 메커니즘을 통해 확보할 수 있다.

더구나 그 무렵 이집트와 이스라엘 사이의 6일 전쟁 여파로 석유수출국기구(OPEC)가 석유 무기화를 선언하는 바람에 국제 원 유가격이 급등했다. 배럴당 3달러대에서 11달러대로 치솟았다. 이 른바 제1차 오일쇼크였다. 세계경제에 큰 영향을 미쳤고, 수출입국 을 지향한 한국도 직격탄을 맞았다. 경제 상황이 어려워지고 사회 도 불안해졌다.

1974년 새해가 밝았는데도 경제 상황은 더욱 어려워졌다. 실 업률이 높아지자 정부는 취로사업을 실시했다. 당시 취로사업이란 실업자 등 저소득층을 한강정비 사업에 투입해 청소하고 쓰레기를 줍도록 하면서 일당을 주는 식이었다. 마침 그때 우리나라에서도 아파트 건설이 시작돼 서울 강남구 반포 아파트가 막 입주를 시작 한 시점이었다.

한강 주변에서 취로사업을 하던 사람들이 저녁에 일을 마치고 돌아가면서 하나 둘 켜지는 반포아파트 불빛을 바라보게 되었다. 이들이 "이것은 다음에 네 꺼, 저것은 다음에 내 꺼!"하며 대화를 나눴다는 기관의 민심동향 정보보고가 청와대로 올라갔다. 이를 본 박정희 대통령이 1974년 1월 처음으로 근로자들을 위한 긴급 조치를 취했다.

　　이것이 바로 앞서 설명한 1·14 긴급명령(경제에 대한 긴급조치 3호)으로, 소득세 면세점을 일거에 5만원으로 올린 것이다. 이는 대한민국 정부가 처음으로 소득재분배 정책을 취한 것으로 기록된다.

┃ 근로자 세력 보듬기 …
┃ 재형저축 도입

　　1974년 말 박정희 대통령과 연결되는 인사를 만나 산업화 세력을 포용하지 않으면 문제가 생길 수 있다는 점을 강조했다. 그리고는 잊어버렸었는데 몇 달 뒤인 1975년 5월 어느 날 청와대에서 연락이 왔다. 청와대로 찾아갔더니 '대통령 지시'라면서 일전에 전달했던 근로자 세력 포용 문제를 해결하라고 주문했다. 혼자서 하기 어려운 일이라고 하자 당시 이경식 청와대 경제수석이 시간을 줄 테니 생각해보고 다시 만나자고 했다.

　　일주일 뒤 다시 그를 만났다. 산업화 세력을 포용하는 정책을 입안하려면 분배 문제에 대한 관심이 있는 학자들이 필요하다고 말했다. 조순 서울대 교수와 노동법이 전공인 김치선 서울대 교수, 기업 노사관계와 인사관리에 밝은 정종진 연세대 교수를 추천했다. 이경식 경제수석이 개발 이론을 공부한 사람이 필요할 거라며 서상철 고려대 교수를 추천했다. 이렇게 해서 교수 5명과 당시 청와대 경제특보 신병현 등 6명이 밖에 알려지지 않은 '금요회' 회동을 가졌다.

당시 작업에 들어갈 때 박정희 대통령이 결재한 서류를 놓고 이경식 경제수석과 약속했다. 박 대통령 스스로 '회의를 운영하는 과정에서 자신에 대한 비판을 해도 좋다', '누구에게 어떤 자료를 요청해도 제대로 일할 수 있게 하라'고 지시했다. 그래서 필자도 회의에서 거론된 내용은 여과 없이 대통령에게 직접 보고하도록 해달라고 주문했다.

분배 문제를 다루는데 노동법과 노동조합 관계를 보지 않을 수 없다. 분배 문제가 단순히 노동조합과 기업가 사이의 고용시장에서 정해지는 것이 아니다. 이런 점을 거론하자 그 복잡한 문제를 어떻게 할 수 있겠느냐는 반응이 나왔다. 몇 달 동안 토론 끝에 노동법 개정 시안을 만들었다. 하지만 당시 노동청장이 부산시장으로 발령 나고 후임 청장이 회의에 참석하게 되자 처음부터 다시 설명해야 하는 등 일에 진전이 없었다. 그러다가 경제수석마저 바뀌자 모든 일이 흐지부지되고 말았다.

얼마 뒤 1976년 봄, 새로 부임한 이희일 경제수석이 금요회를 다시 가동하자는 뜻을 전해왔다. 곰곰이 생각해보니 노동법 개정 문제는 물 건너 간 것 같았다. 당시 중동 지역에서 건설 경기가 일어 국내 경제상황이 좋아지자 정부쪽에서 별 관심을 보이지 않았다. 그래도 대통령이 관심을 갖고 있고 뭔가를 기대하고 있을 듯해서 제안한 것이 의료보험 제도 도입이었다. 예상은 했지만 금요회 내부에서도 반대 목소리가 있었다. 옥신각신하다가 내부 토론을 거쳐 대통령에게 보고를 마쳤다. 그러자 이번에는 경제 각료들이 대부분 반대하고 나섰다. 당시 남덕우 경제부총리, 김용환 재무부장관, 최각규 농림부장관, 장해준 상공부장관은 물론 심지어 주무 부처인 보건사회부 신현확 장관에 이르기까지. 그러니 아무리 대통령이라고 해도 방법이 없었다.

그래서 1976년 먼저 시행한 것이 '근로자 재산형성저축 제도' 도입이다.[1] 김용환 재무부 장관에게 다른 부처 도움 없이 재무부가 동원할 수 있는 금융과 세제로 근로자 계층을 붙잡는 방안을 제시했다. 재형저축은 단순히 저축 증대를 위한 제도가 아니다. 근로자들에게 임금에만 의존하지 말고 재산을 조금이라도 형성하고 거기서도 소득이 나올 수 있다는 개념을 심어주기 위한 것이었다.

당시 농촌에선 자립해 먹고 살만한 농사를 짓고 있었고, 새 저축제도의 기준이 되는 일정 소득을 파악하기도 힘들어 1차적으로 도시지역의 신흥 근로자 세력 껴안기에 나선 것이다. 통상적인 저축 이자에 정부가 프리미엄을 얹어줌으로써 재산형성에 도움을 주는 방식이었다.

당시 박정희 정부는 1973년 국민복지연금법[2]을 만들어 시행하려고 했다. 국민복지연금법은 도입 초기 목적이 근로자를 위한

---

1) 비과세 재산형성저축(재형저축) : 1976년에 도입한 금융상품으로 이자소득세 면제와 소득공제, 장려금 지급 등을 통해 월급 60만원 이하 근로자에게 연 14~16.5%의 고금리를 보장해주었으며 1995년 재원 부족을 이유로 폐지했다. 이명박 정부는 2012년 7월 19일 비상경제대책회의에서 서민금융 지원 강화 방안으로 2013년 3월 부활시켰으나 금리는 2~4% 수준으로 과거보다 낮다.

2) 1973년 제정된 국민복지연금법은 가입자가 연금을 받기 전에 20년 이상 보험료를 내야 하는 구조다. 당시 박정희 정부로서는 경제개발에 투자할 수 있는 안정적인 장기 자금을 마련하는 효과를 거두려고 했다. 그러나 이 법안은 석유파동과 급격한 물가상승으로 시행되진 못했다. 결국 전 국민을 대상으로 하는 국민연금은 1988년에 이르러 개시되었다. 국민연금 제도는 1973년 가입 대상을 '30인 이상 사업장의 피고용자'로 한정했던 국민복지연금법에 기반하고 있었다.

사회보장 측면보다 세수 증대를 통한 투자재원 확보의 방편이었다. 연금의 원래 목적인 '안정적 노후보장'보다 경제개발에 필요한 자금 조달의 성격이 강했다. 당시 재정이 여유롭지 않은 상황에서 정부가 중점을 둬 추진하는 중화학공업을 육성하는 데 외자(外資)도입만으론 한계가 있었기 때문이다.

그래서 복지연금 제도를 시행해 수입(收入)만 있고 20년 동안 지출(支出)이 없는 사실상의 강제 저축수단으로 내자(內資)를 동원하고자 한 것이다. 복지연금으로 유입된 자금은 꼬박꼬박 국민투자기금에 넣어 투자 재원으로 쓸 수 있다고 생각했다. 그러나 이 법안은 1973년 1차 오일쇼크와 그에 따른 경제 불안과 1974년 1·14 재정에 관한 긴급명령3)으로 시행되진 못했다.

복지연금에 밀릴 뻔했던 의료보험

1975년 금요회 멤버로 활동하면서 노동법을 개정하려고 한 데는 그만한 이유와 배경이 있었다. 개인적으로 이렇게 생각했다. 유신 체제로 여당이 국회 의석의 약 3분의 2를 차지하고 있을 때, 보다 현실적인 노동법으로 뜯어고치자고. 투쟁을 일삼는 노조가 아

---

3) 국민생활 안정을 위한 대통령 긴급조치 3호 : 1974년 1월 14일 단행된 대통령 긴급조치로 저소득층의 조세 부담을 경감하기 위한 근로소득세, 주민세 등의 면제 또는 대폭 경감, 국민복지연금제도 실시 보류, 통행세 감면, 미곡수매가 소급 인상, 영세민 취로사업지 확보, 중소 상공업자에 대한 특별 저리융자, 임금체불 등 부당 노동행위 가중 처벌, 재산세 면세점 인상 및 사치성 품목에 대한 조세 중과, 공무원 임금인상의 조기실시, 쌀 연탄 가격의 안정, 비생산적 대출 억제 등을 담았다.

닌, 기업 경영진과 상호 협조하는 형태로 만들고자 했다. 하지만 유신 체제에서도 노동법 개정은 결국 무산되었다.

사실 우리나라 노동법은 현실과 상당한 거리가 있는 이상적인 구조다. 왜냐하면 1953년 근로기준법이 도입됐지만 여전히 근로조건 등 약점이 많아 노동법이라도 이상적인 형태로 만든 것이다. 이를 현실에 맞게 고쳐야 하는데 정권이 후퇴하는 모습이라 여겼는지 당시 정부가 적극성을 보이지 않았다.

의료보험 도입 건의도 마찬가지였다. 필자는 근로자를 위한 제도를 도입하려면 단기적인 위험을 줄여주는 것을 해야지 몇 십 년 뒤 효과가 나타나는 것으로는 안 된다고 생각했다. 보고를 받은 박정희 대통령은 정치적으로 판단해 의료보험 도입 쪽으로 기운 것처럼 보였다. 하지만 경제부처 장관들이 모두 반대했다. 심지어 당시 신현확 보건사회부 장관까지 의료보험 제도를 도입할 바에는 복지연금을 도입하자고 했다. 경제부처 장관들이야 국내 자본 조달에 도움이 되는 복지연금 도입을 반대할 리가 없었다. 다들 의료보험 제도 도입 방안을 거부하려는 자세였다.

당시 경제사회적으로 '선(先)성장, 후(後)분배' 분위기가 정부는 물론 학계에까지 한국 사회를 지배하고 있을 때였다. 이와 관련해 필자는 격렬한 논쟁을 벌였다. 가처분소득에서 정부가 강제로 기금을 만들어 공동으로 대처하는 것이 의료보험의 본질인데도 경제부처 장관들은 동의하려 들지 않았다. 그래서 의료보험을 실시한다고 경제성장에 무슨 장애가 오느냐고 따져 물었더니 아무도 대답을 하지 못했다.

박정희 대통령이 최규하 총리를 불렀다. 총리실 산하 평가교수단들로 하여금 이 문제를 객관적으로 검토하라고 지시했다. 당시 총리실 산하 평가교수단은 100명 남짓한 규모였다. 필자도 평가교수단의 일원이었다. 총리실에서 부르기에 갔더니 복지연금과 의료보험 가운데 무엇을 먼저 해야 할 지를 검토해달라고 주문했다. 필자가 급조된 위원회의 위원장이 되어 당시 정치·사회·경제적인 측면을 모두 고려해 검토 보고서를 작성했다.

"복지연금은 늙어서 지급받는 돈이다. 당장 병이 난 근로자가 치료를 빨리 받아야 근로현장에 다시 돌아가고 생계를 유지할 수 있다. 질병을 앓고 있는 근로자가 얼마나 되는지 파악하기 어렵지만 근로자의 질병은 결국 제품의 질에도 나쁜 영향을 미치게 된다."

일주일 동안 작업해 이런 내용의 검토보고서를 최규하 총리에게 제출하였다. 경제적·정치적인 효과를 노린다면 의료보험 제도를 도입해야 한다는 게 골자였다. 최규하 총리의 보고를 받은 박정희 대통령은 의료보험 도입을 반대하는 경제부처 장관들을 죄다 부른 자리에서 최규하 총리에게 "객관적으로 생각하는 교수들도 의료보험부터 하라고 하니까 의료보험 제도를 도입하세요"라고 지시했다.

최고 통치자와 장관들의 생각이 이렇게 달랐다. 결국 1976년 정기국회에서 의료보험법이 제정되었고, 마침내 이듬해 7월부터 의료보험 제도가 시행되었다. 의료보험 제도 도입은 이처럼 난산이었다. 만약 그때 의료보험 제도를 도입하지 않았다면 지금도 갑론을박을 벌이고 있을지도 모른다.

금요회 활동도 의료보험 제도 도입 이후 막을 내렸다. 끝내 노동법 개정은 손도 대지 못한 채 금요회는 해체되었다. 정말 해야 할 일을 하지 못했기 때문에 머지않아 어려움이 닥칠 거라는 불길한 예감이 들었다. 1979년 초 독일 퀼른대학의 객원교수로 갔다가 여름방학을 맞아 잠시 귀국해 있을 때 YH사건이 터졌다.

청와대에서 연락이 와 갔더니 이 문제를 어떻게 해야 하느냐고 물었다. 이런 일이 터지기 전에 노동법을 개정하자고 한 것 아니냐며 이미 일이 터진 마당에 무슨 방법이 있겠느냐고 대답했다. 그러자 싱가포르 노동조합 제도가 잘되어 있다면서 싱가포르에 다녀오라고 요청했다.

싱가포르의 노동조합 운영이 모범적인 데는 그럴 만한 이유가 있다. 리콴유 수상은 영국 캠브리지대학 출신으로 당시 노동당을 지지하는 젊은 페이비언(Fabian) 사회주의자들의 영향을 받은 인물이다. 그는 특히 영국 노동당 강령에 심취해 있었다. 싱가포르가 독립한 뒤 수상이 되자 영국식 노동조합 제도와 노동법을 도입했다. 영국 노동조합은 기본적으로 노사는 대립한다는 원칙에 따라 움직이기 때문에 무조건 투쟁하는 식이다. 이를 도입한 싱가포르에서 노사분규가 너무 잦아 경제가 제대로 돌아가지 않았다.

이에 리콴유 수상이 1968년 노동조합법을 완전히 뜯어고쳤다. 사회보장 제도와 노동법을 고치면서 참고한 것이 스웨덴과 독일의 노동조합법이다. 두 나라 노동조합법의 장점만 따서 만든 것이 싱가포르의 노동조합법이다. 그 이후 싱가포르의 노사관계가 평온해지면서 싱가포르 경제가 본 궤도에 올라 성장하기 시작했다.

당시 정부 인사에게 이야기해도 싱가포르식 노동조합제도를 벤치마킹할 수 있는 여건이 아니었다. 사회적 토양이 다르다보니 어떤 제도를 바꾸는 일이 그리 쉬운 일이 아니기 때문이다. 그래도 싱가포르 노동조합 상황에 대한 보고서를 작성해 제출한 뒤 독일로 갔다. 얼마 지나지 않아 10·26사태가 터진 것을 독일에서 뉴스를 보고 알았다. 그리고 정치 상황은 12·12사태와 5·18광주민주항쟁 등으로 소용돌이에 빠지게 된다.

너무 서두른
부가가치세 도입

사실 대한민국이 재정적으로 완전 독립한 것은 1973년이다. 그전까진 미국의 원조가 확정되지 않으면 예산 편성을 마무리할 수가 없었다. 매년 예산안을 짜면 미국 경제협조처(USOM)에 가서 설명하고 조율을 해야 했다. 1973년에 가서야 미국 원조 없이 독자적으로 예산을 구상할 수 있었는데, 소득세 면세점을 크게 올리면서 소득세제의 근간이 흔들렸다. 소득세 등 직접세 세입만으로 재정을 확보하기가 어렵게 된 것이다. 고심하던 정부는 간접세로 부족한 재원을 충족시키기 위해 유럽식 부가가치세[4] 도입 카드를 꺼내 들었다.

10·26사태의 원인이 된 부마사태의 배경을 따져 보면 부가가치세 시행에 따른 소상공인들의 강한 저항이 있었다. 부가가치세 시행 이후 치른 1978년 12월 12일 10대 국회의원 선거에서 집권 공화당 후보는 서울 지역에서 단 한 명을 제외하고 나머지는 모두 2등으로 당선됨으로써 사실상 전부 낙선한 것이나 다름이 없었다. 당시 공화당에서 원인을 분석한 결과 부가가치세 시행에 따른 조세 저항 때문에 나타난 결과라고 보고 부가가치세를 폐지해야 한다는 주장도 제기되었다.

그러다가 10·26사태가 발발했고 1980년에는 계엄령이 선포되고 국가보위비상대책위원회(국보위)가 구성되었다. 어느 날 육군

---

4) 부가가치세(Value Added Tax, VAT) : 1954년 프랑스에서 처음 도입돼 유럽·라틴아메리카 등으로 보급되었다. 한국은 종래의 간접세인 영업세·물품세·직물류세·유흥음식세 등 세목을 통합해 특별소비세와 일반소비세로 나눠 1977년 7월 1일부터 시행했다.

중령이 찾아와 국보위에 들어와 일을 해달라고 요청했다. 그래서 필자가 그에게 "그동안 정부에 여러 차례 자문을 했지만 효과가 없었다. 어떤 것을 알려주면 제목만 써 먹지, 내용은 이상한 데로 흘러가고 만다. 앞으로 자문 같은 것은 하지 않기로 작심했다"고 말했다.

이에 대해 그는 "국보위는 다르다. 집행 권한까지 갖고 있으니 들어와 일을 해달라"고 거듭 요청했다. 그래서 무엇을 하려고 그러느냐고 묻자 부가가치세를 없애려고 하는데 필자가 적격자로 판단돼 찾아왔다고 했다. 당시 국보위에서 왜 필자를 부가가치세를 없애는 데 적합한 인물로 보았을까?

곰곰이 생각해보니 1974년 우리나라에서 처음 부가가치세 이야기가 나왔을 때 신문에 부가가치세 반대론자로 소개된 적이 있었다. 당시 서강대학교에서 재정학을 가르칠 때인데 학생들에게 부가가치세가 어떤 세금인지를 설명하면서 한국에선 당장 시행할 수 없는 세금이라고 강의했다.

1974년 5~6월경 청와대 김재익 경제수석 자문관이 찾아왔다. 그는 미국 스탠포드대학에서 공부한 뒤 귀국해 한국은행에서 근무하다가 청와대에 파견 나가 있던 인물이다. 당시 김용환 경제수석 밑에서 일하던 중 필자의 강의 소문을 전해 듣고 찾아온 것이었다.

필자가 독일 뮌스터대학교에서 공부할 때 지도교수가 독일의 부가가치세 자문위원회 자문위원장을 지냈다. 그 인연으로 독일 국가시험을 치를 때 부가가치세에 관한 논문을 썼기 때문에 부가가치세에 대해 자세히 공부할 기회가 있었다. 독일의 부가가치세 도입 과정과 당시 유럽공동체(EC) 회원국 간에 세금 조정을 위하여 도입된 부가가치세에 대해서도 소상히 알고 있었다.

김재익 경제수석 자문관에게 "지금 우리나라 상황에서 부가가치세 도입은 안 된다"고 단도직입적으로 말했다. 부가가치세 도입보다는 3차 경제개발 5개년 계획이 끝나고 4차 경제개발 5개년 계획으로 가는데 그 과정에서 나타나는 사회불안 요인들을 해소하는 정책이 필요하다고 조언했다.

김재익 자문관이 김용환 경제수석에게 그렇게 보고했는지 이번에는 김용환 경제수석이 만나자는 전갈이 왔다. 그래서 청와대에 들어갔는데 30분을 기다려도 경제수석을 만날 수가 없었다. 강의 일정도 있어 그냥 간다고 했더니 비서가 깜짝 놀라 경제수석에게 보고했다. 김 수석이 방에서 나와 급한 일로 시간이 오래 걸려 미안하다며 다시 연락할 테니 다음에 만나자고 했다.

기업공개가 이익의 사회환원이라고?

그해 7월 김용환 경제수석을 다시 만나 저녁 식사를 했다. 참모진들과 함께 나온 김용환 수석이 당시 정부가 취한 5·29조치에 대해 어떻게 생각하느냐고 물었다. 1974년 5·29 대통령 특별조치의 골자는 기업에게 사회적 책임을 의식해 기업이익을 사회에 환원하는 차원에서 기업공개를 하라는 것이었다. 후속 조치로 재무부장관이 7월 13일 발표한 것이 '종업원지주제도'였다.

그래서 필자는 5·29조치에 대해 "진실성이 결여된 부분이 조금 있다"고 대답했다. 기업의 주식공개가 공짜로 주는 것도 아닌데 어떻게 사회 환원이라고 하느냐, 돈 받고 주식을 내놓는 것이 과연 사회 환원이라 할 수 있냐고 되물었다. 김용환 수석은 상당히 어색

해했다.

"아니 기업들이 빚도 많은데 자기 주식을 프리미엄까지 얹어 팔아먹는 게 어떻게 사회적 책임을 다하는 거란 말입니까? 적어도 사회 환원이라고 이름 붙이려면 1960년대 연장근로까지 시켜 축적한 기업의 부를 근로자들에게 공짜로 주기라도 해야 하는 것이지. 이것은 사회 환원이 아니라 자산구조의 변화를 가져올 뿐입니다. 사회 환원이라는 말은 쓰지 않는 게 옳다고 봅니다. 정부의 경제정책을 총괄하는 청와대 경제수석은 대통령의 통치에 안정 기반을 구축하도록 경제를 운용해야 합니다. 그동안 정책이 아우르지 못한 부분을 찾아 경제정책에 넣어 경제를 운용하세요. 그렇게 한다면 제가 무료봉사하겠습니다."

필자의 이야기를 들은 김용환 경제수석이 태도를 바꿨다. 부가가치세 이야기가 나와서 평소 생각을 말했더니 김용환 수석이 고개를 끄덕였다.

필자는 할아버지5)께서 5·16 쿠데타 이후 새로운 야당인 민정당(民政黨)을 창당하실 무렵인 1963년 1월부터 1년 동안 창당 과정을 실감 있게 지켜본 뒤 할아버지가 돌아가시자 23살 나이에 독일로 유학을 떠났다. 그래서 한국에 돌아올 때쯤이면 우리나라 경제가 어느 정도의 성장과정에 있을 테고, 어디에 초점을 맞춰 무엇을 해야 할 지를 염두에 두고 공부했다. 나름대로 한국에 돌아가 이

---

5) 金炳魯(1887~1964) : 법조인 겸 정치인. 호는 가인(街人). 변호사로 일본 식민통치 시대에 광주학생운동과 6·10만세운동 관련자들의 무료 변론을 맡고 항일단체인 신간회의 중앙집행위원장을 지냈다. 광복 이후 한민당 창설에 참여했고, 중앙감찰위원장에 이어 1948년 초대 대법원장에 취임했다. 1957년 대법원장에서 물러난 뒤 자유법조단 대표, 민정당 대표최고위원 등을 지냈다.

정도는 시도해 보는 게 좋겠다는 식의 프로그램도 갖고 있었다.

그런데 얼마 지나지 않아 김용환 경제수석이 재무부 장관으로 발령이 났다. 이제 경제수석이 아니므로 전 경제부처를 포괄하는 정책은 할 수 없다며 재무부 장관으로서 할 수 있는 것을 이야기해 달라고 요청했다. 그래서 필자가 금융과 세제를 활용하는 '재산형 성저축 제도'를 시행하라고 제안했다. 이에 따라 재무부에서 법안 을 만들어 경제차관회의에 올렸는데 장덕진 당시 경제기획원 차관 이 반대하자 재무부에선 설명할 능력이 없어 대신 경제차관회의에 필자가 나가 설명까지 해주었다.

부가가치세를 시행할 때도 세금을 무슨 금융정책 다루는 식으 로 뚝딱하면 안 된다고 이야기했다. 1972년 8·3조치의 성공을 지 나치게 과신해 세제개혁도 금융정책 결정하듯 그런 식으로 추진하 면 안 된다고 강조했다. 우리나라 세법이 대부분 일본 제도를 들여 온 것인데, 일본도 하지 않은 부가가치세를 도입하는 것은 우리 재 무부의 능력 밖이었다. 이런 연유로 필자가 부가가치세 도입에 대 해 유보적 입장을 갖고 있으므로 국보위 입장에선 필자가 부가가치 세를 폐기하는 데 앞장서 주길 바라는 눈치였다. 그래서 하루 시간 을 달라고 했다. 이미 시행한 것을 폐기하지 않도록 하는 것이 필 자가 해야 할 일이란 판단에서였다.

끝내 무위로 끝난 노동법 개정

그렇게 재무분과위원회 위원으로 국보위에 참여해 이미 부가 가치세를 도입해 3년 이상 시행착오를 겪었는데 지금 와서 폐기하면 또 사고가 날 수 있다는 이유를 들어 폐기하는 것을 반대했다. 당시 국보위 재무분과위원회 이춘구 간사가 "우리가 취급할 일이 아닌 것 같다"고 거들었다. 그 뒤 전두환 국보위 상임위원장에게 이를 보고했다. 그 자리에서 전두환 국보위원장이 "외부에서 오신 교수님들 할 말씀 있으면 하시라"고 해서 필자가 이렇게 말했다.[6]

"어차피 금년에는 경제가 안 돌아가게 되어 있으니 경제성장에 너무 관심을 갖지 말고 경제윤리를 확보하는 데 노력해야 합니다. 우리나라 재벌들이 기여도 했지만 문제 있는 사람도 많습니다. 그러니 올해는 기업윤리와 경제윤리를 확립하는 방향으로 하는 게 좋겠습니다."

그렇게 말하고 나왔는데 재무분과위원회 위원장이 필자를 찾아서 갔더니 국보위 상임위원 회의석상에서 '어디서 운동권 교수를 데리고 왔느냐'라는 말이 나왔다고 전했다. 그러면서 앞으로 말을 좀 삼가면 좋겠다고 덧붙였다. 이에 "도와달라고 해서 왔는데 말하지 말라고 하면 내일부터 출근하지 않을 테니 그런 걱정은 하지 말라"고 대답했다.

그리고 나서 일주일쯤 뒤 국보위 이기백 운영위원장이 불러 찾아가 만났다. 지난 회의 때 말한 것을 종합해 보고하라는 전두환 상임위원장의 명령이라며 일주일 뒤 보고하라는 것이었다. 일주일 사이 왜 이렇게 태도가 변했을까 생각해보니 그새 필자 뒷조사를 한 것 같았다. 조사 과정에서 의료보험과 재형저축 도입 등을 주장한 인물이란 것을 파악한 모양이었다.

---

6) 당시 국가보위비상대책위원회(국보위)에 참여한 교수는 한승수 서울대 교수와 필자 둘이었다.

그때 보고서를 작성하며 생각했다. 어쩌면 국회가 해산된 지금이 노동법과 노사관계법, 기업 지배구조를 바꿀 수 있는 적기라고. 그 사이 전두환 국보위 상임위원장이 80년 9월 1일부로 대통령에 공식 취임했다. 9월 중순 전두환 대통령에게 준비한 자료를 토대로 다음과 같이 보고했다.

"기업 안에 노동조합 지부나 노조를 두는 것은 전근대적인 어리석은 짓이다. 노조는 노조대로 사회적 기능을 하게 만들어줘야 한다. 노조 활동을 통해 사회와 상생할 수 있는 길을 열어두어야 한다. 기업에 노조 지부가 있어서는 안 된다. 기업은 생산하는 곳이다. 기업 내에서 파업을 할 경우 생산시설을 보호하는 데 위협을 받기 때문이다."

보고를 받던 도중 전두환 대통령이 '지금 김 교수가 말하는 것이 어쩌면 내가 생각한 거랑 똑같냐'고 말했다. 이어 주무부처 장관을 교육시켜 법을 만들어 오라고 지시했다. 배석한 이기백 운영위원장도 기분이 좋아 함께 하자고 말했다.

당시 노동청은 보건사회부 산하에 있었다. 보건사회부 장관은 천명기 씨, 노동청장은 노조 위원장 출신인 권중동 씨였다. 노동청에 가서 청장과 직접 대화를 나눴다. 분배가 적정 수준으로 이뤄지려면 노조의 기능과 활동이 중요하다. 싱가포르 사례와 스웨덴, 독일, 영국 등 선진국의 노사관계를 볼 때 지금 방식으론 곤란하니 기업 안에 노조원은 있되 노동조합 지부나 노동조합을 설치하지 않는 식으로 노동법을 개정하자고 했다. 그런데 노동청이 반대하고 나섰다.

필자의 논리는 분명했다. 기업에는 노동조합원도 있고 조합원이 아닌 직원들도 있다. 따라서 기업 안에 노동조합을 두는 것은 절대로 안 되며, 노동조합 지부도 기업 안에 있으면 안 된다는 것이다. 이렇게 해야 기업의 생산시설을 보호할 수 있다.

이런 상황에서 부수적으로 잘못 끼어 든 조직이 전국경제인연합회다. 당시 회장이 정주영 현대그룹 회장이었는데, 기업노조를 들고 나온 것이다. 그리고 노동청장도 근로자를 생각하지 않고 전경련 편의대로 따라가는 모양새였다. 그래서 정주영 전경련 회장과 담판을 벌였다.

필자가 "왜 기업노조를 두는 식으로 하자고 하느냐"고 묻자 정 회장은 "우리가 기업 현장에 있어 잘 안다. 기업노조를 하도록 해야 기업이 현장에서 노조를 다스릴 수 있다"고 했다. 이에 필자가 "지금은 근로자 수도 적고 정치적으로도 권력의 힘이 강해 가능할지 모르지만, 앞으로 근로자 수가 늘어나고 정치민주화가 진행되면 기업 경영진이 감당할 수 없게 된다. 그러니 기업으로선 노조를 밖으로 빼내는 것이 좋을 것이다"고 했지만 정 회장은 기업 내 노조 설치 주장을 굽히지 않았다.

아마도 당시 전경련으로선 기업노조를 형성하면 노조 위원장을 적당히 따로 대접하고 노조 간부들의 이익을 보장해 주면 문제가 없을 것으로 생각한 것 같았다. 전경련과 노동청이 함께 반대하니 결론을 낼 수 없어 결국 총리실에서 조정하도록 넘어갔다. 그래서 필자는 뒤로 물러나고 노동법 개정을 주장하는 입법회의와 노동청이 맞서 석 달 가까이 끌다가 유야무야되고 말았다.

당시 남덕우 총리는 권중동 노동청장이 사퇴 카드까지 꺼내들자 조정권을 행사하지 않음으로써 결국 노동법 개정은 없던 일이 되고 말았다. 이로 인해 기업노조가 정착되고 그 위에 상위 노총이 결성되는 등 노동조합 제도가 복잡해졌다. 그리고 1987년에 정치민주화가 이뤄지자 노동조합의 힘이 더욱 거세지고 임금이 큰 폭으로 올라간 것이다.

대통령의 철학과 소신이 중요하다

박정희 정권에서 전두환 정권에 이르기까지는 봉급생활자들이 중산층으로 올라설 수 있는 기회가 있었다. 정부가 발표한 1974년 1·14재정에 관한 긴급명령에 따라 근로자의 85%가 세금을 내지 않게 되었으며, 재형저축 시행으로 목돈 마련 기회를 갖게 되었다. 또한 의료보험 제도 도입으로 병원비 걱정을 덜어주었다. 그 결과 빠른 속도의 경제성장과 더불어 근로자의 소득과 생활수준의 향상이 이뤄졌다.

이어 전두환 정권 말기인 1987년 정치민주화가 시작돼 노동조합 결성 및 활동이 활발해지면서 노태우 정권 5년이 소득분배가 가장 적절하게 이뤄진 시기로 기록된다. 그 시기에 기업주가 임금을 제대로 주었으며, 평균 8%대의 성장에 경상수지 흑자를 이뤘다. 노사문제 관리를 제대로 하지 못해 경제에 부정적인 영향을 준 게 아니었다.

1987년 대통령선거 당시 1인당 국민소득 2,700달러였을 때 5년 임기 안에 두 배로 만들겠다고 공약했다. 실제로 노태우 대통령이 임기를 마쳤을 때 1인당 국민소득이 7,300달러였다. 전체 GDP (국내총생산)가 125% 늘었는데 임금은 105%쯤 늘었다. 당시 가계저축률도 15~20%로 높았다. 이에 따라 스스로 중산층으로 여기는 계층이 75~80%에 이르렀다. 88서울올림픽 개최를 전후해 마이카 시대가 열렸다. 여기서 우리는 분배의 문제에 있어서 노동조합이 너무 취약하면 분배 문제를 일차적으로 해결하기 어렵다는 결론을 얻을 수 있다.

역대 정권을 볼 때 대통령의 의지가 가장 중요하다는 점을 발견할 수 있다. 대통령이 어떤 사고를 갖고 임하느냐에 따라 경제도 판가름 난다. 대통령의 경제를 바라보는 시각과 의지, 정책 비전이 매우 중요한 의미를 지닌다. 박정희 대통령의 경우 농촌을 빈곤에서 탈피시켜야겠다는 의지가 처음부터 강했다.

'대통령 경제학'이란 측면, 대통령 스스로 경제에 대한 분명한 인식을 갖고 있었느냐의 측면에서 보면 역대 대통령 가운데 박정희 한 사람 밖에 없었던 것 같다. 박정희는 농촌에서 어렵게 자라 농촌을 어떻게 발전시켜야 하겠다는 확실한 생각을 갖고 있었고, 그런 사고가 경제 발전을 이끌었다. 만주사관학교 시절 일본의 만주국에 대한 경제 운영을 목격하면서 경제발전계획이란 개념을 깨달았던 것 같다.

일본이 만주를 지배할 당시 만주 개발을 시작했는데, 공산주의 국가가 아닌 나라에서 5개년 계획으로 경제를 개발한다는 구상은 일본이 만주에서 처음 실시한 것이다. 박정희가 만주사관학교를 다니면서 5개년 계획에 따라 도로 등 인프라를 구축하는 것을 직접 목격한 것이다.

바로 이런 점이 본인이 대통령이 된 뒤 경제정책을 끌고 가는데 큰 영향을 미쳤을 것이다. 1970년대 말 지나치게 농촌 개발에 집착해 지붕개량사업 등을 파행적으로 벌이면서 문제가 되기도 했지만, 대통령의 의지가 산업화와 경제발전에 큰 영향을 미쳤다.

박정희 대통령이 개헌을 해 3선까지, 1975년까지만 대통령을 했어도 괜찮았을 것이다. 우리나라가 경제정책을 전환할 가장 좋은 시점이 1975년 상황이었다. 그런데 정책을 변화시키려면 사람이 바뀌어야 한다. 새로운 정책을 시작하려면 새로운 사람이 들어와 해야 하는데, 당시 박정희 대통령도 매너리즘에 빠졌다고 본다.

▌준비 없이 대통령 되면
▌아무것도 못 한다

1987년 노태우 대통령 후보 시절 이야기다. 자신이 대통령이 되면 경제를 맡아달라며 미리 칼을 열심히 갈라고 말했다. 그래서 필자가 나름대로 준비를 했다. 그러면서도 내용에 대해선 일체 알려주지 않았다. 문서를 보여 달라고도 했지만, 그것을 미리 주면 나중에 쓸 수 없을 지도 모른다는 생각에 주지 않았다. 그런데 대통령에 당선된 뒤 무슨 생각에서인지 만나려 하지 않아 헤어지게 되었다.

나중에 알고 보니 주변 인물들 - 금진호, 이원조 등 - 이 필자를 경계한 것이었다. 필자가 청와대에 들어가면 자신들 뜻대로 될 것 같지 않으니 반대한 것이다. 그 결과 노태우 정권 초기 2년 동안 경제 상황이 악화되었다. 그 뒤에야 연락이 와서 들어와 일을 해달라고 했으나 처음에는 거절했다. 경제를 어렵게 만들어 놓고 이제 와서 뒤치다꺼리나 하라고 하는 것이 선뜻 내키지 않았다.

집권 초기 포괄적으로 하려고 준비한 것은 이미 2년이 지났기 때문에 실행하기 힘든 국면이었다. 당시 상황에서 할 수 있는 것들을 적어 드릴 테니 그거라도 할 생각이 있으면 부르시라고 했다. 당시 대통령한테 각서를 받았다는 이야기가 나돌았는데, 그런 식으로 하지 않으면 일을 할 수 없는 상황이었다. 우리나라 재벌들이 볼 때 필자가 노태우 대통령과 지연이든 학연이든 아무런 관계가 없기 때문에 경제수석으로 오리라곤 상상조차 못했다.

필자의 전임 문희갑 경제수석의 주장으로 도입된 토지공개념 제도[7]에 대해서도 재벌들이 말이 많았다. 세금을 무겁게 부과하는 토지공개념만 갖고는 부동산 투기를 잡지 못한다. 그때나 지금이나 관료들은 단선적이다. 대통령이 경제 관료들에게 휘둘리면 안 된다. 미국 중앙정부가 걷는 세금은 법인세와 소득세뿐이다. 나머지 세금은 전부 지방재정에서 다룬다. 미국에서 재정학을 공부했다는 학자들도 대부분 이론적 모형을 갖고서 정부 예산이나 분석하는 수준에 머문다.

1970년대 평가교수단에 들어가 교수들이 하는 행태를 보고 크게 실망했다. 다른 나라에서 도입해 실시하는 제도들을 시대적 배경이나 상황 등에 대한 엄밀한 분석 없이 그대로 모방해 건의하는 수준이었다. 예를 들면 종합상사 제도나 유통구조 근대화 계획 등이 그런 경우다.

필자가 청와대 경제수석 시절 조세 제도를 체계적으로 연구하는 기관이 없어 세입의 효율성을 높이기 위해 한국조세재정연구원을 설립하는 데 역할을 했다. 1992년 연구원을 설립하고 연구원을 뽑은 뒤 보니 조세를 제대로 전공한 사람을 찾아보기 힘들었다. 대부분 금융 등 다른 분야를 공부했는데, 재무부(세제실)에서 어떤 분야에 대해 조사연구를 해달라고 요청하면 보고서를 내는 수준이었

---

7) 토지공개념 : 1978년 8·8조치 이후 토지의 소유와 처분은 사유를 보장하되, 토지 가치는 공공의 이익을 위하여 적절히 제한할 수 있다는 개념

다. 그 결과 조세수입의 효율을 높이기 위한 우리나라 조세 체계 개편 청사진이 아직도 없다.

한국조세재정연구원이 설립된 지 25년이 지나 조세 연구 관련 체계가 확립되었다고 하지만 아직도 근본적인 세제개혁을 할 수 있는 수준에는 이르지 못한 실정이다. 현재의 누더기 같은 조세 체계로는 갑자기 남북통일의 기회가 오더라도 정부 재정으로 통일비용을 감당하기 어려울 것이다. 통일에 대비한 재정의 원활한 확보가 가능하지 않으면 통일의 기회가 와도 제대로 수행하기 힘들다.

기본적으로 한 나라의 대통령이 되겠다는 인물이 생각과 준비 없이 당선되면 아무것도 하지 못한다. 현 상황에서 대통령이 되려는 사람은 당면한 경제·사회의 갈등 구조를 정확히 인식하고 조화된 사회를 이루기 위해 무엇을 어떻게 하겠다는 준비가 철두철미해야 한다. 전·현직이나 후보나 자꾸 언론에 핑계를 대는 인물은 대통령이 될 자격이 없다. 자신이 대통령이 된 뒤 무엇을 어떻게 할지에 대한 밑그림과 청사진을 갖고 있어야 한다. 하지만 현실은 대통령 후보조차 그런 준비를 하지 않는다. 그러니 그 아래 장관이 준비할 리 있겠는가?

과거에는 경제구조가 단순해서 정책 집행이 상대적으로 쉬웠다. 지금은 국내 변수뿐만 아니라 글로벌 상황을 함께 고려해야 하므로 훨씬 복잡해졌다. 그렇다고 경제가 잘 돌아가지 않는 이유를 글로벌 환경 탓으로 돌리면 안 된다. 경제규모가 커지고 글로벌 변수의 영향을 많이 받을수록 국내 경제를 어떻게 가져갈 지에 대한 확고한 생각이 있어야 한다.

경제구조 자체가 과거 사고방식과 제도로는 문제를 해결하기 어려운 시대이다. 단순하게 금리를 어떻게 조정하고, 재정을 조기 집행하는 식으로는 경제가 제대로 돌아가지 않는다. 일반적인 변수를 활용해 해결할 문제가 있고, 제도를 확립해서 해결할 문제가 따로 있다.

성장 콤플렉스에서 벗어날 때 됐다

우리나라 경제 관료들은 흔히 경제정책이 통화량을 조절하고, 금리를 조정하고, 정부 지출을 늘리는 게 전부라고 생각하는 경향이 있다. 기획재정부의 경제정책이 이래서는 곤란하다. 경제구조가 단순했던 개발시대에는 통화정책과 재정정책만으로도 가능했다. 하지만 이제 사회가 복잡다단해져서 그런 단순 사고로는 안 된다. 우리 사회 전반적인 문제에 대한 고찰을 통해 경제의 효율을 높이는 쪽으로 접근해야 한다.

필자가 노태우 정부에서 경제수석으로 있을 때 대통령에게 너무 조급하게 생각하지 말라고 했다. 그러면서 이런 비유를 들어 설명했다.

"지금 서울 광화문 사거리에 가보세요. 수많은 자동차가 사방에서 몰려오기 때문에 교통순경이 아무리 빨리 차량을 소통시키려해도 자동차가 빨리 움직이지 못합니다. 차량이 적었던 과거와 달리 지금은 자동차들이 주행선과 교통신호를 제대로 지키는지 여부만 살피고 자동차들이 스스로 알아서 스무스(smooth)하게 흘러갈수 있도록 해야 합니다. 그 다음 관찰할 것이 또 있습니다. 과거에는 자동차 색깔이 까만 것만 있었는데 지금은 하얀색과 자주색, 은색 등 아주 다양합니다. 이것이 오늘날 한국 사회입니다. 이처럼 다양한 사람들을 어떻게 조화롭게 살도록 이끌 것인가를 (대통령이) 고민해야 합니다."

광화문 사거리에서 어느 한 운전자가 먼저 빨리 가겠다고 갑자기 차선을 바꿔 튀어나오면 접촉사고가 나고 일대 교통이 마비되고 만다. 당국은 운전자들이 교통질서를 잘 지키도록 이끌면 된다. 정부가 대기업의 논리에 휘둘려선 곤란하다. 경제발전이 어느 단계에 이르면 대기업들은 정부 도움 없이도 알아서 한다. 정부는 그간의 경제발전 과정에서 상대적으로 소외된 계층을 위로하고 부축해주어야 한다. 이런 논리로 노태우 정부는 대기업 활동을 적절하게 제어했다. 그런데 김영삼 정부가 들어서면서 기조가 재벌 중심으로 바뀌었다. 그리고 지금까지 20여 년 동안 그 기조가 이어졌다.

박정희 대통령 이후 우리나라 역대 대통령들 모두 '성장 콤플렉스'에 걸린 것 같다. 끊임없이 영토 확장을 추구하는 것은 재벌의 속성이다. 이런 재벌의 탐욕이 외환위기 이후 우리나라 경제사회 구조의 모순을 잉태했다. 나무가 아무리 높게 자라도 하늘까지 오르지는 못한다. 한 나라의 경제를 소수 특정 대기업에 맡길 수는 없다. 지금 잘 나가는 대기업이 마냥 잘 나간다는 보장이 없다. 상황에 따라 실패할 수도 성공할 수도 있는 기업에 국가의 운명을 맡겨서는 안 된다. 핀란드의 노키아, 일본의 소니가 오늘날 이렇게 어려워질 줄 아무도 예견하지 못했다. 차기 대통령이 이런 점을 제대로 인식하지 못하면 그 정부도 1년 정도 지나면 흔들리기 시작해 아무것도 제대로 하지 못할 것이다.

대통령 후보는 국민에게 자신이 왜 대통령이 되려고 하는지 분명한 메시지를 제시해야 한다. 한국 경제는 압축성장을 통해 지금과 같은 기반을 다졌다. 그 과정에서 성장위주의 무리한 정책이 많았기 때문에 경제사회적으로 조화롭지 않은 부분이 생겨났다. 1987년 민주화 선언 이후 30년 동안 정치민주화는 이뤄졌는데 경제 분야는 그렇지 못했다. 이제 경제민주화를 할 때다. 대한민국이 보다 조화로운 사회로 가기 위해서.

'라인강의 기적' 주역 에르하르트

오늘날 독일과 독일 국민이 누리는 부와 번영의 기초는 '라인강의 기적'의 아버지이자 설계자인 루트비히 에르하르트 덕분이다. 에르하르트는 14년 동안 경제상으로 재직하며 경제구조를 사회적 시장경제 체제로 만들었다. 시장의 효율과 사회적 조화를 접목한 결과 독과점 현상이 나타날 수 없었다.

1968년 프랑스에서 학생운동이 격렬했던 것으로 알려져 있지만, 비슷한 시기에 독일의 학생운동은 프랑스보다 훨씬 격렬했다. 이런 독일의 학생운동이 결국 정부에 굴복하는 것으로 끝난 배경에는 독일의 탄탄한 사회안전망이 있었다. 다시 말해 시민들이 학생들의 시위에 동조하지 않았기 때문이다.

에르하르트는 제1차 세계대전 때 전쟁에 나가 부상당한 뒤 고향으로 돌아와 뒤늦게 경제학 공부를 시작한다. 히틀러가 집권하자 히틀러를 지지하는 '교수동맹' 가입을 거부하고, 대학을 나와 뉘른베르크에 있는 한 연구소에서 제1차 세계대전 이후 독일이 걸어 온 길을 분석하며 제2차 세계대전에서 독일의 패배를 확신한다. 그리고 독일이 제1차 세계대전 이후의 전철을 밟아서는 안 된다며 전후 독일 재건계획을 직접 작성한다.

그의 계획서는 히틀러에 반대하는 지하조직의 손에 넘어갔는데 곧바로 발각돼 관련자들이 대부분 처형된다. 다행히 에르하르트는 발각되지 않고 지하에서 숨어 지내다 우여곡절 끝에 전승국 미군이 관리하던 바이에른·헤센 지역 경제 책임자가 되었다. 하지만 거기서도 1년 반 만에 관료들에 의해 쫓겨난다. 이후 뮌헨대학 등에서 강의하며 전후 독일의 재건을 위해서는 독일 혼자 힘만으로 불가능하다는 점을 역설하며 유럽연합(EU) 같은 공동체를 구상한다.

이 무렵 미국 의회는 전후 유럽 재건계획인 마샬 플랜(Marshall Plan)[8]을 승인했다. 전승국들은 독일 재건계획을 책임질 경제 책임자를 물색하다 에르하르트를 발탁한다. 영국, 미국, 프랑스 등은 독일의 재건을 돕되 다시 전쟁을 일으키지 못하도록 계획·통제 경제체제를 강요한다. 에르하르트는 이에 굴복하지 않고 전승국들이 강요하는 경제정책이 아닌, 자신이 직접 작성한 경제 구상을 주말을 앞둔 금요일 저녁에 기습적으로 발표한다. 에르하르트는 당시 미군정에 의하여 실시된 가격통제 및 상품의 배급 제도를 폐지하고 가격 자율화와 상품의 자유로운 거래를 주장하였다. 이와 함께 그는 시장의 사회적 기능을 강조하였다.

미군 헌병에 끌려간 에르하르트는 심문을 받았는데 미국의 유명한 경제학자들을 비롯한 미 군정 경제 자문관들이 보는 앞에서 자신이 만든 경제 구상의 정당성을 놓고 설전을 벌였다. 에르하르트는 '미국에서도 시장경제가 잘 안 되고 있는데 패전국인 독일에서 무슨 수로 시장경제를 바로 도입할 수 있다고 생각하느냐'며 추

---

8) 제2차 세계대전 이후 1947~51년 공산주의 확산을 막기 위해 국무부 장관 조지 마샬 (G. Marshall)이 주창, 미국이 서유럽 16개 나라에 행한 대외 원조계획

궁하는 자문관들의 압력에 굴하지 않고 자신의 주장을 수용해달라고 요구한다. 독일 동쪽(동유럽)에 이미 공산주의 체제가 자리 잡고 있는데, 서독이 잘못되면 독일 전체가 공산화된다며 자신의 계획을 실행할 수 있도록 6개월만 기다려 달라고 호소한다. 그리고 6개월 후에 잘못되면 자신을 처벌해도 좋다며 미 군정장관과 담판을 벌인다. 마침내 그의 주장은 받아들여졌다. 이러한 에르하르트의 경제정책에 관한 주장은 서독연방공화국 출범 이후 '사회적 시장경제'의 모체가 되었다.

에르하르트는 정치적으로 대립했던 콘라트 아데나워 수상 밑에서 자신의 정책을 하나씩 펴 나간다. 그의 정책은 독일식 신자유주의로 시장이 해결하지 못하는 부분을 정부가 해야 한다는 논리의 사회적 시장경제에 바탕을 둔 것이었다. 에르하르트의 인기는 치솟았고, 1949년 총선거 때 에르하르트가 나타나는 유세장에 사람들이 구름처럼 몰렸다. 1957년 에르하르트가 주도한 경제정책의 성공으로 기독민주연합(CDU)이 마침내 단독 집권에 성공했다. 충격을 받은 중도 좌파 사회민주당(SDP)은 1959년 에르하르트의 기독민주연합 정권의 경제정책을 일부 반영하는 방식으로 정강정책까지 바꾸기에 이른다. 독일 역사상 사회 안정을 위해 가장 노력한 정당은 CDU로 보수주의적 색채가 강했다. CDU가 사회 변화의 흐름을 잘 읽어 정책에 반영해 계속 집권하자 반대당인 SDP가 변했다. SDP로선 집권하기 위해 기존 정강정책을 버리고 CDU와 비슷한 정책을 취한 것이다.

2012년 다보스포럼에서 버락 오바마 미국 대통령이 "독일을 배우자"고 했다. 그도 그럴 것이 글로벌 금융위기 여파로 주요 국가들이 일제히 마이너스 성장률을 기록한 2009년 독일의 성장률 하락폭이 가장 컸는데 실업률 증가폭은 가장 적었다. 이런 독일이 버팀목이 되어주고 있어 유로존이 여러 국가의 재정위기에도 불구하고 생존하고 있는 것이다.

과거 독일은 다른 나라들로부터 지탄을 많이 받았다. 베를린 장벽 붕괴 이후 서독과 동독의 통일 초기에는 혼란스러운 상황도 있었다. 급기야 2000년대 들어 '유럽의 병자'로 불리기도 했다. 그런 독일이 통일 과정에서 막대한 재정을 투입하고서도 견뎌내 오늘날 유럽 재정위기의 구원투수 역할을 톡톡히 하고 있다. 독일의 부흥은 에르하르트 수상처럼 준비된 인물이 있었기 때문에 가능했다. 행정 경험이 전혀 없었던 인물이었지만, 그는 제1차 세계대전을 겪으면서 체득한 '히틀러는 망한다'는 확신 아래 과거와 같은 전철을 밟지 않고 독일을 어떻게 재건시킬 것인지를 꼬박꼬박 육필로 적은 독일 재건계획을 갖고 있었다. 우리나라에도 그런 인물이 필요한데, 현실은 대통령이 되겠다는 사람도 그런 준비를 하지 않는다.

희망을 주는 정치를 보고 싶다

미국 역사에서 테어도어 루스벨트[9] 같은 인물이 없었다면 오늘날 미국 사회가 어찌 되었을까? 테어도어 루스벨트 대통령은 분명한 의지를 갖고 독점기업 해체에 앞장선 인물이다. 19세기 말 미국에선 독점기업의 횡포가 사회문제로 등장했다. 이 무렵 많은 소규모

---

9) Theodore Roosevelt(1858~1919) : 미국의 제26대 대통령. 재임(1901~09년) 시 혁신주의를 내걸고 트러스트 규제, 철도통제, 노동자 보호입법, 자원보존 등에 힘썼다.

주간지와 일간신문들이 독점기업의 횡포를 소재로 매우 비판적인 기사와 칼럼 등을 실었다. '머크래이커(muckraker＝추문 폭로자)'가 그런 역할을 담당했다. 루스벨트는 그 글을 읽으며 자신이 대통령이 되면 이 문제를 반드시 해결하겠다고 다짐했다. 그리고 대통령이 된 뒤 자신과의 약속을 이행했다. 대통령의 의지가 그만큼 중요하다.

20세기 미국의 자본주의 발달에 가장 크게 공헌한 이도 테어도어 루스벨트다. 1901년 부통령 재임 시절 윌리엄 매킨리 대통령이 암살당하자 42살 나이에 최연소 미국 대통령이 된다. 보수적 성향의 공화당 출신이지만 그는 진보적 개혁가였다. 그는 대기업을 불신했고, 40개의 독점기업을 해체했다. 그럼에도 그는 자신이 자본주의 원리를 부정하지 않으며, 다만 기업들의 부패와 불법행위를 반대하는 것이라는 점을 분명히 했다. 그는 두 번째 임기 내내 대기업들을 공격하고 법원이 노동조합에 적대적이며 선입견을 갖고 있다고 비판했다.

특히 남북전쟁 직후부터 사업 확장을 통해 시장을 독점해 막강한 영향력과 횡포를 부리던 대기업들을 어떻게 다룰지 고민했다. 그가 이렇게 대기업의 횡포를 제어했기 때문에 자본주의 체제와 시장경제가 미국에서 온전하게 발달할 수 있었다. 테어도어 루스벨트 대통령부터 시작해 프랭클린 루스벨트[10] 대통령을 거쳐 드와이트 아이젠하워[11] 대통령까지 이런 기조가 유지됐다. 그 결과 미국 사

---

10) Franklin Delano Roosevelt(1882~1945) : 미국의 제32대 대통령. 4차례에 걸친 재임 (1933~1945년)기간 강력한 내각을 조직하고 경제공황을 극복하기 위하여 뉴딜정책을 추진하였다.
11) Dwight David Eisenhower(1890~1969) : 미국의 제34대 대통령(1953~1961년 재임), 아이크(Ike)라는 애칭으로 불렸다.

회가 그나마 조화를 이루고 정치와 경제가 분리된 상황이 이어졌다. 그러나 1980년 레이건 대통령 이후 30년 사이 이상한 방향으로 흘러갔다.

나라가 잘 되려면 필요한 시기에 적절한 인물이 나와 국가를 이끌어야 한다. 20세기에 미국이 황금기를 누린 것도 그때그때 나름대로 필요한 인물이 등장해 나라를 이끌어온 결과다. 그런데 레이건 대통령 이후 30년 사이 그 전통이 무너지고 있다. 지금 미국 민주당도 과거보다 약하고, 공화당에서도 인물이 없다.

제2차 세계대전 이후 일본에서 나타난 의식의 변화는 일본의 경제적 성공이란 측면에서 상당한 의미가 있다. 오히라 마사요시(大平正芳) 내각에서 외상을 지낸 오키타 사부로[12]가 1955년에 쓴 논문이 있다. '일본의 disadvantage(약점, 불리한 점)를 advantage(강점, 유리한 점)화하자'는 것으로 태평양전쟁 패전 이후 실의에 빠져 있던 일본인들에게 큰 희망을 안겨 주었다. 여기서 일본의 약점(disadvantage)이란 인구는 많은데 땅덩어리가 좁고 자원이 없다는 점인데, 전쟁에서 패해 국민이 절망에 빠져 있을 때 약점(disadvantage)를 강점(advantage)화할 수 있다는 희망의 메시지를 던진 것이다.

논문의 요지는 일본의 많은 인구는 내수를 확대할 수 있는 바탕이 될 것이고, 국토는 일본이 농업국가로 살아가기에는 작을지 모르지만 해변을 따라 제조업을 일으키기에는 이상적인 입지조건을 갖추고 있고, 부족한 자원 문제는 전 세계의 자원을 사용하면

---

12) 大来 佐武郎(1914~1993) : 일본의 경제학자이자 관료. 이케다 하야토 내각에서 경제 계획 업무를 맡아 전후 일본 경제 성장에 공헌하였다. 일본경제연구센터 소장과 의장, 외무대신을 역임했다. 저서 《일본 경제의 미래(The Future of Japan's Economy, 1960)》 등 다수.

되기 때문에 일본의 미래에 희망을 갖자는 것이었다. 지금 다들 희망이 없다고 하는 우리나라에서도 희망을 되살려 줄 수 있는 사람이 절실히 필요하다.

　독일에서도 히틀러 정권이 들어서고 제2차 세계대전을 일으키자 다들 이제 독일은 망한다고 했다. 그 무렵 루트비히 에르하르트[13] 같은 인물은 국가경제를 어떻게 살릴 것인가 하는 비전을 갖고 있었다. 그런 의식과 비전 없이 어느 날 갑자기 내각에 들어와서 제대로 일을 할 수 없다. 우리나라 장관들 면면을 보면 관료사회에서 계속 승진해 자리를 차지하고 있는 경우가 대부분이다. 그래서인지 시대 상황을 통찰하기보다 현안에만 매달릴 뿐 창의적인 변화를 이끌기 어렵다.

　기본적으로 한 나라의 대통령이 되려는 인물이라면 지금 국가가 당면한 과제가 무엇이며, 그것을 바로잡아서 나라가 잘 운영되도록 하겠다는 자신감을 가져야 한다. 시대가 요구하는 가치, 즉 시대정신을 제대로 분명하게 파악하고 있어야 한다. 최고 정치지도자로서 무엇을, 무엇 때문에, 어떻게 해야 한다는 확실한 구상을 갖고 있어야 국민에게 죄를 짓는 우를 범하지 않을 것이다.

　준비된 대통령으로 제대로 일을 하려면 경제·교육 등 내치(內治)에 대한 철학과 식견은 기본이다. 외교·안보 등 외치(外治)에 대한 비전과 소양도 갖춰야 한다. 내치와 외치에 대한 균형 있고 미래를 내다보는 식견과 소양은 대통령으로서 갖춰야 할 필수 조건이다.

　대한민국은 과거 세계가 부러워하는 희망의 국가였다. 그런데

---

13) Ludwig Erhard(1897~1977) : 독일의 관료이자 경제학자. 1949년 독일연방공화국 수립 때 콘라트 아데나워 내각의 연방경제장관으로 전후 서독의 경제 부흥에 기여했다.

지금은 안타깝게도 절망의 국가로 치닫고 있다. 다시 희망의 국가로 일으켜 세워야 한다. 언제나 그래왔듯 우리 국민은 준비가 되어 있다. 이제 정치와 지도자만 제대로 바꾸면 된다. 국민에게 다시 한 번 해보자고, 힘을 모으자고 말하며 앞장서는 지도자가 나와야 한다.

경제민주화를 통한
포용적 성장의 길

제2부

경국
다시
경제민주화다

제 2 부

제1장

결국 다시
경제민주화다

"• •
• •

격차 해소

2016년 5월 당선된 로드리고 두테르테(R. Duterte) 필리핀 대통령은 "범죄자들의 시체를 빨랫줄에 널어버리겠다"는 등 과격한 발언을 서슴지 않았다. 미국에선 선거과정에서 숱한 막말로 여론의 질타를 받은 도널드 트럼프가 대통령에 당선됐다. 정치적 배경과 이념은 다르지만 막말 논란의 주인공들이 유권자의 지지를 받는 것은 오랜 경기침체에 따른 실업과 중산층 붕괴, 그리고 이에 따른 양극화 때문이다. 갈수록 심화되는 양극화에 분노하는 유권자의 감성을 막말로 자극한 아웃사이더 정치인들이 기성 질서를 바꾼 것이다.

한국도 예외는 아니다. 청년실업률은 정부의 공식 통계로도

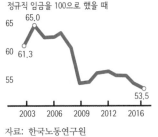

비정규직 노동자의 상대임금 추이

정규직 임금을 100으로 했을 때

65 — 65.0
60 — 61.3
55
53.5
2003 2006 2009 2012 2016

자료: 한국노동연구원

10%에 근접했다. 2016년 현재 체감 청년실업률은 20%를 훌쩍 넘는다. 한국의 양극화 현상은 주로 고용과 임금 차이에 기인한다. 일자리를 구하기 어려울 뿐더러 힘들게 구해도 상당수가 비정규직이다. 비정규직 임금은 정규직의 절반 수준에 그치고, 중소기업 근로자의 임금은 대기업의 3분의 1 수준이다.[1] 이와 같은 임금격차는 소득격차를 부르고, 소득격차는 빈익빈 부익부 현상을 조장하며 중산층을 무너뜨린다.

밀물이 들어와도 배가 뜨지 않는다

한국현대사에 있어 경제발전은 정치적 안정과 밀접한 관련이 있다. 1962년 1차 경제개발 5개년 계획을 시작으로 1990년대 초반까지는 경제가 성장하면 사람들의 생활수준도 함께 나아졌다. 존 F. 케네디 미국 대통령이 공공사업의 국가경제적 효과를 강조하기 위해 언급한 표현처럼 '밀물이 들어오자 (크고 작은)모든 배가 뜨는' 성과를 나타낸 것이다. 컵의 물이 넘쳐흐르면 바닥을 적신다는 이른바 낙수효과(trickle–down effect)[2]다.

---

1) 한국노동연구원이 발표한 '2016 비정규직 노동통계'에 따르면 우리나라 비정규직 근로자는 644만 4,000명으로 전체 임금근로자의 32.8%다. 이들 비정규직 근로자의 임금은 정규직의 53.5% 수준이다. 비정규직 근로자의 정규직 대비 임금 수준은 2003년 62.3%, 2009년 54.6%로 계속 낮아져 임금격차가 확대되고 있다.

그런데 1990년대 중반 이후 상황이 달라졌다. 소수 고소득자의 소득은 빠른 속도로 증가하는 반면, 다수 저소득 계층의 소득 증가는 답보 상태다. 이러한 현상은 특히 IMF(국제통화기금) 사태 이후 더욱 두드러졌다. 다시 케네디의 표현을 빌리자면 밀물이 들어오는데도 어떤 배들은 암초에 걸렸는지 뜨지 않고 그대로 있거나 오히려 가라앉는 것이다. 낙수효과가 더 이상 통하지 않게 된 것이다. 상황이 이러니 경제가 성장하는데도 자신들에게는 아무런 느낌이 오지 않는다는 사람들이 78%에 이른다. 이는 1997년 말 IMF 사태 이후 양극화가 심화되고 있다는 증거다.

시대별로 구분하면 1962년부터 1980년대 중반까지는 대한민국의 경제 기반을 닦은 기간이다. 박정희 대통령이 시작한 경제개발 5개년 계획의 5차 개발계획이 끝난 것이 1986년이다. 그때까지 압축성장으로 경제 기반을 구축했다. 하지만 문제도 있었다. 그 기간에 부의 편재가 심각한 양상으로 이뤄졌다. 이른바 재벌이 그 시기에 탄생했다. 만 25년 동안 거대경제세력이 의외로 빨리 성장한 결과 정치세력과 거의 비슷한 수준까지 도달한 것이다.

따지고 보면 압축성장기에 발생한 문제들을 근본적으로 수술할 수 있었던 절호의 기회는 외환위기 때였다. 막강한 힘을 과시

---

2) 낙수효과 : 부유층의 투자와 소비 증가가 저소득층의 소득 증대에 영향을 미침으로써 전체 국가적인 경기부양 효과로 나타나는 현상. 대기업 및 부유층의 소득이 증대되면 더 많은 투자가 이루어져 경기가 부양되고, 전체 국내총생산(GDP)이 증가하면 저소득층에게도 혜택이 돌아가 소득의 양극화가 해소된다는 논리. 이 이론은 국부(國富)의 증대에 초점을 맞춘 것으로 분배보다는 성장을, 형평성보다는 효율성에 우선을 둔 주장이다. 낙수효과 이론은 미국 조지 부시 대통령과 공화당이, 그 반대의 경우인 분수효과(fountain effect)는 버락 오바마 대통령과 민주당이 중점을 두는 정책이었다.

했던 재벌들도 생존 자체가 힘들어지자 꼼짝하지 못했던 시기였기 때문이다. 그때 정부가 제대로 하려고 들었으면 상당 부분 문제를 해결할 수 있었을 것이다. 하지만 당시 김대중 정부가 사전에 치밀한 준비 없이 사태 수습을 서두른 결과 1970년대 부실기업을 정리하던 시절의 사고방식으로 접근했다. 기능적인 관료들이 과거 방식에 사로잡혀 사태를 처리하는 바람에 절호의 기회를 놓쳤고 재벌 구조를 더욱 고착화시켰다. 169조원의 막대한 공적자금을 쏟아부으면서 오히려 재벌들을 더욱 공고하게 만들어준 셈이 되고 말았다. 그 결과 양극화는 더욱 벌어지게 되었다. 대한민국 자본주의 경제 70년 역사상 지금처럼 양극화가 심각한 적은 없었다. 어찌 보면 나라가 경제적으로 가진 자와 없는 자로 분할되어 있는 형국이다.[3)]

그래도 산업화와 경제 성장을 이루는 과정에서 국민의식이 변화해 1987년 정치민주화를 이뤄냈다. 정치민주화는 정치인 등 소수의 몇몇 사람들의 힘으로 이룬 것이 아니다. 국민 모두의 힘으로 이룩한 것이다. 정치민주화를 이룬 지 올해로 만 30년이다. 정치의 민주화는 이뤘지만 과거 압축성장 때 발생한 경제·사회적 모순들을 해결하지 못했다. 이 때문에 국민들이 기존 제도권 정당에 불신을 나타내는 것이다.

---

3) 한국노동연구원이 국세통계연보 자료를 분석한 '2015년까지의 최상위 소득 비중' 보고서에 따르면 2015년 기준 소득 상위 1% 집단(연소득 1억 2,670만원 이상)이 국민 전체 소득에서 차지하는 비중은 14.2%로 역대 최고를 기록했다. 상위 1%의 소득 비중은 2000년 9.0%에서 2005년 11.3%, 2010년 12.7%로 계속 높아져왔다. 상위 10% 집단(연소득 5,000만원 이상)이 차지하는 소득 비중도 2000년 36.4%에서 2015년 48.5%로 높아졌다.

앞에서 설명했듯이 그 대표적인 현상이 바로 2011년 10월 서울시장 보궐선거다. 무소속 박원순 후보가 제도권 두 정당을 다 물리치고 서울시장에 당선된 것이다. 특히 2040 젊은 세대들이 반기를 들었다. 정당이 제 역할을 하지 못하면 국민이 판단하게 된다. 일본에서도 50년 집권한 자민당이 제 역할을 하지 못하자 국민이 자민당 대신 민주당을 선택했던 사례가 있다.

핵심 당면 과제, 양극화 해소

여기서 우리는 사회가 이대로 가면 어떻게 될 것인지를 생각해 볼 필요가 있다. 첫째, 현 상황에서 왜 양극화가 가장 첨예한 과제인가? 저소득층이 늘고, 스스로를 하층민으로 여기는 계층이 많아지고, 중산층이 줄어들고 있다는 점은 이미 여러 통계로 입증되고 있다. 이런 상황을 방치해 중산층이 무너지면 사회적으로 변혁이 올 가능성이 크다. 사회가 점점 불안해지면 경제의 효율은 지킬 수 있느냐, 그때 발생하는 비용(cost)을 감당할 수 있느냐의 문제가 등장하기 때문이다.

둘째, 우리 사회의 미래를 생각할 때 한반도 통일을 염두에 두어야 한다. 우리가 제안하든, 상황이 변해서 그렇게 되든 우리 사회의 미래 모습에서 통일을 배제할 수 없다. 우리 사회 내부의 조화가 전제되지 않은 상태에서 통일이 제대로 추진되기 어렵다. 우리 사회 내부적인 격차로 인해 먹고 살기가 힘든데, 훨씬 복잡하고 더 큰 문제인 통일을 어찌 감당할 것인가? 더구나 남한이 북한을 흡수할 경우 그 자체가 커다란 경제사회적 문제로 등장하게 된다.

따라서 우리 사회의 양극화 문제를 어떻게든 해소해야 한다는 결론에 이른다. 이를 위해선 1단계로 양극화가 현 상태에서 더 이상 심화되지 않도록 조치를 취해야 한다. 입으로만 양극화 현상을 걱정할 게 아니라 여러 분야에서 할 수 있는 일을 찾아 실천해야 한다. 지금 상태로 모든 것을 시장경제 원리에만 맡겨 놓으면 결국 곪아 터질 것이다.

이명박 정부와 박근혜 정부는 많은 나라와 자유무역협정(FTA)을 맺어 시장을 넓혔다고 강조했지만, 이는 저소득층과 관계가 없는 일이라서 통하지 않는다. 아무리 글로벌화되어도 사회가 불안하면 정치도 함께 불안정해진다. 정치사회적으로 불안정한 국가에 외국 기업들이 얼마나 들어와 투자할까? 소규모 자본으로 먹고 살던 사람들이 몰락하면 영세민으로 추락한다. '글로벌화해서 그렇다'며 자꾸 외부변수에 책임을 떠넘기는 식으로 핑계를 대지 말자. 우리 스스로 내부 단속을 함으로써 적어도 소규모 자본으로 먹고 살만한 능력을 가진 이들을 더 이상 몰락시켜서는 안 된다. 하지만 현실은 단편적인 정책을 집행하면서 그것만 하면 되는 것으로 착각하고 있다.

시대 상황이 변하면서 성장보다 분배에 대한 관심이 훨씬 커졌다. 과거 분배보다 성장이 먼저라고 이야기하던 사람들도 지금은 분배를 앞세운다. 과거에는 성장세가 계속 이어지면 생활이 향상되는 것을 느낄 수 있었는데 지금은 그렇지 않기 때문이다. 노무현 정부 5년(2003~2007년) 동안 평균 4.3% 성장했다. 그런데 이명박 정부(2008~2012년)에는 연평균 3.2% 성장에 그쳤다. 국민은 경제를 살릴 줄 알고 대통령으로 뽑아주었는데, 경제성적표는 그전보다 나빴다. 경제를 활성화시키겠다며 법인세를 낮추는 등 감세정책을 썼는데도 성장률은 되레 낮아진 것이다.

　박근혜 정부 들어 상황은 더 악화됐다. 연례행사처럼 추가경정 예산을 편성해 재정을 투입했지만 연평균 경제성장률이 역대 꼴찌로 추락했다.4) 2016년 실업자 수는 연간 기준으로 사상 처음 100만 명을 넘어섰고, 가계부채가 1,300조원을 돌파했다.5) 박근혜 정부 4년(2013~2016년) 동안 평균 성장률은 2.9%로 3%에도 못 미쳤다. 특히 2015년부터 2017년까지 3년 연속 2%대 성장이 예상된다. 3년 연속 2%대 성장은 우리나라에서 경제개발이 본격화한 1960년대 이후 처음이다.6) 산업화를 이룬 아버지 박정희의 후광효과를 입어 대통령에 당선됐지만 경제성적표는 초라했고, 급기야 최순실 국정농단 사태로 정치적인 불확실성까지 증대되었다.

　지금 우리 사회는 더 이상 양극화 해소를 미룰 수 없는 절박한 상황이다. 양극화가 계속 진행돼 사람들이 정치·경제·사회적 측면에서 극단적인 차등 대우를 받고 있다고 느끼면 '야성적 충동(animal spirit)'이 꿈틀거리게 된다. 기업 경영자에게만 동물적인 야성적 충동이 있는 게 아니다. 빈곤층이 야성적 충동을 발동해 집단행동에 나서면 제어하기 힘들어진다. 시대의 변화에 맞춰 정부의 기능을 바꿔야 한다. 정부의 예산 편성과 집행에 대통령의 의지를

---

4) 박근혜 정부는 2013~2016년 4년 동안 2014년만 빼고 3차례 추가경정예산(2013년 17조원, 2015년 11조 6,000억원, 2016년 11조원)을 편성해 재정자금을 시중에 풀었다.

5) 통계청이 발표한 2016년 고용동향에 따르면 실업자는 101만 2,000명으로 2015년 대비 3만 6,000명 증가했다. 실업자 100만 명 돌파는 고용통계가 바뀐 2000년 이후 처음이다.

6) 박근혜 정부 첫 해인 2013년 2.9%였던 경제성장률은 2014년 3.3%로 높아졌다가 2015년 2.6%로 낮아졌고, 2016년에는 2.7%를 기록했다. 정부의 2017년 성장 목표는 2.6%이지만 민간 예측기관에선 1%대 전망도 나온다.

반영해야 한다. 그동안 성장 중심으로 운영해온 정부 예산에서 복지 부분을 더욱 비중 있게 할애해야 한다.

골목상권 몰락이 상징하는 양극화

우리 사회의 당면 과제인 양극화 심화와 자영업 몰락을 상징하는 대표적 현상으로 전통시장과 동네 슈퍼마켓 등 골목상권의 몰락이 꼽힌다. 거대경제세력(재벌)이 운영하는 대형 마트와 기업형슈퍼마켓(SSM), 복합쇼핑몰이 전국 주요 도시에 속속 들어서면서 지역 전통시장과 골목시장 상인들이 생존권을 위협받고 있다. 소상공인시장진흥공단의 2015년 조사결과에 따르면 복합쇼핑몰의 진출로 주변 소매점의 매출은 평균 46.5% 감소한 것으로 나타났다.

소상공인들이 지금처럼 계속 골목상권을 침해받아 폐업 위기에 몰려 생존권을 위협받으면 단체 행동에 나설 것이다. 실제로 전국유통상인연합회 등 시민단체들은 2016년 11월 23일 서울 서초구 검찰청사 앞에서 최순실 국정농단 사태와 관련해 기자회견을 열고 "미르재단과 K스포츠재단 두 재단의 모금·설립과 운영 과정에 연루된 재벌들에 대해 뇌물죄를 적용해 철저히 수사해야 한다"고 촉구했다.

기자회견이나 성명서 전달이 통하지 않으면, 앞서 설명했듯이 2011년 미국의 금융 중심지 월가에서 나타난 시위처럼 수많은 소상공인들이 재벌 본사 앞에서 실력 행사에 나설 수도 있다. 그때가서 정부더러 공권력을 투입해 달라고 요청할 것인가? 그런 사태가 오기 전에 문제를 해결해야 한다. 정부가 거대경제세력의 눈치를 보면서 이들의 탐욕을 제어하지 못하면 사회적 긴장은 고조되고, 이런 상황에서 경제의 효율을 기대할 수 없다.

일본의 사례에서 보듯 정치와 경제세력이 영합해 국가를 운영하면 정치는 국민으로부터 외면당하고, 그 결과로 경제도 비효율을 초래하게 된다. 2011년 일본의 연간 무역수지가 1980년 2.6조엔 적자 이후 31년 만에 2.5조엔 적자를 기록했다. 동일본 대지진의 영향도 있지만, 일본은 구조적으로 어려운 상황이다. 1993년 일본에 가서 오자와 이치로(小澤一郎) 의원을 만나 대화를 나눈 적이 있다. 그때 오자와 의원이 말하기를 "현재와 같은 정치 시스템, 재벌 구조를 갖고서는 일본은 희망이 없다"고 했다. 그러면서 자민당을 근본적으로 개조시켜야 한다고 했다.

쓸데없이 구호성 이야기는 하지 말자. 한국 사회에서 재벌은 현실이다. 그동안 대한민국이 이런 상황까지 온 것은 현실로 인정하자. 하지만 지금보다 더 악화되는 것은 막아야 한다. 이미 심각해진 양극화를 적어도 현 수준에서 멈추도록 해야 한다.

정부가 여러 정책적인 노력을 기울여 양극화를 완화시켜야 한다. 지금 이 상태에서 양극화가 더 심화되면 경제는 물론 사회가 불안해진다. 인구 몇 십만 명의 작은 지방 도시에까지 거대경제세력의 대형 마트가 자꾸 들어서면 도·소매상 가릴 것 없이 문을 닫게 된다. 수많은 도·소매 자영업자들이 영세민으로 추락해 정부의 복지정책에 기대는 운명을 맞이하게 된다. 그래서 지금 사람들이 희망이 없다고 이야기하는 것 아닌가.

이미 지방 백화점은 거의 사라졌다. 정부 정책을 보면 즉흥적인, 전시효과를 내는 데에만 관심이 있다. 소상인의 경쟁력이 약한 것은 영세하기 때문에 점포에서 팔 물건을 가져오는 단계부터 이미 가격 경쟁력을 잃기 때문이다. 큰 기업들은 제품을 생산하는 공장에서 직접 물건을 받아오는 반면, 소상인들은 중간에서 가져오니 그렇다. 선진국처럼 협동조합을 결성해 구매력(purchasing power)을 키우지도 못하는 실정이다.

한국은 대기업과 중소기업 간 격차가 너무 벌어져 있고 전문성을 갖춘 기업이 성장하기 어려운 구조다. 중소 납품업체 가운데 하나가 두각을 나타내면 대기업이 이곳을 배제한 채 다른 업체더러 비슷한 제품을 만들어 납품하도록 한다. 그 결과 두각을 나타내던 기업이 어려워지면 그 기업과 기술을 대기업이 삼켜 버린다. 대기업과 업무 제휴를 논의하는 과정에서 애써 개발한 기술이나 아이디어를 유출 당해 주저앉는 중소기업들도 적지 않다. 이런 불공정한 거래와 관행이 횡행하는 산업 생태계에선 기술력과 전문성을 갖춘 벤처기업이나 중소기업이 성장하기 어렵다. 대기업들이 이런 식으로 중소기업의 싹을 잘라내선 그들 대기업의 미래도 없다.

지금까지 한국 경제는 대기업 중심의 수출로 성장해왔다. 그러다 보니 경제정책이 대기업 위주로 수립되고 집행되어 왔다. 그리고 그 결과 중소기업과 소상공인은 어려워지고, 정규직과 비정규직의 격차는 더욱 벌어지게 되었다. 공정한 경쟁 규칙과 시장구조가 정착되지 않으면 힘들게 쌓아 올린 경제 성과들도 머지않아 무너지고 만다. 양극화를 해소하지 않으면 경제는 물론 우리 사회가 앞으로 나아가기 어려운 구조다.

따지고 보면 오늘날의 한국 경제는 경제개발 과정에서 젊은 근로자들이 땀 흘리며 인내하고 역동성을 발휘한 결과다. 그리고 이를 바탕으로 삼성전자나 현대자동차, LG나 SK 등 대기업의 브랜드 파워가 생겨났다. 이제 대기업들이 그 브랜드를 활용해 일찍이 브랜드 형성에 이바지한 중소 하청기업들이 일어설 수 있는 터전을 만들어 주어야 한다. 그것이 바로 대기업과 중소기업의 진정한 의미의 상생이다.

양극화 못 풀면 민주주의·자본주의도 없다

양극화가 얼마나 심각한 사회문제인지 허쉬만[7]의 '터널효과 (Tunnel Effect)'로 살펴보자. 왕복 2차선 터널에서 사고가 나 차가 움직이지 못하고 꽉 막혀 있는데 반대편 차선은 소통이 잘 이뤄지고 있다. 꽉 막힌 차선의 운전자가 처음에는 인내심을 갖고 기다린다. 그런데 시간이 한참 지났는데도 차가 빠지지 않자 참다못해 반대편 차선으로 자동차를 돌리면 마주 오던 차와 부딪힌다. 그 결과 소통이 잘 되던 반대편 차선마저 막혀 두 개 차선 모두가 오도 가도 못하는 상황에 빠지고 만다.

기업 간 양극화도 심각하다. 소수 대기업이 경제의 파이를 독차지한 상태다. 우리나라에서 삼성전자가 잘 나간다지만, 한동안 승승장구하던 일본 소니와 핀란드 노키아가 저렇게 추락하리란 것을 누가 상상이라도 했던가. 글로벌 경제, 정보기술(IT) 혁명 시대에 어떻게 대응하는지가 기업의 지속 가능 여부를 결정짓는다. 정치권도, 재계도 대기업과 중소기업의 상생, 동반성장 등 말은 그럴

---

7) Albert O. Hirschman(1915~2012) : 독일에서 태어나 미국에서 활동한 정치경제학자. 빈곤의 악순환이 저개발국의 경제발전을 가로막는 근본적 요인이라는 일반적인 관점에서 벗어나 불균형성장론을 전개했다. 자본주의 사회에서의 갈등을 '나누는 것이 가능한 갈등'과 '나누는 것이 불가능한 갈등'으로 구분했다.

듯하게 하면서 거기에 부합하는 행동이 뒤따르지 않고 있다.

반도체·전자·자동차 등 소수 대기업들은 수출이 잘 돼 막대한 이익을 내고 있지만 대다수 국민은 경제성장의 과실을 피부로 느끼기 어렵다. 2040세대가 현실을 불만과 분노의 시선으로 바라보는 이유다. 교육 수준이 높고 변화를 갈망하는 이들이 추구하는 가치는 무엇인가? 불공정하지 않을 것, 비민주적이지 않을 것, 쓸데없이 사회를 불안하게 만들지 않을 것 등이다. 그럼에도 정치권과 정부, 언론 등 우리 사회의 기득권층은 적당히 넘어갈 수 있다고 착각하고 있다.

현대사회의 구성원들은 남에게 통제받는 것을 거부한다. 무엇보다 이들은 지나친 사회적 격차를 용납하려 들지 않는다. 양극화가 심화되는 것을 방치한 채 우리 사회가 앞으로 나아갈 수 있을까? 절대 불가능하다. 양극화 해소 없이 정치·경제·사회적으로 선진국이 될 수 있을까? 역시 불가능하다. 오히려 민주주의 자체가 위협 받게 될 것이다. 선진국의 자본주의와 민주주의 역사가 이를 말해준다. 진보와 개혁을 내세운 노무현 정부는 따지고 보면 '좌파 정책'을 쓰지 않았다. 오히려 신자유주의 정책으로 빈부격차와 사회의 양극화를 심화시켰다.

3040세대는 소련을 비롯한 공산주의 체제가 붕괴됨에 따라 이데올로기가 퇴색한 시대에 젊은 시절을 보냈다. 그런 이들에게 좌파니, 우파니 하며 이념의 잣대를 들이대 보았자 통하지 않는다. 요즘 젊은 세대들은 자신의 생활에 불편을 준다고 생각하는 정당이나 후보에게 표를 찍지 않는다. 차기 정부가 신자유주의 정책, 시장만능주의와 친재벌정책을 계속한다면, 그래서 양극화 등 우리 사회의 근원적인 문제들이 해결되지 않으면 2011년 미국에서의 월가 점령 시위처럼 민중 소요 사태가 생길 수도 있다.

세상이 변했다. 보수냐, 진보냐를 떠나 살아남기 위해 새로운 제도를 모색해야 한다. 2016년 4·13총선 결과와 최순실 국정농단 사태에 분노한 광장의 촛불 민심이 그 변화가 무엇인지를 보여주었다. 국민은 정치권에 경제정책의 틀을 바꾸라고 요구하고 있다. 소득의 재분배란 기본적으로 소득이 많은 사람과 적은 사람의 균형을 맞추는 것이다. 중간 소득층과 하위 소득층을 맞춘다는 '중향 평준화'란 용어는 세계 어느 나라 경제학사전에도 없다.

경기부양 아닌 구조조정 정책 써야

정책 하나를 기획한다고 해서 양극화 문제를 해소할 수는 없다. 양극화 문제는 여러 분야에 걸쳐 정책을 종합적으로 접근해야지(comprehensive approach) 부분적인 접근(partial approach)으로는 해결할 수 없다. 경세구조를 어떻게 끌고 갈 것인지를 고민해야 한다. 일본도 결국 구조 문제였는데, 경기순환의 문제로 착각했기 때문에 재정적자만 확대되고 10년을 헛되이 보냈다.

한국도 외환위기 때 경제구조를 바꿔야 했다. 당시 경제팀이 구조조정을 한다고 했는데, 1970년대 식으로 부실기업을 정리하다 보니까 제대로 된 구조조정이 아니었다. 결국 경제구조 개혁은 두루뭉술하게 넘어간 채 경기부양 정책을 집행한 결과 부동산 투기를 불러왔다. 부동산 투기가 나타나면 양극화는 더 심화될 수밖에 없다. 한국도 관료들에게 맡겨선 양극화 문제를 해결하기 어렵다고 본다.

근본적으로 경제정책을 새로 조율하지 않고선 양극화 현상을 해소할 수 없다. 금리와 환율 정책은 물론 조세와 재정 정책에 이르기까지 모두 동원돼야 한다. 경제정책은 점진적으로 접근하느냐(incremental approach), 총체적으로 접근하느냐(total project approach)의 두 가지 길이 있다.

　　우리나라 경제 관료들은 이 두 가지를 제대로 구분하지 못한다. 구조개혁 정책에 대한 개념이 부족하다. 지금까지 한국 정부는 성장의 효율을 중시한 결과 압축성장하는 과정에서 독점(monopoly)과 과점(oligopoly)을 조장했다. 그리고 그 결과 거대경제세력(재벌)의 힘이 막강해졌다.

　　정부 정책은 국민의 의식수준에 맞춰 수립하고 집행해야 한다. 많은 국민이 심각하다고 여기는 양극화를 해소하지 않고는 어느 정권도 지속 가능하지 못하다. 고등학교 졸업자의 대학 진학률이 70%인 나라에선 반값 등록금을 주장할 게 아니라 그 많은 대학졸업자를 사회가 어떻게 수용할지를 고민해야 한다. 반값 등록금은 2007년, 2102년 대선 과정에서 이명박 후보와 박근혜 후보 모두 공약했다. 이른바 '747'(7% 성장, 4만 달러 소득, 7대 경제강국 진입) 공약을 전면에 내세운 것은 1980년대 일본이 21세기에 가면 일본 경제가 미국 경제를 능가하느니, 주가(니케이지수)가 8만이 되느니 주장했던 것과 유사하다.

　　경제정책을 새롭게 정비하지 않으면 양극화는 해소할 수 없다. 하지만 현실은 우리나라 경제정책을 포괄적으로 파악해 할 수 있는 능력을 가진 인물이 없다. 경제정책을 맡은 이들이 할 말이 없으니까 '시장에 맡겨놓으면 다 해결된다'고 한다. 시장이란 동등한 여건에서 시작할 때 시장의 효율이 나타난다. 오늘날 우리 경제의 모습이 과연 시장경제 원리가 정상적으로 작동돼 나타난 결과인가? 시장경제 원리를 주장하는 이들은 시장경제에 맡겨 놓으면 힘센 자신들이 모든 것을 다 할 수 있다고 생각해 그러는 것 아닌가?

학자들이나 관료나 대부분 시장경제 신봉자들이다. 국내에서 공부했든, 해외유학파든 1975년 이후 경제학을 공부한 이들은 신자유주의 이론을 공부해서 그런지 시장경제를 지나치게 강조한다. 그리고 과거 고성장 시대의 효율에 취해 경제정책을 집행하고 있다.

대통령과 관료 사회가 바뀌어야 한다. 사람도, 정부 조직도 변해야 한다. 그렇다고 과거 경제기획원 같은 기구를 다시 두자는 이야기는 아니다. 중요한 것은 대통령의 인식이다. 먼저 대통령이 양극화 문제의 심각성을 제대로 인식해야 한다. 그리고 이를 해소할 만한 인물을 골라 써야 한다. 특히 기획재정부 장관, 금융위원회 위원장, 공정거래위원회 위원장을 어떤 인물에게 맡기는 지가 중요하다.

아울러 기획재정부와 금융위원회, 공정거래위원회가 본연의 기능을 발휘할 수 있어야 한다. 경제민주화를 하면 재벌을 무조건 규제하는 것으로 생각하는데, 그것이 아니고 재벌이 공정한 룰 안에서 기업 활동을 하도록 유도하는 것이다. 따라서 경제민주화는 재벌의 장기적인 안정적 생존을 위해서도 필요한 것이다.

제2장

결국 다시
경제민주화다

거대경제세력(재벌)
개혁

한국 사회에서 재벌은 현실이다. 우리나라 자본주의 역사를 재벌의 성장과 관련해 다음과 같이 볼 수 있다. 1960년대는 재벌의 생성기, 1970년대는 재벌의 팽창기, 1980년대는 재벌의 정착기였다고 한다면, 1990년대 이후는 재벌과 재계가 정치권력을 압도하는 시기로 분류할 수 있다. 특정 재벌이 정치에 상당한 영향을 미치고 있고, 언론에는 광고를 무기로 기사 보도와 사설의 논조를 좌우한다. 경제는 물론 정치·사회·문화 등 여러 부분에 영향을 미치는 재벌로 하여금 사회가 요구하는 룰을 지키도록 해야 한다.

경제세력이 정치세력을
압도하는 시대

우리나라 재벌의 영향력은 실로 막강하다. 역대 대통령들은 재벌을 내세우지 않으면 경제가 돌아가지 않는 것처럼 말해왔다. 진보 정권인 노무현 정부(2003~2008년)마저 재벌을 앞세우며 정책을 폈다.

따지고 보면 우리나라 경제구조를 이렇게 만든 것은 김영삼 정부부터 시작해 김대중, 노무현, 이명박, 박근혜 정부에 이르기까지의 보수 정권 15년, 진보 정권 10년이다. 김영삼 문민정부, 김대중 국민의 정부, 노무현 참여정부 시절 경제구조를 왜곡시킨 결과가 오늘에 이르고 있다. 이 시기에 정부가 무기력해지면서 경제세력의 오만함이 더욱 심해졌다.

독재정권이라는 지적을 받지만 박정희 시대에는 어느 기업도 정권에 반발하지 못했다. 전두환 시대까지 그러했다. 전두환 대통령은 국제그룹을 해체시키기까지 했다. 지금 같으면 생각도 못할 일이다. 그 정도로 정부의 힘이 막강했다. 재벌기업에 대한 정치권력의 무소불위적 권력행사를 당연시 하는 게 아니라, 정부와 재계의 효율적 긴장관계를 강조함이다.

이런 정부의 힘이 정치민주화 이후 약해져 과거처럼 작동하지 않았다. 민주화가 이뤄지면 우리 사회의 모순이 전부 해결될 줄 알았더니 경제세력의 힘은 더 커졌고 이를 제어할 곳이 사라졌다. 국회의 기능이 어느 정도 활성화되자 경제세력이 국회를 상대로 로비를 했다.

이런 일도 있었다. 1989년 정주영 현대그룹 회장이 중견 언론인 클럽인 관훈클럽 초청을 받아 토론하는 자리에서 "대한민국에

믿을 만한 지도자가 하나도 없다"고 말했다. 정주영 회장은 3년 뒤 1992년 14대 대통령선거에서 후보로 출마했다. 어찌 보면 1989년 관훈클럽 토론에서의 발언은 대통령 후보로 나서기 위한 탐색전이었던 셈이다.

1995년 4월 이건희 삼성그룹 회장은 중국 베이징 특파원들과의 간담회에서 "기업이 2류라면 행정은 3류, 정치는 4류"라고 발언했다. 그럼에도 당시 김영삼 대통령은 별 말이 없었다. 정치가 4류라면 대통령도 4류라는 뜻이나 마찬가지로 그만큼 경제세력이 오만해졌다는 방증이다.

김영삼 정부 말기인 1997년 말 외환위기가 발생하자 그 다음 김대중 정부 시절에는 재벌이 크게 위축됐다. 언제 자신들도 해체될지 모르는 위기 상황이었기 때문에 자숙한 시기였다. 정권을 이어받은 노무현 대통령이 2003년 5월 미국 방문길에 오르자 수행한 이건희 삼성그룹 회장이 뉴욕에서 열린 코리아소사이어티(Korea Society) 주최 만찬에서 "노무현 대통령은 21세기 한국의 비전이자 희망"이라고 말했다. 당시 노무현 대통령과 삼성과의 관계가 어땠을지 짐작이 간다.

게다가 그 다음 이명박 대통령은 취임 초기에 '비즈니스 프렌들리'(Business Friendly)를 천명했다. 하지만 기업 프렌들리 정책을 쓴다고 경제가 좋아지지 않았다. 오히려 양극화는 더 심화됐다. 이명박 정부의 경제 성적표는 노무현 정부 때보다 못하다. 기업 프렌들리 정책의 결과인지 롯데그룹으로 하여금 잠실 롯데월드 맞은편에 123층짜리 제2 롯데월드 신축을 허가해 주느라 서울공항 활주로까지 변경하도록 했다. 개인 기업의 건물 신축을 위해 군용 비행장의 활주로를 옮기는 나라는 지구상에 대한민국 밖에 없다. 그만큼 경제세력이 정치세력을 압도하고 있다는 방증이다.

급기야 박근혜 정부에선 최순실 국정농단 사태라는 대규모 정경유착 사건이 터졌다. 삼성그룹은 미르·K스포츠 재단 설립 이전에 최순실 일가에 돈을 주었다. 재벌이 최순실이란 개인이 대통령과 가깝다는 점을 알아채고 매수한 것이라 생각할 수밖에 없다. 정치세력과 경제세력이 이권과 금전을 매개로 서로 사익(私益)을 탐했다. 기업들은 정권의 뒷돈을 대주고, 정권은 그 대가로 기업의 민원을 해결해주었다. 그 과정에서 사회정의는 물론 경제정의까지 훼손됐다.

경제민주화의 핵심 요지는 거대경제세력이 사회의 모든 세력을 지배하는 것을 막자는 것이다. 이는 최순실 국정농단 사태의 본질이자 우리가 여기서 얻어야 할 교훈이다. 거대경제세력이 정치세력을 압도하고 있는 상황에서 양극화 해소는 불가능하다. 정치권이 힘이 없으면 결국 국민의 힘으로 할 수밖에 없다. 집권여당인 새누리당이 정강정책에 경제민주화를 담고 선거공약으로 내걸어 집권했으면 마땅히 이를 실천했어야 했다. 결국 최순실 국정농단 사태는 약속을 실천하지 않은 박근혜 대통령과 집권여당이 자초한 셈이다.

경제민주화를 이행하지 않으면 정치권까지 매도당하고, 결국 국민이 스스로의 힘으로 해결하는 사태를 초래할 것이다. 이 경우 치를 비용을 생각해보자. 중산층이 몰락해 저소득층과 합세하는 상황에 이르면 사회에 변혁이 오기 마련이다. 지금이 그런 상황의 초입 단계라고 본다. 일찍이 정부 통계조사(통계청 한국의 사회동향 2016) 결과 국민의 44.6%가 하층민이라고 응답했다. 1994년(37.9%)에 비해 11년 사이 6.7%포인트 높아졌다. 이는 사상 최고로 높은 것이다. 그리고 국민의 50.5%가 '자식 세대의 사회경제적 지위가 본인보다 높아질 가능성이 없다'고 보면서 미래에 대해 부정적으로 응답했다. 이런 국민의 인식이 앞으로 어떤 상황으로 나타나고 전개될지 예측하기 어렵다.

2011년 10월, 전국의 음식점 주인 등 소상인들이 신용카드 수수료를 인하해 달라며 서울 올림픽경기장에 집결해 대규모 시위를 벌였다. 음식점 주인들은 7년 전인 2004년 11월에도 서울 여의도에 모여 음식점 운영을 못하겠다며 솥단지를 던지며 시위를 벌였다. 지금이야 몇 만 명이 집결하니까 통제가 가능하지만, 시위대 인원이 늘어나고 이들의 분노가 커지면 걷잡을 수 없게 된다.

1987년 6·10 민주항쟁을 통해 정치민주화를 이룰 때처럼 상황이 치닫으면 경제는 더욱 큰 혼란에 빠지게 된다. 대학생들이 반값 등록금, 소상인들은 카드 수수료 인하를 요구하며 거리로 나서면 갈피를 잡기 힘들어진다. 계속 늘어나는 비정규직도 보통 심각한 문제가 아니다.

1815년 프랑스 나폴레옹 1세가 워털루 전쟁에서 패한 직후 그가 각료들을 모아 놓고 "아무리 호화로운 포화로 장식된 무력도 마음의 적은 결코 이길 수 없고, 국민의 마음이 떠나면 달리 방법이 없다. 또한 공권력에 의존하는 것도 한계가 있다"고 말했다. '프랑스 영광의 재현'을 외치면서 기세 있게 프랑스 제5공화국을 출범시킨 드골 대통령도 1968년 5월 3,000여 명의 대학생 시위를 시작으로 노동자들과 소상인들이 합세해 상가를 닫고 대규모 시위를 벌인 끝에 파리 시내가 마비되자 권좌에서 물러날 수밖에 없었다.

이명박 정부 당시에는 동반성장을 강조했다. 동반성장위원회가 구성돼 이익공유제를 시행하자고 했지만 결국 없던 일이 되고 말았다. 그런 식으로 접근해선 안 된다. 보다 실질적으로 접근해보

자. 예를 들어 현대자동차에 자동차 부품을 납품하는 하청업체들이 수백 곳에 이른다. 이 경우 현대차가 납품업체의 재무구조를 모두 파악한 상태에서 납품을 받으며 일정 마진 이상을 주지 않는다. 어쩌다 잘 되는 업체가 나타나면 다른 업체와 함께 나눠 납품하도록 조정한다.

이런 식으로 하청업체를 관리해선 양극화 문제를 풀지 못한다. 하청업체들이 제대로 납품하고 물건 값을 받아야 거기서 일하는 근로자들의 임금도 함께 인상될 것 아닌가? 현실적으로 한국 경제와 고용은 중소기업에 크게 의존하고 있다. 중소기업은 전체 사업체의 99%를 차지하고, 중소기업에 종사하는 근로자가 전체 고용의 88%를 차지한다.

삼성전자와 현대자동차, LG전자 등 세계적인 기업과 브랜드가 탄생한 이면에는 수많은 중소기업의 노력과 근로자의 땀이 있다. 세계적 브랜드를 바탕으로 그곳에서 일하는 근로자들도 더불어 힘을 내 일어날 수 있는 풍토를 조성해야 한다. 대기업들이 자발적으로 하기 어렵다. 여러 가지 제도적 장치가 마련되어야 한다.

지금 재벌 2·3세들 가운데 제대로 기업을 경영하는 이들이 과연 몇이나 되는가. 베이커리 사업에 뛰어들어 동네 빵집을 위험에 빠뜨리는 식으로 사회 분위기를 흐려선 안 된다. 재벌가 3세들로선 취미 내지 곁다리로 할지 모르지만 동네 빵집 주인들로선 생존이 걸린 문제다. 암탉이 이것저것 다 쪼아 먹고 다니면 앞마당이 혼란스러워진다. 그렇다고 암탉을 잡아 목을 비틀면 알을 낳지 않을 테니 그럴 수도 없다. 암탉을 적당한 크기의 우리에 가둬 그 안에서 먹고 살도록 해야 한다. 울타리 밖 다른 동물들의 먹이까지 모두 집어 먹지 않도록.

그런데 현실을 보면 단체급식이나 식자재 공급 사업까지 재벌 기업들이 하고 있어 문제다. 요즘 유행하는 사내 하청 또는 아웃소싱도 따지고 보면 또 다른 착취 구조다. 대학 졸업자들이 사내 하청 또는 아웃소싱 업체에 소속된 비정규직으로 월 88만원 받으면서 무슨 희망을 이야기하겠는가?

경제이론 가운데 가장 취약한 분야가 분배이론이다. 최적의 분배란 과연 어느 수준을 말하는가? 자본주의 사회의 특징인 사랑과 질서 때문에 오늘날 자본주의가 이렇게 안정되어 있다. 하지만 우리나라 자본주의에는 사랑이 없다. 최적의 소득분배는 사랑과 질서가 작동하면서 공권력을 활용하지 않고 긴장 속에서 사회가 안정을 유지하는 것이다.

분배이론에는 정답이 없다. 노사 간 협상에 따라 이뤄지기 때문에 정부가 영향력을 행사할 수 없다. 현실적으로 일단 분배가 이뤄진 뒤 이것이 잘못되었으면 이를 정부가 재분배하는 정책을 쓸 수밖에 없다. 그런데 여기서 우리나라는 다른 나라와 다른 점이 있다는 것을 깨달아야 한다.

첫째로, 그동안 대기업 사람들만을 위한 경제정책을 해왔다. 1960년대 개발 초기부터 근로자나 소상인에 대해선 관심이 없었다. 정부의 관심사항에 근로자나 소상인은 없었다. 근로자는 그저 열심히 일하고 순종하는 존재로 인식되었다. 소상인도 마찬가지다. 세상에 한국처럼 답답한 나라가 어디 있는가? 1970년대 중반부터 유통업체를 육성한다며 대기업에 정부가 예산으로 지원까지 해주었다. 이른바 큰 기업들은 스스로의 힘으로 걸어갈 수 있는, 세계시장에서 통하는 브랜드를 만들었다. 따라서 지금이라도 중소기업과 소상인들을 위한 정책으로 전환해야 한다. 근로자에 대해서도 어떤 실질적인 혜택을 주진 못하더라도 정부가 애정이라도 따뜻하게 표시해야 한다.

이명박 정부에서 중견기업 육성을 강조했고, 박근혜 정부에서 '중소기업 중심 경제'를 슬로건으로 내세웠지만 달라진 게 없다. 구호로만 중견기업 육성과 중소기업 보호를 외칠 게 아니라 재벌이 중견기업과 중소기업의 영역을 침범해 생존을 위태롭게 하는 행위를 못하도록 막는 게 중요하다. 중견기업이 기업 경영과 상거래를 하면서 가장 두려워하는 것이 재벌이다.

무슨 물건을 만드는 제조업체만 중소기업으로 분류해 지원하는 틀에 박힌 사고도 깨야 한다. 기본적으로 소상인들도 기업이다. 창의적인 아이디어를 가진 1인 기업 등 소기업이 덩치가 큰 기업에게 휘둘리지 않고 영업할 수 있도록 기업 생태계를 조성해 주어야 한다.

▌출자제한보다 기업 지배구조 개선해야

대기업집단에 대한 순환출자 및 출자총액 제한 제도는 과거에도 시행했지만 실질적인 효과가 없었다. 효과도 없는 제도를 다시 시행하는 것보다 다른 방안을 찾아야 한다. 시대정신과 시장 변화에 맞춰 스스로 지배구조와 의사결정 과정을 바꾸도록(민주화하도록) 이끌어야 한다.

일본이 제2차 세계대전에서 패한 다음 미국 군정 시절 맥아더 장군이 일본 재벌(財閥)을 해체했다.[1] 그 의미를 곱씹으면 경제민주

---

1) 財閥(ざいばつ, 자이바츠) : 메이지 시대에 만들어진 저널리즘 용어로 학벌(學閥)·번

화의 개념이 명확해진다. 미국 군정은 일본이 전쟁을 일으킨 요인 중 하나로 재벌을 지목하고 군국주의의 부활을 막기 위해 재벌을 해체하기로 했다. 군정은 재벌을 '특정한 가족 또는 동족의 봉쇄적인 소유·지배체제 아래에서 전개된 다각적 사업경영체'라고 정의했다. 군정은 재벌의 지주회사를 해체하고 자산을 동결했다. 경제력분산법을 제정하고 재벌 주식을 일반인에게 공매했다. 독점금지법과 카르텔해체법을 만들어 재벌을 해체시켰다.

물론 시간이 지나면서 군정이 끝나고 일본이 주권을 회복하자 재벌해체 정책이 완화됐다. 과거 재벌들이 기업집단이란 새로운 형태로 변신했다. 기업집단이란 기업과 금융기관이 서로 주식을 소유함으로써 상호 견제와 균형을 통한 경영으로 이익을 극대화하는 일본식 경제구조다. 결과적으로 맥아더의 재벌 해체는 일본을 경제강국으로 만드는 데 일조했다. 가족자본주의를 대체하는 법인자본주의가 확립됨으로써 기업 체질이 강화된 것이다. 소유와 경영을 분리시킴으로써 독과점 요소를 줄였다.

독일이 패전하자 연합국은 독일 기간산업의 지배구조를 바꿨다. 기존 방식대로 놓아두면 또 다른 문제를 일으킬 수 있으므로 기업의 중요한 의사결정에 근로자 대표를 참여시키는 방식으로 기업을 민주화시키기로 한 것이다. 그래서 1952년 강요하다시피 도입한 것이 '노사공동결정제도'다.[2] 경제민주주의를 위하여 노사가 종

벌(藩閥)과 같은 파벌을 지칭하는 용어다. 처음에는 재계 종사자들의 공동사업 행위를 이르는 말로 쓰이다가 사업을 영위하는 업체를 재벌로 불렀다.

2) 노사공동결정제도(Mitbestimmung) : 노동자·종업원 또는 노동조합 임원의 대표가 기업의 최고결정기관에 직접 참가하여 기업경영의 여러 문제를 노사 공동으로 결정하는 제도. 노동자의 '경영참가제도' 또는 '노사협의제'의 한 형태로서 단순한 협의기

업원 복지와 주요 인사 등에 대하여 공동으로 결정하도록 법률로 정한 것으로 자본과 노동의 동등한 권리를 인정한 것이다. 1951년 제정된 '몬탄공동결정법'에 따라 철강과 석탄 산업에 먼저 도입했다. 제도를 운영한 결과 노사관계 안정은 물론 기업경영에도 효율적이라는 점이 입증돼 1976년 공동결정법에 따라 종업원 2,000명 이상 전 산업으로 확대 도입하였다.

영국에서도 1976년 로얄 커미션(Royal Commission, 왕립위원회)[3]을 만들어 노사공동결정제도를 도입하려는 움직임이 있었다. 하지만 노동조합이 자본가와 타협할 수 없다며 강력 반대하는 바람에 무산되고 말았다. 2012년 이스라엘 국민들이 소수 재벌 그룹이 시장 장악력과 정·재계와의 친분을 바탕으로 시장경제 질서를 해치고 생필품 가격을 올린다며 분노해 시위를 벌이자 정부가 재벌해체 작업에 나섰다.[4] 이스라엘은 통신 기업인 IDB그룹과 에너지 기업인 델렉(Delek)그룹이 주축인 재벌집단에 경제력이 집중돼 있다. 최대 재벌인 IDB의 경우 이동통신, 건설, 유통, 시멘트, 제지, 화학, 보험, 의료, 관광, 언론 등 다양한 업종에서 선두기업을 거느리고 있다.

이스라엘의 재벌개혁 사례에서 보듯 재벌개혁의 힘은 기득권

관의 성격을 넘어선 것이며 좁은 의미에서의 노사협의와도 구별된다.
3) 로얄 커미션 : 영국에서 특정 법률의 검토나 개정, 도입을 논의하기 위해 구성하는 정부 자문위원회.
4) 베냐민 네타냐후 총리 정부가 만든 재벌 해체안(break-up of conglomerates)은 재벌그룹이 금융회사와 비금융회사를 함께 소유하는 것을 금지했다. 지주회사를 내세워 극소수 지분으로 계열사 전체를 지배하는 피라미드식 사업구조도 금지했는데, 정부는 이 해체안을 4년 안에 이행토록 했다. 당시 이스라엘은 10개 재벌이 상장기업 전체 시가총액의 41%를 차지할 만큼 경제력 집중이 심각했다.

세력에 저항하는 시민의 힘에서 나온다. 한국에서도 이와 같은 상황이 일어나지 않을 것이라고 장담할 수 없다. 분노한 시민들이 거리로 뛰어나오면 1987년 6·10 민주항쟁과 같은 장면이 재현되고 재벌은 외부의 힘에 의해 해체의 길을 걸을 수 있다. 우리는 최순실 국정농단 사태에 항의하며 정치권에 변화를 요구하는 연인원 1,500만명의 촛불 민심을 이미 목격했다. 정치권이 이런 시민들의 요구와 의식 변화에 선제적으로 대응해야 한다.

기본적으로 재벌은 해체 대상도, 개혁 대상도 아니다. 헌법에 명시된 경제민주화 조항은 전국경제인연합회가 우려하는 것처럼 재벌을 상대로 개혁을 요구하는 것이 아니다. 재벌은 많은 기업을 거느리는 집단으로 경제력이 집중될 경우 그 집중이 탐욕을 더 부리는 쪽으로 작용한다. 그리고 그 탐욕은 다른 기업 등 경쟁 상대를 혼란의 와중에 빠뜨린다.

한 나라 경제가 시장경제에 올인하면 결과적으로 경제력 집중 현상이 나타난다. 이를 억제하는 경제정책이 필요하다. 그렇다고 재벌을 옥죄면 전체적인 경제 운용도 어려울 뿐 아니라 나눠 먹을 것도 없어진다. 재벌과 중견기업, 중소기업이 함께 더불어 살아가는 기업 생태계를 만들어가려면 재벌의 지배구조가 바뀌어야 한다는 결론에 이른다.

우리나라 재벌의 지배구조처럼 총수 한 사람이 모든 것을 독단적으로 결정하면 기업경영과 투자의 효율성도 떨어진다. 재벌 총수는 1%도 되지 않는 지분으로 수십 개에 이르는 계열사를 통제하고 있다.[5] IMF 사태 등 경제위기 때 문제가 된 삼성자동차와 쌍용

---

5) 공정거래위원회가 2016년 대기업집단의 지배구조를 분석한 결과 10대 그룹 총수의

자동차의 사례를 보자. 노태우 정부 시절에는 주력업종 제도를 도입해 이들 기업으로 하여금 자동차산업에 진입하지 못하도록 했다. 하지만 오너가 고집을 피워 '한 번 마음먹으면 해낸다'는 식으로 잘못된 투자를 하는 바람에 결국 망하고 말았다.

재벌의 지배구조에 민주적인 의사결정 운영 방식을 도입해야 할 것이다. IMF 사태 이후 사외이사 제도6)를 도입했지만 유명무실하다. 오너가 사외이사 대부분을 편의대로 임명하고 사외이사들로 하여금 이사회에 참석해 오너 의견에 박수나 치는 식으로 운영하기 때문에 오너 등 최고경영자(CEO)의 그릇된 의사결정에 브레이크를 걸 수 없다.

박근혜 정부가 출범한 지 얼마 안 돼 법무부가 대선 공약인 경제민주화 취지에 맞춰 상법 개정안을 입법예고했다.7) 그러나 박근

평균 개인 지분율은 0.9%로 나타났다. 총수의 개인 지분과 가족, 친척, 계열사와 그 임원 등 총수에게 우호적인 주주의 지분을 더한 내부지분율은 57.6%로 집계됐다.

6) 사외이사 제도 : 업무 집행 결징권 및 이사의 직무 집행에 대한 감독권을 가지는 이사회의 한 구성원으로 법률상 상근 이사와 동일한 권한과 책임을 갖는 비상근 이사. 외환위기 이후 기업경영의 투명성 제고와 투자자의 이익 보호를 목적으로 기업의 지배구조를 개선하기 위해 도입했다. 1998년 2월 증권거래소의 유가증권 상장 규정이 개정되면서 도입하기 시작했으며, 2001년에는 증권거래법에 규정을 두어 본격 시행되었다.

7) 박근혜 정부의 법무부는 2013년 7월 17일 상법개정안을 입법예고했다. 자산 규모가 2조원 이상인 상장기업은 감사위원을 일반 이사들과 분리해 선출토록 하고, 감사위원 선출 시 대주주의 의결권을 3% 이내로 제한하도록 했다. 법인의 재산과 업무 집행의 감시자인 감사위원의 독립성을 강화해 기업 지배구조의 투명성을 높이자는 취지였다. 또 일정 규모 이상의 상장사에는 주당 의결권을 선임하는 이사의 수만큼 부여하는 집중투표제를 의무화해 소액 주주들이 원하는 인물도 이사로 선출될 가능성을 높임으로써 소액 주주들의 권익을 대변할 수 있도록 했다. 아울러 이사회 의장과 집행위원의 겸직을 금하는 집행임원제 의무화를 통해 업무 집행과 감독 기능을 분리함으로써 대주주의 전횡을 방지하고 기업경영의 투명성을 높이는 내용을 담았다.

혜 대통령이 재벌 총수들과 간담회를 한 이후 흐지부지 없던 일이 되고 말았다. 감사위원 분리 선출과 집중투표제 의무화, 집행임원제 의무화 등 당시 법무부 안대로만 상법이 개정됐어도 경제민주화가 상당한 진전을 이루었을 것이다.

동반성장을 부르짖지만 제도를 뒷받침하지 않고 시장에 맡겨놓아선 안 된다. 공정거래위원회부터 제 기능을 발휘해야 한다. 독일처럼 의사공동결정권까지 도입하진 않더라도 적어도 지금과 같은 방식의 지배구조는 개선되어야 마땅하다. 그러나 이러한 변화를 막는 세력이 지금의 경제세력이다. 거대경제세력이 막강해 박근혜 정부의 상법 개정안을 무력화시켰다. 그리고 그 결과는 최순실 국정농단 사태에 거대경제세력이 연루되는 부메랑으로 돌아왔다. 이런 과정에서 보듯 대한민국은 경제권력이 지배하는 세상이나 마찬가지다.

글로벌 금융위기 이후 포용적 성장이 시대적 과제로 등장했다. 그러나 우리나라에선 아직 이와 관련된 제도적 장치가 부족하다. 상법에 근로자와 소액주주의 경영감시·감독권을 명시함으로써 보장해야 한다. 다중대표소송제를 도입해 자회사의 경영진이 부정행위를 저지를 경우 모회사 발행주식의 일정 비율 이상을 가진 주주들이 책임을 묻는 소송을 제기할 수 있도록 하는 것이 필요하다.

집중투표제8)와 전자투표제도 단계적으로 의무화함으로써 소액주주들의 권익을 신장시켜 주어야 한다. 아울러 기업의 거수기로

---

8) **집중투표제** : 주주총회에서 이사진을 선임할 때 1주당 1표씩 의결권을 주는 현행 방식과 달리 선임되는 이사의 수만큼 의결권을 부여하는 제도. 예를 들어 이사 3명을 뽑는다면 주당 3표를 행사할 수 있도록 하는 것이다.

전락했다는 비판을 듣는 사외이사제도 또한 더욱 엄격하게 규정해야 한다. 전직 임직원의 사외이사 취임 제한 기간을 더 길게 연장하고, 기존 사외이사들의 연임 기간도 제한하는 것이 바람직하다.

정부가 투입한 회생 자금이 7조 1,000억원, 확인된 분식회계 규모만 5조원대인 대우조선해양 사태의 근본 원인도 따지고 보면 불투명한 기업의 지배구조다. 일정 규모 이상의 상장기업에 대해선 사외이사 구성을 다양하게 함으로써 합리적인 의사결정을 하도록 유도해야 할 것이다. 해당 기업의 주식에 투자해 지분을 갖고 있는 국민연금, 외부 감사를 맡는 회계법인, 노동조합 가입에 관계 없이 종업원 대표를 사외이사로 참여시키는 방안을 강구할 필요가 있다. 지금처럼 오너와 친분이 있는 인물이나 퇴직한 고위 관료, 대학교수 일변도에서 벗어나야 한다.

대기업의 고용 및 낙수효과는 과거 개발연대에 비해 현저하게 약화됐다. 한국 증시가 상대적으로 저평가를 받는 이유 중 하나는 상장기업의 지배구조가 불투명하다는 점이다. 사회적으로 논란이 되는 일부 거대경제세력(재벌) 오너들의 일탈행위는 해당 기업의 가치를 떨어뜨림은 물론 전반적인 한국 기업에 대한 '코리아 디스카운트'를 초래한다.9) 기업의 지배구조 개선을 위한 상법 개정은 20대 국회에서 반드시 심도있게 논의하고 처리해야 할 사안이다. 모름지기 의회의 본분은 거대경제세력을 대변하는 것이 아니라 견제하는 것이다.

---

9) 아시아기업지배구조협회(ACGA)가 2014년에 평가한 한국의 지배구조 순위는 11개국 중 8위였다. 한국보다 증시 규모가 적은 말레이시와 태국보다 낮은 하위권이다.

'절제된 시장경제'가 정답

재벌은 막강한 힘을 과시하고 있다. 경제학을 공부한 대학 교수 상당수가 재벌들의 유혹에 휘둘리고 있다. 여론을 주도하는 교수들에 대한 재벌의 은밀한 영향력도 적지 않은 것 같다.

1990년 삼성 그룹이 자동차 시장 진입을 시도할 때 필자가 국내 자동차 시장과 세계 자동차 시장 모두 생산과잉이라는 판단 아래 시장진입을 허가하지 않았다. 그러자 상당수 경제학자들이 왜 시장진입의 자유를 억제하느냐고 주장하였다. 끝내 자동차 사업에 뛰어든 삼성자동차의 투자가 IMF 사태 이후 구조조정 과정에서 잘못된 투자로 판명되었음에도 이에 대해서는 아무도 언급이 없다.

언론은 거대 광고주인 재벌의 눈치를 보며 기사와 사설을 제대로 쓰지 못하는 게 현실이다. 심지어 필자가 청와대 경제수석으로 있을 때 한때 전경련 회장이었던 모 대기업 회장이 찾아와 "나와 불편한 관계가 되면 인생이 편치 않을 것"이라며 협박하기도 했다.

대통령이 확실한 의지를 갖고 재벌의 탐욕을 억제하는 조치를 취해야 한다. 필자가 노태우 정부에서 경제수석으로 있을 때 시간이 1~2년만 더 있었다면 주력업종 제도에 따라 그룹별로 3개 업종에 주력하고 나머지는 내려놓도록 하려고 했다. 대통령의 의지가 약하면 제대로 재벌의 탐욕을 억제하기 어렵고, 결국 국민이 나서는 상황으로 가게 된다. 재벌의 탐욕 문제를 국민이 직접 해결하려 하면 사회가 혼란에 빠질 수 있다. 따라서 선거 때 이를 약속한 후보가 국민의 지지를 받고 당선돼 정책으로 실천해야 한다. 이 과정이 순조롭게 이뤄지면 양극화도 상당 부분 해소되고 사회도 안정될 것이다. 이것이 진정한 의미의 공생이다. 사회의 공생 구조를 이루려면 구성원들이 '나' 중심의 생각에서 '우리'라는 생각으로 바뀌어야 한다.

네덜란드 총리를 지낸 윌렘 빔 콕[10]이 2012년 3월 한국을 방문해 "한국에서도 복지와 관련된 불만의 목소리가 커지고 있음을 느낀다"며 이는 세계적 추세라고 했다. 복지 격차를 축소하려면 소득이 많은 사람이 세금을 더 내고, 정부 지출도 복지를 확대하는 방향으로 틀어야 한다.

재벌이 무너지면 한국 경제도 무너지는 것처럼 말하는 이들이 있는데 그렇지 않다. 외환위기 때 여러 재벌이 부도를 내며 쓰러진 데 이어 대우그룹이 해체되었지만 한국 경제는 건재하다. 시장경제가 결코 만능이 아니다. 일정 범위 내의 규제 없이는 시장경제 자체가 원활하게 돌아가지 않는다.

자본주의를 극도로 찬양한 막스 베버(Max Weber)도 '절제의 문화'가 필요하다고 강조했다. 그러나 인간은 타고난 탐욕 때문에 스스로 절제하지 못한다. 시장경제 원리가 지속적으로 효율을 발휘할 수 있도록 하려면 그 틀을 잡아주어야만 공정한 경쟁이 이뤄져 시장경제가 더욱 발전하게 된다.

재벌의 탐욕을 억제하는 데 과거 정부에서 시도했던 출자총액 제한이나 순환출자 금지 등으로는 한계가 있다. 기업의 의사결정에 대한 통제가 필요하다. 재벌 그룹 계열의 상장회사 이사회가 민주적이고 투명한 감시 체제를 갖추도록 이사회 운영 관련 제도를 정

---

10) Wilem Wim Kok(1938~) : 1982년 네덜란드 노총 위원장 재직 당시 경제위기 상황에서 노사정 대타협(바세나르협약)을 이뤄내 '네덜란드의 기적'을 일군 주역이다. 노동당 당수와 재무장관, 부총리를 거쳐 총리(1994~2002년)를 지냈다.

비해야 한다. 그리고 이를 통해 이른바 황제경영에 의한 폐단을 없애기 위한 체제를 확립해 나가야 한다. 차기 정부 대통령이 의지를 갖고 시행해야 한다.

미국 마이크로소프트의 빌 게이츠 창업자가 재단을 만든 것도 따지고 보면 법무부의 독점 조사를 피하기 위한 방법으로 한 것이다. 미국은 테어도어 루스벨트 대통령 이후 독점기업에 대한 제재와 함께 증여·상속세의 탈세 여부에 대한 조사를 강화하자 슈퍼리치 가운데 상당수가 법정에 서게 되었다. 이를 피하기 위한 수단 중 하나가 재단을 설립하는 것이다. 록펠러 재단이나 카네기 재단도 그런 경우다.

미국에서 가장 큰 재단인 포드 재단의 창립 과정이 이를 설명한다. 창업자 포드 1세에게 경영권을 이어받은 포드 2세는 생전에 부인과 자식에게 증여를 하지 못한 채 갑자기 세상을 떠났다. 그 바람에 상속세로 상속재산의 90%를 내야 하는 상황에 처했다. 유명 회계사와 변호사를 동원해 의견을 들었는데 상속재산으로 재단을 만들자는 쪽으로 의견이 모아졌다. 원래 사후(死後) 재단 설립은 세금 감면 혜택이 주어지지 않는데 상원의 특별 허가를 얻어 마침내 포드 재단을 설립하기에 이르렀다. 어차피 국가가 해야 할 사업을 포드 재단이 할 것이기 때문에 세금으로 추징하거나 재단에 기부해 사업을 벌이거나 마찬가지라는 이유로 허가를 내준 것이다.

테어도어 루스벨트 대통령이 반독점기업법 제정에 앞장을 서게 된 배경은 이렇다. 19세기 말 미국 언론에선 'muckraker'(추문 폭로자)라고 해서 사회 부조리와 부정부패, 스캔들 등을 집중적으로 들춰내 보도하는 그룹이 있었다. 이들은 미국 재계의 부조리도 취재해 기사로 다뤘다. 이러한 기사들을 탐독한 루스벨트는 자신이 대통령이 되면 이 문제를 반드시 손보겠다고 각오를 다졌다. 실제로 그는 대통령 취임 이후 자신의 지지 기반인 재계를 상대로 메스를 들었다. 이런 정신이 프랭클린 루스벨트 대통령에 이르기까지 50년 동안 이어져 내려오면서 미국 사회는 재계와 정치권이 일정 거리를 두게 된 것이다.

경제민주화가 왜 필요한지는 1929년 미국 대공황과 1997년 한국 외환위기, 2008년 글로벌 금융위기 등 경제위기 상황을 돌이켜 보면 알 수 있다. 1993년 새로 등장한 정부가 성장률을 끌어올리기 위해 재벌들의 요구를 받아들여 금융 규제를 풀고 투자 대상을 자유화해 주었다. 하지만 탐욕스러운 그룹들이 앞다퉈 과잉채무로 과잉투자에 열을 올린 끝에 과잉시설을 양산하게 되었다. 이것이 1997년 우리가 겪은 외환위기의 근본 원인이다. 대기업들이 스스로 탐욕을 제어하지 못한 결과 국민경제에 막대한 손실을 입힌 대표적 사례이다.

축구 경기에서 심판이 경고(옐로 카드)와 퇴장(레드 카드) 카드를 내밀듯 경제 운용에 질서가 없으면 시장이 제대로 작동하지 않는다. 경제민주화는 시장이 효율을 잃었을 때 운영 질서를 조금씩 바꿔 효율을 지속하자는 것이다. 경제민주화를 한다고 해서 기업의 소유구조를 건드릴 필요는 없다. 대기업의 소유구조를 변경하지 않고서도 경제민주화를 추진할 수 있다. 순환출자 금지나 출자총액제한, 금산분리 등은 경제를 보다 조화롭게 운용하는 틀을 짜기 위한 도구는 될 수 있어도 이들 제도의 도입이 반드시 경제민주화의 전제 조건은 아니다.

전경련,
이제 달라져야 한다

　필자가 1987년 국회 헌법개정특위에서 경제분과위원장을 맡자 가장 민감한 반응을 보인 곳이 전국경제인연합회. 앞서 다뤘듯이 전경련은 개헌 관련 홍보대책위원회를 구성하고 20억 원의 홍보비를 책정했다. 지구상 어느 국가도 정치권에서 헌법을 개정하는 데 경제단체가 나서 홍보대책위를 구성하지 않는다.

　19대 총선을 앞두고 2011년 말부터 정치권에서 경제민주화가 화두가 되자 이명박 정부의 동반성장위원회가 제기한 대기업－중소기업간 이익공유제가 표류 1년 만인 2012년 2월 2월 가까스로 합의에 도달했다. 명칭을 협력이익배분제[11]로 바꾸고 의무사항이 아닌 가점을 주는 식이라서 실효성이 의문시됐지만, 그나마 사회 분위기가 대기업을 압박하니까 마지못해 따라와 준 것이다. 2주일 뒤 전경련이 소상공인과 생계형 자영업자의 자유로운 영업활동 환경 조성, 대·중소기업 상생 발전에 힘쓰겠다는 내용의 결의문을 발표한 것도 같은 맥락이었다.[12]

　우리나라 대기업 단체인 전경련이 외국 경제단체와 달리 중소기업과의 공생에 미온적인 것은 전경련의 태생과도 관련이 있다. 전경련은 5·16 쿠데타 직후인 1961년 7월 부정축재자로 처벌받지 않는 대신 공장을 건립해 속죄하고, 단체를 만들어 정부에 협력하

---

11) 협력이익배분제 : 대기업이 협력사에 물품 대금을 지급할 때 원자재 가격 변동을 반영해주거나 2~3차 협력사에 유동성을 지원하는 것과 같은 협력사의 고충을 덜어주는 제도를 도입할 경우 대기업의 동반성장지수를 평가할 때 가점을 주는 방식.
12) 전국경제인연합회는 2012년 2월 8일 이사회를 열어 '서민생활 안정과 경제활력 회복을 위한 경제계 다짐'이란 결의문을 채택해 발표했다.

기로 약속하며 '경제재건촉진회'란 이름으로 출범했다. 전경련은 출범 이후 역대 정부와 밀접한 관계를 유지해왔다. 출범 배경이 '정부에 대한 협력'인지라 정부의 개발사업에 참여해 경제발전과 산업화에 기여하기도 했지만, 정권이 필요로 할 때 재벌들의 돈을 갹출하는 '수금원' 내지 정치적 민원의 해결사 역할도 자임하다시피 했다. 자유시장경제 창달과 국민경제 발전이란 당초 설립 목적에서 일탈하면서 정경유착과 금권정치 개입 시비를 자초한 것이다.

실제로 전두환 전 대통령의 퇴임 후를 위한 '일해재단' 모금을 전경련이 주도했다. 노태우 전 대통령의 대선 비자금에도 관여했다. 성격이 다르지만 김대중·노무현 정부 시절에는 북한에 대한 현물(쌀과 비료, 경공업 원자재 등) 지원 사업에 참여했다. 이명박 정부에선 서민을 대상으로 저금리 대출을 하는 미소금융재단 설립에 앞장섰다.

전경련의 정경유착과 정치개입 논란은 박근혜 정부 들어 더욱 두드러졌다. 청년실업 해소를 위한 청년희망펀드 모금과 지역별 창조경제혁신센터의 산파역을 맡은 경제 분야 외에도 역사교과서 국정화 작업에 대한 지지 및 홍보, 노골적인 관제 집회와 시위를 주도한 어버이연합을 편법 지원하는 정치적 활동까지 마다하지 않았다. 특히 최순실 국정농단 사태의 핵심인 미르재단과 K스포츠 재단의 설립에 깊숙이 관여한 것으로 드러나면서 정치권은 물론 시민단체, 학계, 경제계에 이르기까지 전방위적으로 해체 압력을 받기에 이르렀다.

중화학공업 중심의 산업화가 절실하고 대기업 중심의 경제발전이 용인됐던 과거 개발연대와 달리 이제 경제의 패러다임이 바뀌었다. 첨단 정보통신기술(ICT)과 제조업을 융합하는 4차 산업혁명

시대에 뒤지지 않으려면 대기업들만 독주해선 안 되고, 중소 · 벤처 기업 등 산업 생태계 구성원들이 함께 손잡고 협력해야 한다.

전경련 스스로 발전적으로 해체한다는 각오로 조직을 정비하고 기능을 재정립해야 할 것이다. 전경련이 모델로 삼은 일본 게이단렌(經團連)도 장기 집권하는 자민당 및 관료집단과 '어둠의 3각 유착구조'를 형성하면서 각종 비리와 스캔들로 사회적 지탄의 대상이 됐다. 그 결과 2002년 기업인 단체인 닛케이렌(日經連)과 통합하면서 공익성이 강한 기구로 변신을 꾀했다.

제대로 된 다른 나라의 경제단체들을 보면 큰 기업 단체는 대부분 중소기업과 스타트업(신생기업) 분야를 육성하는 연구를 하고 있다. 그래야 대기업－중소기업 간 공생과 동반성장이 가능하지 않겠는가? 그런데 우리나라 큰 기업 단체인 전경련은 자신들의 이익을 대변하는 데 급급해왔다. 연구기관이나 공익재단을 만들어 국가의 장래를 위한 프로젝트에 기여하는 일은 하지 않는다. 기업 이름으로 재단을 설립하는 것도 오너가 죄를 짓지 않은 상태에서 자발적으로 사재를 출연하는 경우는 찾아보기 어렵다. 오너나 기업이 사회적으로 물의를 일으킨 뒤 처벌을 모면하거나 처벌 수위를 낮출 요량으로, 여론을 무마할 목적으로 재단을 설립하는 게 현실이다.

이제 전경련이 지금까지 해온 식으로는 안 된다. 전경련은 이번 기회에 정치권과의 부적절한 관계를 청산하고 운영의 투명성을 높여야 한다. 정경유착의 유혹에 빠지기 쉬운 대외협력 인력을 줄이는 대신 정책연구 인력을 확충해 시장경제 발전과 신산업 육성에 부합하는 정책과 국가 미래비전을 제시하는 싱크탱크로 거듭나야 할 것이다. 미국의 헤리티지 재단[13]과 브루킹스연구소[14] 등을 벤치마킹할 필요가 있다. 시대적 과제인 격차해소를 위해 중소기업과의 상생, 경제력 집중 완화에 있어서도 역할을 맡아야 마땅하다. 소수 재벌의 기득권과 정부 입장만 대변하는 이익집단으로는 국민의 공감을 살 수도, 지속 가능할 수도 없다.

---

13) 헤리티지(Heritage) 재단 : 후버연구소와 함께 미국 보수주의를 대표하는 연구기관. 1973년 에드윈 풀너가 창설하였다. 자유기업, 제한된 정부, 개인의 자유, 전통적인 미국의 가치, 강한 국방 등을 기치로 내걸고 보수적인 정책 형성을 위한 미국 정부의 싱크탱크로 출범하였다.
14) 브루킹스 연구소(Brookings Institute) : 1916년 국가 차원의 공공정책 연구를 위한 '거버먼트 리서치 연구소(Institute for Government Research, IGR)'로 출범하였다. 대공황 당시 루스벨트 대통령의 뉴딜정책을 입안하는 등 미국의 공공정책에 참여했다. 보수 성향의 헤리티지재단과 쌍벽을 이루는 진보 성향의 싱크탱크다.

제3장

결국 다시
경제민주화다

● ●
● ●

노동시장 변혁

근로자도
기업경영 알 수 있어야

　1987년 개헌 작업 당시 헌법개정특위 경제분과위원장을 맡고 있을 때 전경련에서 신경 쓴 것 중 하나가 근로자의 경영참여 제도였다. 개헌특위 경제분과위원장이 독일에서 공부했다고 하니 1952년 독일에서 도입돼 대기업들이 채택하고 있던 노동자(대표)와 사용자가 참여하는 '의사공동결정제도'를 우리 헌법에도 도입하는 것 아닌지 걱정했던 모양이다.

　사실 노동조합으로 하여금 기업경영의 주요 결정과정에 참여토록 하는 의사공동결정제도는 독일이 자의로 도입한 게 아니다.

제2차 세계대전이 끝나고 승전 연합국은 전후 처리 과정에서 독일이 두 번째 세계대전을 일으키도록 부추긴 세력이 바로 전쟁 특수를 누린 철강과 석탄 재벌들이었다는 사실을 알았다. 이에 따라 몇몇 전략산업 분야에서 자본가를 견제하기 위해 근로자도 의사결정에 참여하도록 하는 체계를 갖추도록 했다. 독일이 군국주의로 회귀하는 것을 막기 위해 특정 정파가 의석의 과반수를 차지하기 어렵도록 정당 및 선거 제도를 도입한 것도 같은 맥락이다.

취지는 이랬는데 독일에서 실제 제도를 시행한 결과 노사분규 해결을 비롯한 노사 관계 전반에 긍정적인 효과가 나타났다. 뿐만 아니라 자본주의와 시장경제 발전에도 도움이 된다는 사실을 확인하고 다른 산업 분야로 확대 실시하게 된 것이다. 그러자 영국도 1970년대 중반 도입을 검토한 적이 있다. 2016년 미국 대선 과정에서 민주당 힐러리 클린턴 후보가 선거공약으로 내세운 '포용적 자본주의'에 '노동자평의회(Workers' Council)'[1]을 만들자는 방안도 있다. 노사 간에 서로 얼굴을 맞대고 앉아 협의해 의사결정을 하자는 것이다.

흔히 노사정협의회 제도가 독일식 사고에서 비롯된 것으로 알고 있는데 그렇지 않다. 제2차 세계대전을 끝맺은 게 포츠담협정이다. 포츠담협정은 앞으로 세계 경제질서가 어떻게 되어야 하는지의

---

1) 합의에 의한 결정과 집행 기능을 담당하는 노동자 주도의 기업자주관리(企業自主管理)의 중심적 기관. 역사적으로는 러시아혁명 초기 소련, 제1차 세계대전 직후 독일 혁명 시기 레테(Räte) 등에서 원형을 찾을 수 있다. '직접 민주주의에의 지향'이라는 이념 아래 1956~1958년 폴란드와 1968년 체코슬로바키아에서도 이 제도를 도입했으나 공산당에 의한 중앙집권 권력의 통제와 모순으로 폐지 또는 큰 폭의 수정이 가해졌다. 유고슬라비아는 이 제도를 축으로 한 사회체제를 유지했었다.

문제를 명문화했다. 과도한 경제력 집중은 시장경제의 효율을 파괴하고, 정치의 민주화도 훼손하기 때문에 해체해야 한다는 것이다. 승전국은 미국이었다. 당시 미국의 반독점법(Antimonopoly Laws)과 독과점금지법(Antitrust Laws)이 기초가 되어 추진된 것이다.

당시 승전국들은 독일이 전쟁을 두 차례나 일으킨 배후에 독일의 재계가 있었던 것으로 분석했다. 독일의 석탄과 철강 산업 세력들이 막강했던 시기였기 때문이다. 이런 판단에 따라 1951년 독일 산업구조의 주요 의사결정에 노동자의 경영 참여(co-determination) 제도를 도입했다. 경영자와 노동자 측이 절반씩 참여해 회사의 주요 경영사항을 결정하는 방식이다.

이 제도를 운영하다 보니 노동조합의 투쟁 형태가 확 바뀐 것이다. 원래 노사관계란 갈등의 관계이다. 그런데 독일의 노동조합은 1950년대 협동주의(cooperative)에 입각한 노동운동을 통해 노동자의 권익을 향상시키게 되었다. 그래서 그 이후 1960~1970년대에 이르기까지 독일에선 노사분규가 거의 일어나지 않았다.

노사가 함께 기업의 중요한 경영 사항에 대한 의사결정을 하는 나라에 외국인투자가 들어올까 걱정하겠지만, 1960년대 독일에는 외국인투자가 많았다. 근로자 파업 등 투쟁이 줄어들고 제품의 납품 시기를 잘 맞추고 수익이 나니까 해외에서 투자가 들어온 것이다. 1972년 집권한 사민당 정권이 그 성과를 보고 1,000명 이상 고용 작업장에 전면 시행하자며 의사공동결정권을 법제화한다. 이에 대해 독일 의회는 여야 만장일치로 통과시켰다. 그 결과 오늘날 독일에선 1,000명 이상 고용하는 사업장이면 모두 노동자평의회가 구성돼 활동한다. 여기서 노사 간 신뢰관계가 돈독해지자 기업 내 신뢰, 사회집단 간 신뢰가 싹텄으며 이것이 오늘의 독일 경제를 안정적으로 성장시키는 원동력이 되고 있다. 이처럼 노사 간 신뢰 관계는 제도를 만들고 꾸준히 실천해 나가면서 서로 이익이라는 점을 느껴야 구축되는 것이다.

정부가 소수 강경 노조의 모습만 부각시키며 노동시장 유연화를 추진하는 것은 대한민국 전체 노동시장의 모습을 제대로 보지 않고 잘못된 처방을 내리는 것이다. 노사정 협의가 성공하려면 노동자에게 일방적으로 양보만 요구해선 안 된다. 노동자의 양보를 얻으려면 경영자 측도 마땅히 어느 정도 양보를 해야 한다. 경영자 측은 예전과 똑같이 가면서 노동시장의 유연화, '쉬운 해고'가 가능하도록 하자니 민주노총 등 노동자단체들이 반발하는 것 아닌가?

물론 여태까지 대립적 노사관계였던 우리나라에서 갑자기 의사공동결정권 같은 것을 곧바로 실행하기는 어렵다. 그래서 2012년 대선 때 박근혜 후보는 선거공약에서 관련 법을 개정하자고 제안했던 것이다. 총수 일가의 사익 편취를 막기 위한 지분조정명령제, 금산분리 강화를 위한 중간 금융지주회사 도입 등 강도 높은 대기업 규제책을 담은 대규모기업집단법(가칭) 제정, 재벌 총수 및 경영자의 경제범죄에 대한 국민참여재판 의무화 등을 일컫는다. 기업 지배구조 안에 소액주주와 근로자도 몇 명 들어가게 함으로써 경영을 공동 감시하도록 하면 적어도 재벌 총수가 명령해 좌지우지하는 일은 발생하지 않을 것이다. 단계적, 장기적으로 이런 방향으로 나아가야 한다.

노사 관계를 정립하는 데 있어 정부의 역할을 강조하는 이유는 재벌에 대한 견제 기능을 수행하는 것과 연결된다. 자본주의 발달사를 보면 초기에는 자본가들만 힘(지배력)을 행사하는 것이었다. 자본가들의 힘이 막강하니 정부도 그들에게 밀렸으며, 힘은 더욱 한쪽으로 쏠릴 수밖에 없었다. 그래서 유럽과 미국 등지에서 정부가 노동조합의 힘을 키우도록 배려한 것이다. 경제학자 갈브레이스[2])가 언급한 '대항력(countervailing power)'을 만들어주는 것이다. 이런 면에서 노사관계를 조정하는 정부의 역할은 매우 중요하다.

┃ 기업 내 노조로는 안 된다

우리나라의 현행 노동조합 제도는 노조의 조직이 하나의 단위 기업에 한정되는 기업노조 형태다. 기업노조는 1980년 입법의회 시절 노동조합법을 개정할 때 탄생했다. 필자는 당시 기업노조 형태를 반대했다.

오늘날 독일의 노동조합법이 근대 산업사회에 맞게 형태를 갖춘 것은 1949년 서독이라는 국가가 새로 생겼기 때문이다. 당시 노동조합법 관련 독소조항을 모두 없앴다. 노조 형태 자체를 협력적 시스템(cooperation system)으로 하지 않으면 권익을 증진시킬 수 없도록 되어 있다. 영국식 노동조합인 대결식 시스템(conflict system)으로 노동자가 권익을 쟁취하는 형식이 아니다. 영국 노동운동사는 '피의 투쟁'이었기 때문에 '대결식 시스템'이 되었고, 독일은 전후 서독연방공화국이 탄생하면서 과거 노동법과 노동조합법의 독소조

---

2) John Kenneth Galbraith(1908~2006) : 캐나다 출신 미국 경제학자. 제도학파로 기존 주류 경제학이 취해온 가격결정 이론에 반론을 제기했다. 산업이 과점화되면 이에 맞서 소비자 쪽에 카운터베일링 파워(대항력)가 생겨나 대기업을 견제하는 역할을 한다는 주장(1952년)을 폈다. 저서로 《대공황》(1955), 《불확실성의 시대》(1977) 등이 있다.

항은 폐기하고 새로운 산업사회에 맞는 노동조합법을 제정하면서 노사 관계를 협력적인 관계로 유도한 것이다.

우리나라는 1953년에 노동기본법이 만들어졌다. 당시 산업이라고 할 만한 게 없었기 때문에 노동기본법에 대한 필요성을 느끼지 못했다. 그래도 국가 탄생에 맞춰 법이 있어야 했기 때문에 근로기준법이 선진국의 이상적인 조합들로 구성된 것이다.

1970년대 들어 3차 경제개발 5개년 계획이 시작돼 절대 빈곤이 해결되고 노동자의 의식이 깨면서 전태일[3] 같은 인물이 나왔다. 그때 노동운동가들이 요구한 것이 바로 '노동법대로 하라'는 것이었다. 재계에서는 노동법대로 하면 기업의 수출 경쟁력이 약화된다며 반대했다. 그러자 정부가 노동법대로 해달라고 투쟁하는 노동자를 오히려 탄압하게 된 것이다. 필자는 1975년 하반기부터 박정희 대통령의 지시로 청와대에서 노동법 개정 작업을 시도했으나 당시 정부 측 참여 인사들이 별로 관심을 보이지 않아 중단한 경험이 있다.

노사 관계를 선진화하려면 노동조합의 인식도 바뀌어야 한다. 선진국 노사 관련 제도와 기업들이 어떻게 하는지를 보고 배울 필요가 있다. 노태우 대통령 시절에는 대통령이 해외 순방할 때 지금처럼 재벌 총수들만 동행하지 않았다. 재벌 그룹 회장 외에 주요 기업의 노동조합 대표들을 함께 가도록 했다. 당시 노조 대표들이 선진국 문물과 기업들을 견학하고, 그들 기업의 노조 대표를 면담한 뒤 많은 것을 느꼈다고 말했다.

---

3) 全泰壹(1948~1970년) : 노동운동가. 17살 때 서울 청계천 평화시장 내 봉제공장에 재단사로 들어가 일하며 근로자들의 열악한 근로환경 개선을 위해 투쟁하다 22살 젊은 나이에 분신자살했다.

격차 해소 위해서도 필요한
노동법 손질

우리 헌정사를 보면 보수정권에서 지나칠 정도로 노동시장을 개혁해야 한다며 강하게 밀어붙이는 바람에 노동세력이 점차 약화되는 결과를 초래했다. 소득은 노동시장에서 1차적으로 분배되는데 노동세력이 취약해지면 자연적으로 1차적인 소득분배의 불균형이 나타날 수밖에 없고, 이는 계층 간 빈부격차 확대로 연결된다.

당시 1차 오일쇼크로 경제가 점점 어려워지고 사회적 불안감이 조성됐다. 이에 박정희 정권은 근로자 가구의 민심을 달래기 위해 전년도 국회 예산의결을 무력화시키며 소득세 면세점을 전격 인상했다. 또한 재형저축 도입 등의 파격적인 조치들을 단행했다. 그러나 정치·사회적 민주화가 진행된 현 시점에선 정부가 일방적으로 이런 조치를 취할 수 없다. 소득 불평등을 해소할 수 있는 개혁조치를 일방(노동)이 아니라 상대방(자본)도 함께 해주어야 한다. 그러려면 사용자와 노동자의 합의 아래 경제의 룰을 바꿔야 한다. 그간의 거대경제세력(재벌)을 중심으로 한 경제구조를 전면적으로 재편해야 할 것이다.

양극화 현상을 해소하기 위해서라도 노동법 개정이 필요하다. 노동법을 개정해야 비정규직 문제를 본격적으로 다룰 수 있다. 현행 노동법은 기업들이 임의로 정리해고를 할 수 없도록 규정하고 있다. 이 규정을 고쳐야 노동시장의 유연성을 어느 정도 제고할 수 있다. 만일 자식세대를 위해 아버지 세대가 양보해야 할 시점이라는 공감대가 형성될 수 있다면, 이를 노동시장에 실행·실천할 수 있는 제도적 장치가 필요하기 때문이다.

노동조합도 전반적으로 재편해야 한다. 노조를 재편해 기업 밖으로 내보내야 한다. 기업별 노조를 없애는 한편 기업 내부에는 한국노총이나 민주노총의 지부도 두지 않도록 해야 한다. 노조 활동은 원칙적으로 기업 밖에서 하도록 만들어야 한다.

필자는 노동법 개정을 세 차례 시도했지만 모두 실패했다. 박정희 대통령 시절인 1975년 청와대 금요회 멤버로 들어가 시도했지만 수포로 돌아갔다. 1980년 국보위와 전두환 대통령 초기에 두 번째로 시도했으나 역시 기회를 놓치고 말았다. 노태우 대통령 시절인 1990년 3당 합당[4]에 따라 국회 의석수가 3분의 2에 이르러 다시 한 번 시도해볼 수 있었다. 하지만 당시 김영삼 민주자유당 대표가 절대로 안 된다며 반대해 수포로 돌아가고 말았다.

이제 더 이상 시기를 놓쳐선 안 된다. 독일의 경우 좌파 사민당의 게르하르트 슈뢰더(G. Schröder, 1944~) 총리가 재집권 직후인 2003년 3월 "어느 누구도 사회의 희생 위에서 일하지 않으며 쉬도록 해선 안 된다"며 개혁 청사진 '어젠다 2010'을 발표했다. 포괄적인 사회·노동 개혁 정책을 담은 일명 '하르츠 법(Hartz Reforms, Hartz Laws I~IV)'이었다. 사측과 노측, 정치인 등으로 구성된 하르츠 위원회는 "공공 고용 서비스를 재조직하고 실업자가 정부 지원을 받으려면 구직을 위해 노력해야 한다"고 강조했다. 또 파견근로와 해고 보호 등 계약직에 관한 규제를 대폭 줄였다. 이 때문에 지지도가 떨어진 슈뢰더 총리는 2005년 총선에서 낙선했다.

인기에 연연하지 않은 슈뢰더의 개혁 덕분에 독일은 노동시장의 유연성을 확보했다. 그렇다고 노조가 힘을 잃어버린 것도 아니

---

4) 1990년 집권 여당인 민정당, 제2야당 민주당, 제3야당 공화당이 합당해 민주자유당
 (민자당)을 출범시켰다.

다. 독일의 노동환경은 우리나라와 달리 노조의 경영권 참여가 확보되어 있고 노동자의 지위가 매우 굳건한 나라이기 때문이다. 또한 OECD 국가 가운데서도 고용보호지수가 가장 높은 나라이다. 독일은 실업자에 대한 실업급여 지급, 재교육 및 취업 알선 등 사회 안전망이 매우 잘 갖춰진 나라이다. 무엇보다 독일의 하르츠 개혁은 고용보호가 잘 이루어진 노동환경에서 부분적으로 유연성을 강화한 것임을 이해할 필요가 있다. 우리나라의 경우 양극화가 심화되고 정규직과 비정규직의 격차 및 노동조합제도의 한계가 있어 독일과 같은 노동개혁을 바로 실시하기에는 명백한 한계가 있다. 이 때문에 사민당은 정권을 빼앗겼지만 독일의 미래를 위한 설계를 제대로 해놓았다. 이런 과감성이 없으면 아무것도 고칠 수가 없다. 더구나 선거에서 슈뢰더를 누른 우파 기민당의 앙겔라 메르켈 총리는 여론의 반대에도 불구하고 슈뢰더의 개혁정책을 계승했다. 2007년에는 단축노동안을 도입하는 등 고용 유연화 정책을 확대했다.

비정규직 문제 풀지 않고선 미래 없다

우리나라의 노조는 기업노조 형태로 노조와 기업가가 우호적인 관계로 지낸다. 이런 구조에서는 비정규직 문제를 해결할 수 없다. 예를 들어 현대자동차 사례를 보자. 현대자동차도 비정규직과 사내 하청 문제를 해결해야 한다. 양극화 문제를 해소하려면 근로자에게 봉급을 올려주고 보너스도 더 주어야 할 텐데 비정규직은 혜택을 보지 못한다. 노사 협의를 할 때 노조 측이 비정규직은 협상 테이블에 앉지 못하게 하므로 비정규직은 자신들의 입장을 호소하기도 어렵다. 노조가 권력화하면 노조 본연의 기능을 상실하게 된다. 한국이 계속 이런 식으로 가다가는 '잃어버린 20년' 소리를 듣는 일본처럼 될 수 있다.

은행의 예를 보자. 정규직과 비정규직 직원들의 업무에 무슨 큰 차이가 있는가? 비정규직 처우 문제가 크게 이슈화되자 은행들은 장기 비정규직제 도입이라는 꾀를 내기도 했다. 문제는 이들 비정규직이 대부분 여성 행원들이라는 점이다. 외환위기 이전에는 전부 정규직이었는데 지금 비정규직을 고집하는 이유가 뭔가? 비정규직 여성들은 출산휴가를 받지 못한다. 그래서 아이 낳기를 꺼린다. 지금 우리나라에서 저출산이 가장 큰 문제인데 이래 가지고는 해결할 수 없다. 미래가 불안정한데 어떻게 아이를 낳을 수 있는가? 산업·업종별로 비정규직을 활용할 곳이 있고, 활용해선 안 될 곳이 있다. 그런데 현실은 기업들이 비정규직 채용에 익숙해져 있어 수많은 산업현장의 근로형태를 비정규직으로 만들어놓고 말았다.

사내하청 기간이 2년을 경과하면 정규직으로 보아야 한다는 대법원 판결이 나왔다.[5] 현대자동차 사내하청 근로자가 낸 소송에 대한 최종 판결인데, 사실 이 문제는 자동차회사는 물론 조선·철강 등 여러 제조업 분야에서 진통을 겪고 있는 현안 중 하나다. 노사

---

5) 대법원1부(주심 이인복 대법관)는 2012년 2월 23일 현대자동차 사내 하청업체 근로자로 일하다 해고된 최모씨가 중앙노동위원장을 상대로 낸 부당해고 및 부당노동행위 구제재심판정 취소청구 소송에서 원고 승소로 판결한 원심을 확정했다. 2002년 3월 현대차 울산1공장 사내 하청업체에 비정규직으로 입사해 근무하던 중 2005년 2월 노조 활동을 이유로 해고된 최씨는 "실질적 고용주인 현대차가 해고시키게 한 것"이라며 노동위에 구제를 신청했는데 기각되자 소송을 냈다. 1심과 2심이 원고패소 판결한 것과 달리 대법원은 원고 승소 취지로 원심을 깨고 사건을 서울고법으로 돌려보냈다.

문제와 관련해 재계는 늘 우는 소리를 하는 구조다. 정부가 이를 잘 제어해야지 모른 척하고 있어선 안 된다. 이 문제를 근원적으로 해결하려면 우리나라 노동조합법 자체를 고쳐야 한다. 지금과 같은 기업노조 체제에서 경영자가 정규직 노조와 합세해서 정규직 권익만 계속 보호하면 기업 경영자는 계속 비정규직을 많이 쓸 수밖에 없는 구조다.

현재 고용시장 구조를 깊이 들여다보면 정규직이든, 비정규직이든 정상적인 노동자가 아니다. 정규직은 감소하는 반면, 비정규직은 해마다 20~30만 명씩 계속 증가하는 추세다. 이 추세대로 간다면 머지않은 미래에 비정규직 비율이 전체 근로자 중 50%를 넘을 것으로 보인다. 특히 젊은 층일수록 비정규직 비율이 높다. 대학을 나온 젊은 세대는 아웃소싱 회사에 취직할 수밖에 없는 것이 현실이다. '88만원 세대'라는 말이 자연스럽게 나오는 사회에서 희망을 이야기하기 어렵다. 20대는 아직 취업 대열에 끼지 못한 경우가 허다하고, 30대는 모든 연령대에서 비정규직 비율이 가장 높다. 그래서 2030세대의 사회에 대한 불만이 커지는 것이다.

기업들로선 맹목적으로 비용이 비싸 경쟁력이 떨어진다는 아우성만 쳐선 안 된다. 독일의 경우 비정규직 비율이 30% 수준인데 왜 경쟁력이 강한가? 프랜시스 후쿠야마[6]의 표현을 빌리자면 '소셜 스테이트(social state-사회국가)'인 독일은 정부도 그리 비대하지 않은데 어떻게 기업들이 경쟁력을 키워 수출강국이 되었는가? 독일은

---

6) Francis Fukuyama(1952~) : 미국 존스홉킨스 대학교 교수이자 철학자 겸 정치경제학자. 3세대 일본계 미국인으로 이데올로기 대결의 역사(자유주의와 공산주의)는 자유주의의 승리로 끝났다고 주장한 책 《역사의 종언》으로 유명하다.

비정규직 근로자에게도 동일임금·동일노동 원칙을 지키려고 노력하기 때문에 정규직과 비정규직의 임금차이가 적은 것이다. 따지고 보면 아웃소싱 등 현재와 같은 메커니즘은 노동을 착취해 이윤을 내려는 이들이 만든 것이다. 아웃소싱 기업이 중간에 끼어들어 착복하는 이득이 얼마인가?

정부가 중장기적인 종합 대책을 마련하지 않고 고용시장을 방치하면 전체 근로자 중 비정규직이 차지하는 비중이 60~70%에 이를 수도 있다. 비정규직이 특이한 게 아니라 정규직이 특이한 부류가 될 수 있다는 의미다. 그러다 보면 다시 기업노조 이야기가 튀어나올 것이다. 사실 기업노조 형태 때문에 그동안 현대자동차, 현대중공업 등 많은 기업들이 적잖은 고통을 겪어 왔다.

게다가 외환위기 이후 기업들이 비정규직을 대거 고용하면서 근로자도 정규직과 비정규직으로 나뉘었다. 정규직 노조가 기업 경영자와 의견이 일치해 정규직만 대우해주고, 비정규직 처우 개선 문제는 적당히 넘어간다. 이런 시스템으로는 비정규직 보호는 불가능하다. 노조가 구성원의 이익만 대변하는 비민주적인 구조에 놓여 있다. 경제민주화를 이야기할 때 노동시장 개편 문제를 거론하지 않을 수 없는 이유다. 비정규직이 지금과 같은 상태로 계속 불어나면 젊은 세대의 불만은 계속 쌓일 수밖에 없다. 사회의 불만세력이 상존하는 구조가 되는 것이다. 이 문제를 해결하지 못하면 한국에서 집권 정치세력은 5년마다 바뀔 수밖에 없다. 5년에 한 번씩 집권당이 날아가는 구조에선 국가가 정상적으로 운영될 수 없다.

젊은이들을 IT 마당에서 뛰놀게 하자

사람은 가장 소중한 자원이고, 청년은 그 사회의 미래다. 왕성한 경제활동으로 사회를 이끌어야 할 젊은이들이 일자리를 구하기가 어렵고, 애써 구해도 비정규직이라서 힘들게 일해도 소득이 늘지 않는 현실을 우리사회가 외면해선 안 된다. 사회적으로 양극화 현상을 심화시키는 큰 요인 중 하나가 비정규직 문제다. 아웃소싱이 여러 부문에서 지나칠 정도로 보편화하면서 대학 졸업자 상당수가 아웃소싱 회사를 다니고 있기 때문에 제대로 된 소득을 보장받을 수 없는 처지다. 이들이 좌절하고 무기력증에 빠짐으로써 우리나라 경제 발전의 원동력이었던 역동성이 약화되고 있다. 청년 빈곤층 양산은 계층간 갈등과 사회불안을 야기할 수 있다. '청년실업과 비정규직 양산 → 소득 감소 → 지출 감소, 내수 부진'으로 이어지는 악순환이 고착되지 않도록 해야 한다.

최저임금 문제도 정부가 더욱 적극적으로 나서야 한다. 물론 최저임금을 올리는 것만으로 양극화가 해소되지 않는다. 최저임금 미만을 받더라도 일을 하고 싶은데 일자리를 구하지 못해 놀고 있는 사람도 있다. 최저임금 문제는 임금 수준을 정하는 것 못지않게 기업들이 이를 지키도록 하는 정부의 통제도 중요하다.

미국에서도 최저임금은 사회적 이슈다. 최저임금 인상을 요구하는 근로자들의 시위도 있었다. 그런가 하면 시애틀 같은 곳에서는 오히려 기업가들이 나서 시간당 최저임금을 15달러까지 높여주자고 주장하기도 한다.

과거에 흔히 말하던 '부자가 돈을 쓰면 그 돈이 아래로 내려간다'는 낙수효과(trickle-down effect)가 요즘은 거의 나타나지 않는다. 최저임금이라도 올려야 사람들이 소비하고, 그 소비가 상품에 대한 수요를 만들고, 이를 바탕으로 기업이 투자를 할 수 있고, 생산도 해낼 수 있는 것이다. 이런 일련의 과정이 선순환이 되게 해주어야지 악순환으로 빠져 들게 해서는 안 된다.

그러기 위해서는 사회가 정상적인 궤도로 가고, 그 궤도에 대해 일반 국민이 공감하는 시스템을 만들어야 한다. 본질적으로 '보이지 않는 손'이 모든 것을 해결해 주리라는 망상에서 벗어나야 한다. (시장의) '보이지 않는 손'이 해결하지 못하는 것은 (국가라는) '보이는 손'이 해결할 수밖에 없다. 보이는 손이 해결하는 것, 그것이 바로 정부의 역할이다.

과거 개발연대 경제는 아랫목이 따뜻하면 윗목도 점차 따뜻해지는 구조였다. 이른바 낙수효과다. 수출 대기업이 잘되면 내수 중심의 중소 하청기업에게도 혜택이 돌아왔다. 그런데 이제 시대와 기술이 달라졌다. 아궁이에 장작을 넣고 불을 지펴 아랫목부터 데워 방에 온기가 들도록 하는 시대는 지났다. 히터를 틀면 짧은 시간 안에 방 전체가 따뜻해지는 시대다. 고용 문제도 좀 더 창의적인 아이디어로 접근해야 한다.

외환위기 직후 도입해 실패한 벤처펀드를 다시 조성할 필요가 있다. 정부와 민간이 공동으로 10조원 정도의 벤처펀드를 조성해 창업을 희망하는 젊은이에게 1인당 5억원씩 투자하고 창업자에게 같은 금액을 매칭 방식으로 투자하도록 하면 2만개의 기업이 새로 생겨난다. 이러한 벤처기업이 한 곳당 직원을 15~20명씩 고용하면 30만개 이상 일자리가 창출되는 효과를 낼 수 있다. 외환위기 직후에는 IT 기반이 약해 코스닥시장에 거품을 형성하는 등 문제가 있었지만 지금은 상황이 크게 달라졌다. 아울러 여러 분야 복지를 확대하면 복지 분야에서도 상당한 고용을 창출할 수 있다.

역대 정부가 일자리 창출을 강조했지만, 정부가 직접 일자리를 창출할 수 있는 방법은 사실 공무원 수를 늘리는 것 외에 뾰족한 방법이 없다. 정부로선 다양한 민간 분야에서 일자리가 창출될 수 있는 여건을 만들어가야 한다. 이를 위해서도 경제민주화가 선행되어야 한다. 지금 가장 큰 문제는 비록 잠재성장률과 실제 경제성장률이 과거보다 낮아지긴 했어도 2%대 중반 내지 3%인데, 많은 국민이 "내게는 1%의 느낌도 오지 않는다"고 느낀다는 점이다.

높은 교육열 덕분에 우리나라 젊은 세대는 기성세대보다 공부를 많이 했고 외국어 구사능력이 뛰어나는 등 글로벌화되어 있다. 그리고 한국은 정보기술(IT)분야가 급속도로 발전해 경쟁력이 있다. 이런 강점을 연결시켜 세계시장에서 통하는 첨단 스타트업(신생기업) 창업에 우리 젊은이들이 희망을 갖고 뛰어들 수 있도록 여건을 조성해 주어야 한다.

제4장

결국 다시
경제민주화다

· ·
· ·

복지 패러다임
전환

21세기는 지식정보화 사회다. 대중은 과거보다 교육 수준이 높기 때문에 합리적인 비판을 할 줄 안다. 사람들이 기본적으로 싫어하는 것은 불공정이다. 비민주적인 것을 싫어하고, 쓸데없는 소란을 야기하는 것도 싫어한다. 이런 현상은 선거에서도 나타난다. 2010년 3월 26일 천안함 사건 이후 그렇게 안보를 강조해도 그해 6·2 지방선거에서 여당이 패배했다.

정치권은 과거처럼 정보를 통제하거나 조작하는 것이 더 이상 통하지 않는다는 점을 깨달아야 한다. 요즘은 거리 시위보다 트위터나 소셜 네트워크 서비스(SNS)를 통해 과거보다 훨씬 빠르게 정보가 유통된다. 특히 2040세대는 '복지 격차'를 참지 못한다. 이런 인식을 갖고 정치권이 양극화 해소에 적극 나서야 한다.

성장과 복지 사이의 균형을 맞춰라

우리가 무엇 때문에 양극화 현상을 해소하려고 하는가? 사회 안정을 이뤄 경제를 발전시킴으로써 역동적이고 지속적인 균형을 이뤄내자는 것이다. 역동적인 균형을 만드는 데 필수적인 사회 안정을 위해서는 생존의 위협을 받는 계층부터 먼저 챙겨야 한다. 생존의 위협을 받는 계층은 다름 아니라 소득을 상실한 사람들이다. 소득을 상실한 이들에게 소득 브리지(bridge)를 해주려면 복지 제도가 필수적이다. 이러한 복지를 시행하려면 돈이 필요하다. 하지만 어느 나라든 복지에 투입할 수 있는 재원은 한정돼 있다. 따라서 경제를 지속적으로 성장·발전시키며 복지를 확충시켜 나가야 한다. 경제와 복지 두 바퀴가 함께 굴러가야 한다.

복지는 성장이 전제되지 않으면 할 수 없다. 중요한 것은 사회 안정과 경제발전의 역동적인 균형을 맞추는 것이다. 경제발전을 위해 복지를 버릴 수 없다. 사회 안정을 꾀하자고 복지만 강조할 수도 없다. 따라서 경제와 복지 사이의 균형을 맞춰야 한다.

정당들이 선거를 앞두고 내세우는 공약을 무조건 '복지 포퓰리즘'으로 매도해선 곤란하다. 그런 지적은 1950~1960년대에나 할 수 있는 이야기다. 지금은 우리 사회가 자칫 무너질 위기에 처해 있으므로 다소 돈을 들여서라도 문제가 더욱 심각해지기 전에 해소하자는 것이다. 사회안정과 경제발전의 균형과 조화를 이끌어내려면 지도자의 의지가 중요하다.

보편적 복지냐 선택(선별)적 복지냐, (생애 주기별)맞춤형 복지냐 말이 많은데 복지에는 그런 구분이 필요 없다. 보편적 복지는 말이 안 되고, 생애주기별 맞춤형 복지도 교과서에나 있는 이론일 뿐이다. 기본적으로 복지는 국가 재정이 뒷받침되어야 한다. 재정에 여유가 있으면 복지 정책의 우선권을 어디에 두고 집행할 것이냐를 고민해야 한다. 우선순위는 당연히 소득상실 계층에 두어야 한다. 이른바 최빈곤층과 차상위 계층이 그 대상이다.

교육·보육은 복지로 보지 말자

최근 논란이 되고 있는 보육이나 무상급식을 복지로 생각해선 곤란하다. 보육은 우리 사회의 현안인 저출산 문제를 해결하기 위한 가장 시급한 경제정책 중 하나다. 저출산 문제를 해결하려면 당장 맞벌이 부부에게 필요한 보육시설을 늘려 애를 낳을 수 있는 환경을 만들어 주어야 한다. 머지않아 총인구와 생산가능인구가 줄어들면 여성 노동력의 활용도를 높여야 하므로 서둘러 보육시설을 확충해야 한다. 또 아이를 잘 양육해야 미래에 건전한 노동력으로 활용할 수 있다. 따라서 보육은 복지가 아니라 국가의 성장 원동력으로 생각해야 한다.

교육도 마찬가지다. 교육은 헌법이 정한 국민의 권리 중 하나일 정도로 국가의 고유 과제다. 교육을 복지 차원으로 생각하면 안 된다. 복지 이야기를 하면서 스웨덴이나 핀란드 사례를 거론하는데 그런 작은 나라와 한국을 비교해선 곤란하다. 기왕 비교하려면 큰 나라, 독일이나 프랑스, 영국과 견줄 생각을 하는 것이 바람직하다.

한때 아일랜드가 잘 나가자 아일랜드를 벤치마킹하자고 했는데 지금 아일랜드 상황이 어떤가?

여기서 우리는 복지에 대한 개념부터 제대로 정의하고 세분화해 나가야 한다. 전통적 의미의 복지는 소득이 중단된 사람들에게 소득을 이어주는 것을 목적으로 한다. 소득이 중단되는 경우로는 질병, 고령, 그리고 실업이 있다. 이런 상황에 처한 사람들의 생존을 유지시켜 주는 제도적 장치가 없으면 사회가 혼란스럽고 불안해진다.

최근 우리 사회에서 논란이 되고 있는 것을 보면 정부가 원래 고유의 과제로 해야 할 것까지 전부 '복지'라고 부르는 것 같다. 교육은 복지 이전에 정부가 마땅히 해야 할 과제다. 교육까지 포함해 복지비용이 많다고 해선 안 된다. 보육 문제도 마찬가지다. 보육 지원을 복지라고 생각하면 절대 해결할 수 없다. 우리나라가 직면한 가장 중요한 과제가 인구구조의 급격한 변화다. 저출산 문제를 풀지 못하면 인구는 물론 노동력, 그리고 시장 규모가 줄어든다. 그렇게 되면 우리 사회의 모든 시스템이 작동하지 않게 된다. 연금은 물론 건강보험제도도 작동하지 않는다.

교육과 보육 문제는 복지가 아니다. 교육과 보육은 대한민국의 가장 중요한 성장동력이다. 교육과 복지는 경우에 따라 빚을 내서라도 할 수밖에 없다. 그런데 지금 우리나라에선 이들 문제에 대한 이야기가 너무 혼란스럽다. 복지의 개념을 지나치게 확대시키니 돈이 많이 들어간다는 지적과 함께 포퓰리즘이라고 비판하는데, 이는 잘못된 판단이다.

특히 0세부터 5세까지 영유아 보육 예산을 놓고 정부는 생색내기에 급급하다. 이를 '복지'라는 범주에 넣지 않아야 한다. 국가가 당연히 해야 할 일일 뿐 아니라 경제정책의 첫 번째 과제다. 그리고 여기 들어가는 재원은 다른 방도로 마련할 생각을 하면 해결할 수 있다. 예를 들어 우리나라에 연금과 기금이 있다. 연기금을 증권에 투자해 수익을 높이는 것보다 연금을 계속 불입할 수 있는 사람을 늘리는 게 맞는 방향이다. 정부가 국채를 발행하는 방식으로 돈을 빌려서라도 보육 지원을 해야 한다. 이런 작업을 1995년 무렵부터 시작했어야 했다. 그런데 아직도 그런 인식조차 하고 있지 않으니 안타깝다.

따지고 보면 보육 지원에 그렇게 엄청난 재원이 들어가지 않는다. 우리나라 조세부담률이 2016년 현재 19~21%선이다. 이명박 정부가 감세(減稅)를 한 결과 19% 수준으로 낮아졌다. 조세부담률이 1%포인트 높아지면 재원이 12조원 가까이 늘어난다. 그 정도는 지금 우리 경제 상황에서 가능하다. 경제에 타격을 줄 정도는 아니다.

예산의 구조 개혁도 필요하다. 정부 예산 가운데 제외해도 될 부분의 기능을 재조정하면 여기서 상당 부분 끌어올 수 있다. 정부 예산 가운데 10% 정도는 조정이 가능하다. 2017년 정부 예산이 400조 5,459억원이므로 이런 식으로 하면 40조원 이상 만들수 있다. 이런 재원을 모으면 지금까지 우리가 소홀히 하거나 손대지 못한 일을 얼마든지 할 수 있다. 이런 일을 '복지 포퓰리즘'이라며 못하도록 하면 결국 아무 일도 하지 말자는 이야기나 마찬가지다. 지금 해야 할 일을 하지 않으면 나중에 가서 후회해 봤자 소용이 없다.

관료사회의 현상유지 논리가 걸림돌

예나 지금이나 현상유지 논리만 갖고서는 문제를 해결할 수 없다. 우리나라 관료들은 경제상황을 판단할 때 어떻게 해서든 현상을 적당히 유지하면 된다는 사고방식을 갖고 있다. 따지고 보면 외환위기 이후 한국경제 구조를 보다 건전하게 바꿀 수 있는 절호의 기회를 맞았다. 왜냐하면 당시 거대경제세력들도 생존이 위태로웠기 때문에 정치에 맞설 힘을 쓰기 어려웠다. 그런데 1970년대 부실기업을 정리하던 시절의 사고방식에 젖은 관료들이 안이하게 정책을 집행한 결과 양극화 현상을 오히려 심화시켰다.

요즘 분출하는 복지 수요와 필요한 재원을 놓고 말이 많다. 각계각층에서 요구하는 복지 수준을 맞춰 주려면 예산이 부족하다고 아우성인데, 외환위기로 재벌들이 무너져 내릴 적에 투입한 공적자금 169조원은 어떻게 설명할 것인가? 상황이 급하면 그런 식으로라도 할 수밖에 없는 것 아닌가?

박정희 대통령 시절인 1974년 1·14조치를 보자. 국회에서 확정한 예산을 한 달 만에 뒤집는 재정에 관한 긴급명령을 발동해 세출과 세입을 흔들었다. 1972년 8·3 사채동결 조치도 마찬가지다. 시장원리로만 보면 있을 수 없는 조치다. 시대 상황이 요구했기 때문에 강행한 것이다. 기업들의 위기는 정부가 해결해주면서 힘이 약한 가계 소득계층이 처한 상황을 언제까지 수수방관하고 있을 것인가?

1인당 국민소득 3만 달러 시대가 목전인 국가에 걸맞게 예산 구조도 달라져야 한다. 이 문제는 전적으로 대통령의 의지에 달려 있다. 어떤 인물이 대통령이 되느냐가 관건이다. 다음 대통령은 양극화 문제를 최우선으로 해결하지 않고서는 국정을 이끌 수 없다. 2007년 17대 대선에서 국민은 경제를 살리겠다는 이명박 후보를 대통령으로 뽑았다. 하지만 피부에 와닿는 정책이 없어 결국 국민으로부터 외면당했다. 2012년 18대 대선에서는 경제민주화를 공약으로 내세웠던 박근혜 후보를 당선시켰다. 하지만 박근혜 정부는 출범 초기부터 경제민주화 약속을 철저하게 버렸고, 그 결과 연인원 1,500만명의 국민이 전국 주요 도시 광장에서 촛불을 들었다.

지금 우리 사회의 상당수 문제는 갈수록 양극화가 심화되는 데서 나타나는 것들이다. 따라서 이를 풀지 않고서는 한국 경제의 지속성장 가능성을 논하기 어렵다. 사회안정도 담보할 수 없다. 대통령 후보로 나서는 사람이 사전에 준비를 철저하게 해야 한다. 그리고 대통령에 취임하면 곧바로 제도 정비에 들어가야 가능한 일이다.

다시 말해 교육과 보육은 복지가 아니다. 실업과 질병, 고령과 같은 평화의 적에서 빈곤층과 극빈층을 벗어나도록 하는 것이 진정한 의미의 복지다. 국민연금을 비롯해 건강보험, 고용보험, 산재보험 등 이른바 4대 보험도 이런 기초 개념 아래 만들어진 것이다. 실업과 질병, 고령화에서 빈곤층을 벗어나도록 하는 제대로 된 복지 개념에 맞춰 우리 사회에 퍼져 있는 그릇된 패러다임을 바꿔야 한다.

사회가 불안정하면 통치도 불안정해진다. 유럽 재정위기를 예로 들면서 복지 포퓰리즘이 초래한 결과라고들 하는데 이는 정치권이 유로존이 처한 실상을 잘 모르고 하는 이야기다. 스페인의 경우 부동산 투기가 4~5년 이어지다 부동산 거품이 꺼지면서 은행이 부실화하고 2008년 글로벌 금융위기까지 겹쳐 금융시장이 큰 혼란을 겪었다. 정부가 부실은행에 구제금융을 지원하면서 국가부채가 불

어났다. 불과 5년 전까지만 해도 국내총생산(GDP) 대비 국가부채
비율이 30%대로 유로존에서 가장 낮았던 나라가 국채를 많이 발행
하면서 위기에 처했다.[1] 사정이 이런데도 우리나라에서 복지 확대
논의가 나오면 유로존을 보고 이야기하라며 몰아붙인다.

　　복지도 가용예산 범위 안에서 논할 수밖에 없다. 그런데 현실
을 보면 복지 관련 예산이 여러 부처에 나누어져 있다. 그 결과 예
산집행 과정에서 중복과 누수가 발생하는 등 문제가 많다. 이를 통
합해 복지 수혜자별로 인별 관리를 해야 한다. 각 부처에 나누어져
있는 것을 통합하면 같은 규모의 예산을 보다 효율적으로 쓸 수 있
는 이점이 나타난다.

┃ 연금, 적립 및
┃ 부과 방식 병행

　　연금도 제도를 어떻게 만드느냐에 따라 결과가 달라진다. 필자
는 연금 제도가 처음 거론될 때 무조건 자본을 축적하는 '민간 보
험' 형태를 취하지 말고, 근로소득이 있는 사람이 노인을 먹여 살리
는 '부과 방식(pay-as-you-go)'을 주장했다. 부과 방식이란 쉽게
말해 지금 현재 일하는 사람이 일하지 못하는 노인을 먹여 살리는
것이다. 더구나 우리나라는 이미 기금이 많이 쌓여 있으므로 부과
방식을 병행하더라도 안정적으로 연금을 운용할 수 있다. 기초연금

---

1) 2016년 미국 백악관 예산관리국 통계에 따르면, 미국의 국내총생산(GDP) 대비 국
　가부채 규모도 2008년 서브프라임 사태 직전 39%에서 2015년 75%로 거의 두 배
　수준으로 급증했다.

은 2014년 7월 이후 소득인정액이 선정기준액 이하인 노인을 대상으로 시행·운용되고 있다.

우리 사회에서 1960, 1970년대 근로자들이 가장 고생했다는 점은 누구도 부인할 수 없다. 현재 65세 이상 노령층이 가장 힘들게 살아온 계층이다. 이들에게 최소한의 생계를 보장해주기 위해선 이른바 부과 방식을 채택해야 연금 혜택을 줄 수 있다. 독일의 경우 제2차 세계대전 이후 연금이 고갈됐다. 결국 연금 문제를 부과 방식으로 바꿔 일 하는 세대가 내는 돈으로 노인 세대가 연금을 받도록 했다. 그렇게 함으로써 사회가 안정이 되고 통일을 할 수 있는 기반이 서독에 구축된 것이다.

1957년 콘라트 아데나워[2] 독일 총리가 연금제도를 확 뜯어고쳤다. 물가상승률에 연동해 연금을 지급하기 시작한 것이다. 연금을 다이내믹하게 재편성한 것이다. 새로운 제도 도입과 함께 그 해 선거에서 처음으로 독일기독교민주연합(CDU)[3]이 압도적인 다수당의 위치를 확보했다. 그리고 이는 상대 당인 독일사회민주당(SPD)[4]으로 하여금 정강을 바꾸도록 영향을 미쳤다. 사회민주당은 집권 가능성이 떨어지자 스스로 정강에서 사회주의 이념적인 색채를 빼냄으로써 대중 정당으로 변모할 수밖에 없었다. 이런 과정을 거치면서 여러 문제가 나타나자 비난도 받고 심지어 '유럽의 병자'라는

2) Konrad Adenauer(1876~1967) : 독일연방공화국(옛 서독) 초대 총리. 1949년 9월 총리직을 맡아 1963년 10월 물러날 때까지 전후 독일의 경제재건과 주권회복을 위해 친서방 정책을 추진했다. '라인강의 기적'으로 불리는 경제 부흥을 이룩하였으며, 1957년 유럽경제공동체(EEC) 창설의 산파 역할을 수행했다.
3) 독일기독교민주연합(Christich-Demokratische Union Deutschalands, CDU)
4) 독일 사회민주당(Sozialdemokratische Partei Deutschlands, SPD)

이야기까지 들었지만, 오늘날 긴 안목으로 볼 때 독일이 가장 성공한 국가로 거듭 태어나도록 한 원동력이 되었다.

전후 패전국가인 일본과 독일을 비교할 때 일본은 거의 모든 것을 기업에 의존하는 구조였다. 그리고 종신고용제를 강조했지만 세대가 바뀌자 제대로 작동하지 않았다. 국가적으로 중요한 제도를 도입할 때 장기적인 관점에서 바라보고 채택해야 한다. 결국 양극화를 해소하기 위해선 정부가 강해야 한다는 결론에 이른다.

▌기본소득 도입 논의 시작하자

기본소득은 일을 하든, 하지 않든 재산이 많든 적든 간에 정부가 국민에게 일정 규모의 현금을 정기적으로 지급하는 것이다. 국민이라면 누구나 일정 수준의 역량, 자신이 하고 싶은 일을 할 수 있는 능력을 부여받도록 요구할 권리가 있으며, 사회는 그 역량의 현실적 기초를 보장해줄 의무가 있다는 것이다. 인간이 최소한의 자존감을 유지하면서 자신이 꼭 하고 싶은 것을 할 수 있도록 만들어주어야 한다는 철학의 초보 단계적 표현이 기본소득이다.

모든 국민에게 일정 소득을 지급하는 기본소득은 실현 가능성이 낮은 한낱 이상적인 제도로 치부되어 왔다. 그런데 2016년 들어 유럽 여러 나라를 중심으로 도입 논의가 일기 시작했다. 핀란드는 2017년부터 2년 동안 기본소득을 시범 도입하기로 했다. 스위스는 2016년 6월 기본소득 도입안에 대한 국민투표를 실시한 결과 76.7%가 반대해 부결됐다. 영국 왕립예술협회는 25~65세 국민에게 월 52만원의 기본소득 지급 방안을 제안했다. 상대적으로 복지

수준이 떨어지는 미국에서도 브루킹스연구소가 "자본주의에서 노동시장이 더 이상 소득 불균형 완화 기능을 하지 못할 것"이라며 기본소득을 진지하게 고려해야 할 시점이라는 보고서를 냈다.

기본소득에 대한 논의가 활발해지는 배경에는 로봇과 기계가 사람 일자리를 대체하는 속도가 빨라지면서 머지않아 대량실업이 현실화할 수 있다는 우려가 있다. 이른바 4차 산업혁명이 본격화해 인공지능과 로봇 등이 인간의 노동을 대체하게 되면 반복적인 업무와 단순노동을 중심으로 일자리가 줄어들 것이다. 2016년 스위스 다보스포럼에서도 이 문제가 화두로 등장했다. 다보스포럼은 2020년까지 앞으로 5년 동안 사무행정직(화이트칼라)의 3분의 2가 없어지는 등 전 세계 일자리 500만개가 사라질 것이라는 연구보고서를 냈다.[5]

우리나라에선 경기도 성남시가 24세 청년에게 상품권을 지급하는 '청년배당' 제도가 있다. 2016년 4·13총선 때 일부 당에서 공약으로 내세웠다.[6] 국회 입법조사처는 기본소득이 기술발달에 따

---

[5] 세계경제포럼(WEF)은 2016년 1월 18일 발표한 보고서 '직업의 미래(the future of jobs)'에서 2020년까지 선진국과 신흥시장을 포함한 15개국에서 기술의 변화로 700만개의 일자리는 사라지고, 200만개가 새로 생길 것이라고 예측했다. 2016년부터 2020년까지 일자리가 가장 많이 사라지는 직업군은 사무 및 행정(-475만명), 제조 및 생산(-160만명), 건설 및 채굴(-49만명), 예술·디자인·환경·스포츠 및 미디어(-15만명), 법률(-10만명), 시설 및 정비(-4만명)로 나타났다. 이와 달리 일자리가 생기는 직업군은 사업 및 재정 운영(+49만명), 경영(+41만명), 컴퓨터 및 수학(+40만명), 건축 및 엔지니어(+33만명), 영업 및 관련직(+30만명), 교육 및 훈련(+6만명)으로 나타났다.

[6] 녹색당은 노인·장애인·농어민·청년 등에게 월 40만원을 지급하는 것을 시작으로 전 연령대로 확대하자는 공약을 제시했다. 노동당은 모든 국민에게 월 30만원을 지급하는 공약을 내놓았다.

른 구조적인 일자리 감소에 대응할 수 있는 방안이라며 한국도 기본소득을 검토해야 한다고 국회에 권고했다.[7]

기본소득 제도를 도입하면 정부의 복지정책에서 소외된 사각지대를 줄이고, 소비 기반을 탄탄하게 하며, 소득을 재분배함으로써 빈부격차를 완화하는 효과를 기대할 수 있다. 그런데 여기에는 상당한 재원이 요구되므로 증세 필요성이 대두될 수밖에 없다. 근로의욕을 떨어뜨리고 기존의 다른 분야 복지 혜택이 감소할 수 있다는 점도 고려되어야 한다. 하지만 기술혁신과 4차 산업혁명이 가속화함에 따라 필연적으로 나타날 수밖에 없는 일자리 감소를 보완하는 방안으로 우리나라에서도 진지하게 도입 여부를 논의할 시점이 다가왔다.

이런 점에서 경기도 성남시와 서울시가 시행하는 청년배당 내지 청년수당 제도는 일종의 변형된 기본소득 제도로 볼 수 있다. 보건복지부가 청년배당 제도에 대해 도덕적 해이(moral hazard)를 일으킬 수 있는 복지 포퓰리즘으로 규정해 시정명령을 내렸는데, 이는 중앙정부와 지방정부가 적극 협력해야 할 정책이지 제동을 걸고 나설 일이 아니다.[8] 지방자치단체가 자체 예산으로 청년실업 문

---

7) 국회 입법조사처는 2016년 4월 8일 '기본소득 도입 논의 및 시사점' 보고서에서 "한국은 제조업 비중이 50%에 육박해 자동화 영향을 크게 받을 수 있는 반면, 일자리 감소에 따른 대량실업에 대응할 사회보장제도는 취약하다"면서 "기초생활보장제도와 기초연금 등과의 통합을 고려해볼 수 있다"고 제언했다.

8) 서울시는 2016년 8월 3일 청년수당 대상자 3,000명을 선정하고 첫 달 활동지원금으로 50만원씩 지급했다. 청년수당은 서울에 1년 이상 거주한 만 19~29세 청년 가운데 주당 근무시간이 30시간 미만인 자를 대상으로 최장 6개월간 한시적으로 매달 50만원의 지원금을 지급하는 사업이다. 이에 대해 보건복지부는 취소하라고 시정명령을 내렸다.

제를 다소나마 해소하는 데 기여하겠는데, 중앙정부가 규정에만 얽매여 지나치게 부정적인 자세를 취해선 안 된다. 복지와 관련된 사안은 큰 틀에서 중앙정부가 방향을 잡고, 지방정부도 능력에 합당한 범위에서 애쓰는 것이 정상적인 행정 과정이다. 중앙정부와 지방정부가 사소한 규정 때문에 청년실업 문제를 다소나마 해소할 수 있는 방안에 협력하지 않고 중앙정부의 권한만을 지나치게 주장하는 것은 옳지 않다.

제5장

결국 다시
경제민주화다

· ·
· ·

재정 건전화

소득이 많을수록 세금을 더 내는 소득세는 소득 재분배 성격이 강한 반면, 물건이나 서비스를 구입하는 사람에게 소득에 관계없이 똑같이 부과되는 부가가치세는 소득에 역진적이다. 빵을 살때 지불하는 부가가치세는 부자나 가난한 사람이나 상관없이 모두에게 똑같다. 소득세 면세점을 높이고 부가가치세를 도입함에 따라우리나라 조세 제도는 소득에 역진적인 간접세 비중이 높아지면서소득 재분배 기능을 하기 어려워졌다. 이를 보완하려면 현실적으로재정의 소득 재분배 기능은 세입보다 세출 쪽에서 기능을 강화하는것이 옳다. 어떻게든 세입을 효율적으로 확보한 뒤 세출 예산을 집행하면서 소득 재분배에 중점을 두어야 한다.

감세(減稅)한다고
소비 늘지 않는다

1980년 제5공화국이 들어섰고 전두환 정부도 초기에는 재형저축 제도를 강화하는 등 소득 재분배에 신경을 쓰는 모습이었다. 하지만 김재익 경제수석과 강경식 경제기획원 차관보 라인이 경제정책을 총괄하면서 시장경제 논리를 중시하는 쪽으로 방향을 틀었다. 때마침 미국에서 레이건 대통령의 레이거노믹스, 영국에선 대처 수상의 대처리즘 등 신자유주의 경제 논리가 득세하자 한국도 그 흉내를 내기 시작한 것이다. 그 바람에 1976년 어렵게 도입해 각광을 받았던 재형저축 제도가 추진력을 잃었고, 농민이든 제조업체든 구분 없이 단일 금리 체제로 금리구조를 일원화했다. 그 결과 빈부격차 등 사회계층간 격차가 더 벌어지는 결과를 초래했다.

독일을 통일시킨 정치가 비스마르크는 일찍이 19세기에 농촌과 제조업에 같은 금리를 적용하자고 주장하는 것은 말도 안 되는 이야기라고 지적한 바 있다. 제조업과 농업의 생산성에 큰 차이가 있다는 점을 인식하여 농촌에 적용하는 금리와 제조업에 적용하는 금리에 차별을 두어야 함을 강조한 것이다. 시장원리에 입각해 단일 금리를 적용하자고 주장하는 이들에게 묻고 싶다. 그런 논리라면 세금도 단일세로 거둘 것이냐고. 소득세의 경우 소득이 파악되지 않는 사람에게는 세금 자체를 물릴 수 없다. 그래서 세입을 확보하기 위한 수단으로 물건을 구입할 때 똑같이 세금을 얹어 받는 간접세를 도입하는 것이다. 국민이라면 마땅히 모두 세금을 내야 한다는 '국민개세(皆稅)주의'라는 말은 소득세에만 국한된 것이 아니다. 실제로 세금을 납부하지 않는 국민은 없다.

오늘날의 양극화는 소득이 발생하는 단계에서부터 나타나는 것이다. 기본적으로 고용시장에서 근로자의 힘이 약해 비롯된 현상인데 소득의 분배 과정에서 정부의 힘이 미치기 어려운 구조다. 우리나라는 개발연대에 정부가 직접 자원을 배분하면서 대기업에 혜택을 주었고, 대기업의 힘이 강해지면서 소득격차는 더욱 심화되었다. 현실적으로 조세를 통한 소득 재분배 기능을 강화하려면 소득세율을 조정하거나 비과세 및 공제 · 감면 제도를 손질해야 한다. 그런데 우리나라 근로소득자의 97%가 연간소득 6,000만원 이하이고, 그 중 절반이 월 소득 300만원 이하라서 세제 혜택을 주고 말고 할 여지가 별로 없다. 따라서 현실적으로 소득 재분배는 고소득층에서 세금을 더 거둬 세출 예산을 집행할 때 쓰는 데서 찾아야 한다. 서구 선진국이 그렇듯 우리나라도 고소득자는 세금을 좀 많이 내야 된다는 생각을 해야 한다.

최근 감세 논쟁이 자주 벌어지고 있다. 이명박 정부 들어 실제로 감세정책을 폈다. 문제는 감세 효과가 무엇이며, 과연 그것이 존재하느냐는 것이다. 예를 들어 소득세와 법인세 감세는 감세를 통해 기업의 투자와 가계의 소비 수요를 늘리자는 것이 목표다. 하지만 고소득층은 감세한다고 해서 소비가 늘어나지 않는다. 이미 하고 있는 소비에 만족하며 살아가는 사람들인데, 그 사람들이 세금을 감면해 준다고 무슨 소비를 얼마나 더 늘릴까?

결국 이 문제는 경제민주화로 풀어야 한다. 한국 사회가 안정되어야 거대경제세력도 보호받을 수 있다. 따라서 재벌들은 정부의 소상인 보호 정책에 대해 로비를 통해 방해하려 들어선 안 된다. 그럼 경제민주화의 큰 방향은 어떻게 잡아야 할 것인가? 일각에서 거론하는 부자 증세(增稅)도 그 중 한 방안이 될 수 있지만, 근본적인 해결책은 아니다. 본질적으로 기업경영 시스템을 바꾸는 쪽으로 접근해야 한다.

　이명박 정부 시절인 2009년 24%였던 법인세율을 22%로 낮췄다. 야당에선 부족한 세수를 확충하기 위해 법인세율을 다시 올려야 한다고 주장하지만, 최근 세계적으로 법인세율을 인상하는 나라는 찾아보기 어렵다. 법인세는 세율 그 자체보다 실제로 기업들에게 적용되는 실효세율이 더 중요하다. 각종 공제제도로 인해 16% 수준인 법인세의 실효세율을 높이는 방안으로 접근하는 것이 현실적이다. 실제로 삼성전자의 경우 실효세율이 12% 수준이다. 각종 공제제도를 대폭 정비해 실효세율을 끌어올림으로써 대기업들이 유보소득을 쌓는 것을 차단해야 할 것이다. 삼성 같은 거대기업 스스로가 "우리나라처럼 법인세율이 낮아 기업하기 좋은 나라가 어디 있나?" 할 정도로 법인세 실효세율이 너무 낮다는 점에 주목해야 한다.

예산 구조조정하면 복지재원 마련 가능

　복지에는 공짜가 없다. 누군가 부담해야 한다. 현 체계에서 복지에 들어가는 전체적인 지불 능력을 계산해야 한다. 세제상 각종 공제와 비과세만 조정해도 상당 규모의 세수 확보가 가능하다. (경제성장에 따라) 자연적으로 늘어나는 세입을 다른 데 투입하지 않고 복지 재원으로 집행하는 방안도 쓸 수 있다.

　재정은 규모 못지않게 어느 곳에 어떻게 쓰느냐가 중요하다. 2017년 정부 예산 규모가 400조원에 이른다. 정부 예산을 집행하면서 교육이나 보육을 복지 범주에 포함해선 안 된다. 복지 재원을

10으로 볼 때 6은 예산 구조를 바꿔서, 4는 각종 감면제도를 없애는 등 세제 개편을 통해 가능하다. 현재 19% 수준인 조세부담률이 21% 정도까지 높아질 수도 있다. 조세부담률이 1%포인트 높아지면 세수는 12조원 내지 13조원이 더 들어온다. 여기에 기존 예산에서 절감하면 30조원 정도의 복지예산 확보가 가능해진다. 정부가 예산을 편성할 때 보육과 교육 분야 예산을 복지 예산에 더해 계산하는 건 시정돼야 한다.

복지란 기본적으로 소득이 중단된 사람에게 소득을 보장해 주는 것이다. 미국 프랭클린 루스벨트 대통령과 영국 처칠 수상이 대서양헌장[1])을 만들 때 '소셜 시큐리티'(social security)란 말을 처음 사용했다. 전쟁 상황이 아닌 평화로운 시대의 적(敵)은 소득이 중단된 사람들이 생계를 영위할 수 없는 것을 말한다. 실업과 질병, 고령 등이 바로 그 평화시대의 적이다. 실업 상태에 이르면 소득이 끊기고, 아프면 일을 못하니 소득이 끊기고, 늙으면 일을 못하니 소득이 중단되는 것이다. 그런 사람들은 이유를 불문하고 국가가 생존을 보장해주어야 한다. '자선'의 개념을 벗어나 그렇게 해주지 않으면 사회가 불안해지기 때문에 '소셜 시큐리티'(사회보장)라는 표현을 쓴 것이다. 한 마디로 사회를 안정시키기 위한 조치였다.

그런데 우리는 그런 개념 자체가 없다. 그리고 비슷한 제도를 운영해도 지속적으로 지원해주지도 않는다. 예를 들어 노령화는 계속 진행되는 문제다. 실업은 일자리를 다시 찾을 때까지가 문제

---

1) 제2차 세계대전 당시인 1941년 8월 14일 프랭클린 루스벨트 미국 대통령과 윈스턴 처칠 영국 수상이 대서양 해상의 영국 군함 프린스 오브 웨일스호에서 회담한 뒤 발표한 공동선언. 영토 불확대, 민족자결, 통상·자원의 기회 균등, 사회보장, 안전보장 등 전후 처리 원칙을 명시한 것으로 연합국 공동선언과 국제연합 헌장에 계승되었다.

이고, 질병에 걸렸을 때에도 병을 치료하는 동안 지원해 주어야
한다.

저소득층을 위한 지원 제도로 근로장려세제(EITC)[2]가 2008년
에 도입되었다. 하지만 우리나라에선 굳이 EITC를 도입할 필요가
없었다고 본다. EITC는 미국에서 처음 시작했는데 실업수당을 받
는 것이 일하는 것보다 낫다고 여기는 이들을 위한 제도다. 일자리
가 있어도 조금 힘든 것 같으면 일을 하려 들지 않기 때문에 실업
수당을 줄이는 대신 일을 하는 사람들에게 소득 보조를 더 해준다
며 도입한 것이다. 하지만 우리나라는 일자리가 없어서 일을 하지
않는 것이지 일을 하기 싫어서 안 하는 게 아니다. 실제로 EITC를
도입했지만 제대로 활용되지도 않고 있다.

물론 양극화 해소가 그리 쉬운 일은 아니다. 무슨 뾰족한 방법
이 있느냐고 묻는 이들도 있다. 가만히 있으려면 정부는 존재할 이
유가 없다. 양극화를 해소하기 위해 정부 재정이 기민하게 움직여
야 한다. 한 마디로 소득의 재분배 기능을 강화해야 한다. 하지만
현실을 보면 우리나라 세법에 규정된 각종 감면 제도의 대부분이
중소기업보다 대기업, 즉 재벌에게 혜택이 돌아가도록 되어 있다.
비과세혜택을 받는 의료법인도, 산업단지도 대기업이 진출해 있기
때문이다. 재벌은 지속적으로 막대한 이익을 내는데 왜 그 부분에
과감하게 메스를 가하지 못하는가? 조세감면 제도의 일몰시한이 다
가오면 거기서 딱 끊어야 한다. 정부도 매년 세법 개정안을 국회에

---

2) EITC(Earned Income Tax Credit) : 일정소득 이하 근로소득자를 대상으로 소득에
   비례한 세액공제액이 소득세액보다 많을 경우 그 차액을 환급해주는 제도로 1975년
   입법화되어 1986년 조세개혁법(Tax Reform Act), 1990년 이후 2010년 일자리 창
   출법안(Job Creationg Act of 2010) 등 지속적으로 확대·개정되었다.

제출할 때 어정쩡한 입장을 취하는 데다 국회도 세법 개정안을 심의할 때 표를 의식해 계속 연장해주고 있다.

국민연금, 지금처럼 주식투자해선 안 된다

우리나라 국민연금 운용에 문제가 많다. 600조원이 넘는 자금이 적립되어 있는데, 장부상으로만 그렇지 실제로 쓸 수 있는 돈이 없다. 주식에 투자하고, 부동산을 사들이고 해서 정작 돈이 필요할 때에는 이를 팔아 현금화하지 못한다. 주식을 내다 팔면 주식시장이 출렁거리기 때문에 그렇게 하지 못하는 것이다. 이 때문에 원래 공공연금은 주식시장 같은 데 투자하지 않는 것이 원칙이다. 고정 이율이 나오는 국채 등에 투자해야 하는데, 우리나라 연금은 주식·부동산 시장에 투자하고 있어 문제다. 지금처럼 연금을 투기적인 곳에 투자하도록 내버려두지 말고 우리 사회의 빈곤과 양극화 문제를 해소하는 데 활용하는 계책을 마련해야 한다.

결국 중요한 것은 제도 개선이다. 상속세와 증여세를 포함한 조세 제도를 전면 손질해야 한다. 세제와 예산 구조를 바꾸지 않고서는 복지 재원을 창출할 수가 없다. 이른바 4대 보험 가운데 의료보험과 연금 제도를 손질해야 한다. 현재 국민연금의 기금이 700조원 가까이 쌓여 있고(2016년 3월 현재 654조원), 앞으로도 2,000조원 이상 적립될 것으로 예상된다. 국민이 경제 활동을 하면서 한 푼 두 푼 적립한 것인데 이를 외국에 나가 투자하는 것은 리스크가 크다. 경우에 따라선 투자금을 한 푼도 못 건질 수도 있다.

연기금이 존속하는 데 가장 중요한 조건은 지속적으로 연금을 불입하는 사람이 있어야 한다는 점이다. 그러므로 괜히 기금을 가지고 증권에 투자해 수익을 올리기보다는 출산율 장려에 투자하는 것이 옳은 방향이다. 출산율을 높여 장차 연금을 낼 인적자원을 확보해야 연기금이 지속 가능한 것이다. 연금 관리가 돈만 쌓는다고 이뤄지는 것이 아니다. 보다 많은 사람이 매월 꼬박꼬박 불입해야 연기금이 제대로 돌아가지 지금처럼 연기금을 소진하는 구조로는 오래 지탱할 수가 없다.

출산율이 낮고 고령화가 가속화하는 사회에서 연기금이 민간 생명보험과 같은 자본적립 운용 방식으로는 지속적으로 유지될 수 없다. 따라서 연기금이 출산율 장려사업에 눈을 돌려 미래의 연기금 납부자를 확보하는 노력을 해야 한다. 노무현 정부 때 국민연금을 개혁한다며 노인들의 노후생활 안정보다 기금 안정에 급급한 나머지 연금 지급액을 10% 깎았다. 이는 공공연금의 본래 목적을 제대로 인식하지 못한 결과다. 복지를 중시한다는 정부에서 연금 지급액을 삭감한 것은 스스로 모순에 빠진 것이다.

재정적자만 부풀린 일본의 경기부양책

일본 경제가 1992년 침체에 빠져들자 관료들은 일시적인 경기 침체 현상이라며 경기부양 정책을 선택, 매해 1,000억 달러씩 경기부양 자금을 쏟아부었다. 그런데 일본은 이미 그동안 경제가 승승장구하는 동안 사회간접자본 투자를 많이 한 국가다. 마땅히 투자할 데가 없자 경기부양 자금을 강의 물줄기를 바꾸는 데 투입했다. 비교적 큰 강 113개 가운데 무려 110개 강의 물줄기를 바꾸는데 썼다. 강둑을 온통 시멘트화한 것이다. 그러나 이렇게 해서 얻은 경제적 효과는 거의 없고 재정적자만 커졌다.

일본 경제는 1990년대 초 부동산 거품이 꺼지면서 경제성장률이 꺾였다. 성장률이 1980년대 4.6%에서 1990년대 1.2%로 급락한 데 이어 2000년대에는 0.7%로 더 떨어졌다. 경기를 부양하기 위해 1992년부터 2000년까지 9차례에 걸쳐 124조엔 규모의 경기부양책을 집행했지만 효과는 없고 나라 빚만 증가했다. 급기야 빚을 갚기 위해 더 많은 빚을 내야 하는 악순환에 빠졌다. 일본의 국내총생산(GDP) 대비 국가부채 비율은 1990년 70%에서 2000년 140%, 2010년대 들어선 200%를 넘어섰다.[3]

일본 경제의 '잃어버린 20년'은 지속적인 돈풀기가 누적된 결과다. 1990년대 초 거품 붕괴 이후 케인지언들의 해법을 추종했다. 제로(0)금리 상태를 유지하며 통화 공급을 늘리고, 공공사업에 돈을 쏟아 부었다. 부실 신용조합 등 금융회사를 위한 구제 조치도 잇따랐다. 문제는 여기에 들어간 재원이 더 거둔 세금이 아니라 국채를 발행해 조달하는 빚이라는 데 있다.

'잃어버린 10년'에 이어 '잃어버린 20년'을 넘어서는 오랜 경기 침체로 일본의 세금징수액은 큰 폭으로 줄어들었다. 1990년 60조엔이었던 세수가 2010년대 들어 40조엔 수준으로 3분의 1 이상 감소했다. 세수 규모가 정부 예산의 절반도 채 안 된다. 세수 부족액을 메우기 위해 매년 많은 국채를 발행하다 보니 일본의 국가부채 비율은 국내총생산(GDP)의 200%를 훌쩍 넘어서 250%대로 치닫고

---

3) 일본의 총 국가채무(국채, 차입금, 정부단기증권 등)는 2016년 9월 말 기준 1,062조 5,745억엔(약 1경 1,544조 7,657억원)이다.

있다.4) 재정건전성으로 따지면 세계 최악이다. 이는 일본의 신용등급을 하락시키는 주요인으로 작용한다.

국가부채 비율이 높다 보니 매년 국채 원금과 이자를 갚는 비용도 엄청나다. 2017년 세출 예산안 97조엔 가운데 국채 관련 비용은 23조엔이 넘는다. 이 때문에 예산안 중에 실제로 정책에 사용할 수 있는 금액은 74조엔 정도에 그친다.5) 부채비율이 워낙 높아 장기금리가 1%포인트만 올라도 정부의 이자부담이 10조엔 이상 늘어나는 구조다.

저출산·고령화에 따른 복지비용 지출이 늘고 있어 재정 상태는 앞으로도 개선되기 어렵다. 연간 예산의 30% 이상이 노인들의 의료·간병 등 사회보장비다. 인구 4명 중 1명이 65세 이상일 정도로 고령화가 진행된 데다 신생아 수가 2015년 처음으로 100만명 아래로 내려가는 등 저출산도 심각하다. 1980~1990년대 일본 경제가 잘나갈 때까지만 해도 균형예산이었고 사회보장비 문제도 심각하지 않았다. 그런데 1990년대 이후 경제가 디플레이션에 빠지고 고령화가 급속히 진행되면서 대규모 국채 발행으로 사회보장비를 해결해야 하는 구조에 접어들었다.

아베 정권이 2012년 말 집권하면서 경기를 부양하기 위해 '양적완화' 정책을 시행했는데, 이는 일본 정부가 재정적자를 메우기 위해 채권을 발행하면 일본은행이 사주는 것이다. 일본은행은 2013년 4월 연간 60~70조엔 규모의 양적완화에 들어간 데 이어 2014

---

4) 2016년 기준 일본의 국내총생산(GDP) 대비 국가채무 비율은 245%다.
5) 일본의 2017년 세출 예산은 97조 4,547억엔인데 세수 수입은 57조 7,120억엔으로 34조 4,735억엔의 국채를 신규로 발행해야 한다.

년 10월에는 그 규모를 연간 80조엔으로 확대했다. 그 결과 불과 3년 사이 일본은행의 국채 보유액이 세 배 이상 불어났다.[6]

부채가 자본 축적에 기여하는 것은 개발도상국에서나 가능한 일이다. 일본에 돈이 없어 생산이 안 되는 게 아닌데도 구조조정 같은 자구노력을 외면한 채 돈만 풀었다. 인기를 쫓는 정치인들이 여기에 맞장구를 쳤다. 재정위기를 극복하려면 우리나라의 부가가치세 성격인 소비세를 올려야 한다는 점을 인정하면서도 어느 정권이나 결단을 내리지 않고 다음 정권으로 떠넘겼다.

국가재정을 보전하려면 소비세 인상이 필요하지만 국민 입장에선 그만큼 제품값이 올라가기 때문에 소비세 인상이 달갑지 않다. 인기 없는 정책이라서 유권자의 표를 의식하는 정권 입장에선 '고양이 목에 방울달기'인 셈이다. 실제로 소비세율 인상을 들고 나온 역대 일본 정권은 몰락의 길을 걸었다. 1979년 오히라 마사요시(大平正芳) 총리가 소비세 도입을 주장하다 선거에서 참패한 뒤 10년 동안 소비세는 정치권의 금기어였다. 자산 거품이 정점을 기록한 1989년 4월 다케시타 노보루(竹下 登) 총리가 처음으로 3% 소비세율 도입 결단을 내렸지만 2개월 후 낙마했다. 1997년 4월 소비세율을 5%로 올린 하시모토 류타로(橋本龍太郎) 총리도 아시아 외환위기와 함께 물러났다.

소비세율 추가 인상을 미루는 사이 잃어버린 20년으로 불리는 경기침체와 저출산·고령화 심화에 따른 사회보장비용 급증으로 국가재정은 빠른 속도로 악화됐다. 국가부채가 1,000조엔을 훌쩍 넘

---

6) 2016년 6월 말 기준 일본은행이 보유한 일본국채 잔고는 398조엔으로 전체 국채에서 차지하는 비율이 36.0%에 이르렀다.

었고 국내총생산(GDP) 대비 부채비율이 250%에 육박하면서 국가 신용등급을 위협했다. 이에 민주당 노다 요시히코(野田佳彦) 총리가 2012년 소비세율 8%(2014년 4월)·10%(2015년 10월) 단계 인상을 법제화하기에 이른다. 그러나 노다 정권도 2012년 말 선거에서 패배하면서 자민당 1당 체제를 무너뜨린 민주당 시대가 3년으로 막을 내렸다.

2012년 말 민주당 정권을 밀어내고 출범한 아베 신조(安倍晋三) 정권은 민주당 정권이 법제화한 대로 2014년 4월 소비세율을 5%에서 8%로 올렸다. 양적완화 정책으로 돈을 풀자 경기가 다소 살아났기 때문이다. 하지만 소비세율 인상 이후 경기 성장세가 꺾이면서 아베노믹스 위기론이 불거지자 아베 총리는 소비세율 추가 인상(8→10%) 시기를 두 차례 연기했다. 2014년 11월 소비세율 인상 시기를 2015년 10월에서 2017년 4월로 1년 6개월 늦춘 데 이어 2016년 6월에는 다시 2019년 10월로 2년 6개월 미뤘다.

설상가상으로 아베 정권이 핵심 정책으로 강조해온 '환태평양 경제동반자협정(Trans Pacific Partnership, TPP)'에 대한 트럼프 미국 대통령의 탈퇴 선언은 가까스로 회복한 일본의 무역수지 흑자 기조에 빨간 불을 켰다. 트럼프의 멕시코에 대한 강력한 국경제재 조치 등을 감안할 때 일본이 미국 정부를 설득하는 과정에서 고려해야 할 상대적 비용이 만만치 않을 전망이다. "일본은행의 윤전기를 돌려서라도 무제한 돈을 풀겠다" "재정지출을 확대하고, 공격적인 성장전략을 펴겠다"고 호언했던 아베노믹스의 '세 개의 화살'이 다 부러지는 모양새다. 명목 경제성장률도 당초 목표치인 3.0%에 턱없이 못 미치는 지난 3년 평균 1.6%에 그치면서 아베노믹스의 운명은 또다시 디플레이션 위기에 직면했다.

아베노믹스의 딜레마가 비단 일본 경제만의 문제일까? 경제가 매우 원활하게 순환할 때는 견제와 균형을 미덕으로 얘기할 수 있다. 하지만 지금은 불확실성의 시대다. 다시 강조하지만, 위기의 순간에는 대통령이 어떤 사고를 갖고 임하느냐에 따라 경제도 판가름 난다. 자신의 철학과 비전을 정확히 국민의 바람에 초점을 맞춘 '준비된 대통령'이 필요하다.

금융 혁신

중앙은행이 독립돼야 물가안정 가능

과거 개발연대에는 정부가 성장을 중시할 때 한국은행은 성장을 뒷받침하는 통화정책을 폈다. 말이 중앙은행이지 독자적인 목소리를 내지 못했다. 오죽하면 '재무부의 남대문출장소'로 불렸을까? 더 이상 우리나라 중앙은행을 이런 상태로 방치해선 안 된다. 한국은행을 철저하게 독립시켜야 한다. 기준금리 등 중요한 통화신용정책을 결정할 때 청와대나 정치권의 눈치를 보거나 영향을 받지 않도록 해야 한다. 그러려면 한국은행의 주요 의사결정에 정부나 정치권의 입김이 작용할 만한 소지를 차단하도록 한국은행법을 개정해야 한다.

금융통화위원회 구성과 운영 방식도 바꿔야 한다. 현재 금통위원은 대한상공회의소 회장 등이 추천하면 대통령이 임명하도록 되어 있다. 하지만 형식만 그럴 뿐 실제는 청와대 등 정치권에서 마음에 드는 사람을 내정해 임명하고 있다. 금융 및 통화 정책에 전문성을 지닌 인물이 맡도록 금융통화위원회 위원 선임 조건과 절차를 보다 엄격하게 바꿔야 한다.[1] 기획재정부 차관과 금융위원회 부위원장이 참석할 수 있도록 되어 있는 '열석발언권'[2]도 손질해야 한다. 열석발언권은 1998년 한은법 개정 때 생겼다.

금융통화위원회는 통화신용 정책에 관련된 주요 사항을 심의·의결하는 기구다. 한국은행법 제1조는 한국은행의 설립 목적을 "효율적인 통화신용정책의 수립과 집행을 통하여 물가안정을 도모함으로써 국민경제의 건전한 발전에 이바지한다"고 규정하고 있다. 한은법이 정한 대로 그 존재 의미인 물가안정을 위해 금융통화위원회가 정치권이나 정부의 눈치를 보지 않고 기준금리 조정 등 역할과 기능을 제대로 할 수 있도록 제도와 운영 전반을 뜯어 고쳐야 한다. 세계적으로 중앙은행의 독립성이 확보된 나라일수록 물가안정을 이뤘다.

---

1) 금융통화위원회 : 한국은행 총재와 부총재를 포함 7명의 위원으로 구성된다. 기획재정부장관과 한국은행 총재, 금융위원회 위원장, 대한상공회의소 회장, 전국은행연합회 회장이 각각 한 명씩 추천한다. 총재 임기는 4년, 부총재 임기는 3년으로 각각 한 차례 연임할 수 있다. 나머지 금통위원 임기는 4년으로 연임할 수 있다. 한국은행 총재가 의장으로 회의를 주재한다.

2) 열석발언권 : 기획재정부 차관과 금융위원회 부위원장이 한국은행 금융통화위원회에 참석해 정부 의견을 밝힐 수 있는 권한. 금융통화위원회 안건에 대한 의견은 밝히되 금리결정 등에 대한 의결권은 행사하지 못한다.

1920년대 독일 바이마르공화국은 극심한 인플레이션을 겪었다. 영국·프랑스에 지급해야 하는 전쟁 배상금을 조달하기 위해 독일 정부는 당시 중앙은행인 라이히스방크(Reichsbank)에 국채를 떠안겼다. 라이히스방크는 화폐를 찍어 국채를 인수했다. 중앙은행의 독립성은 무너졌고, 정부는 중앙은행의 '머니 프린팅(Money – printing, 돈 찍어내기)'에 의존했다. 그 결과 수만 %에 이르는 하이퍼 인플레이션(hyper – inflation)이 발생했다. 우표 한 장 값이 수백만 마르크에 이르렀다. 통화 시스템이 붕괴되면서 물물교환이 이뤄질 정도였다.

이에 대한 철저한 반성으로 1957년 설립된 독일 분데스방크(Bundes – bank)는 물가안정을 지상 과제로 삼는 세계에서 가장 독립적인 중앙은행으로 거듭났다. 유럽통합을 주도하는 과정에서도 독일은 유럽중앙은행(ECB)을 독일 프랑크푸르트에 두도록 했다. 벨기에 브뤼셀에 위치한 유럽연합(EU) 정부 격인 집행위원회와 거리를 유지하기 위해서였다.

1976년 재형저축 제도 도입 당시 중앙은행인 한국은행의 역할이 컸다. 당시 재형저축 가입자에게 지원하는 보조금이 중앙은행인 한국은행의 이익금이었다. 정부 재정에 여유가 없기 때문에 그렇게 한 것이다. 지금처럼 중앙은행이 계속적으로 환율을 방어하기 위해 통화안정증권을 발행하고 그 이자를 납부하느라 허덕이는 구조에선 이해하기 힘든 일이다. 한 나라의 시장경제 메커니즘이 제대로 작동하려면 금리 정책을 다루는 중앙은행의 독립성은 필수다. 한국은행이 통화안정증권만 발행하지 않았어도 한국은행은 지금 막대한 규모의 흑자를 내고 있을 것이다. 무역규모가 커졌기 때문에 외국환거래에 따른 수수료가 결코 적지 않았을 것이다.

정부(기획재정부)가 외환시장에 개입해 환율을 인위적으로 유지하는 일도 이제 없어져야 한다. 정부가 외환시장에 개입해 환율을 인위적으로 떠받치면 수출에는 일시적으로 도움이 될지 모른다. 궁극적으로 시장을 왜곡해 더 큰 대가를 치르게 된다. 환율을 인위적으로 유지해 수출 대기업을 성장시키면 일자리가 늘어나고 내수도 활성화된다는 낙수효과는 이제 기대하기 어려워졌다. 대신 석유류와 원자재, 곡물 등의 수입가격이 높아져 물가가 오르고 내수 중심 중소기업과 자영업자, 서민들이 고통을 받는다. 수출에 유리한 원화가치 하락(환율 상승)이 선(善)이고, 수입에 유리한 원화가치 상승(환율 하락)은 악(惡)이라는 그릇된 고정관념을 버릴 때다. 투기성 단기 외환거래(핫머니)에 세금을 부과하는 토빈세[3]는 필요하다고 본다. 토빈세로 핫머니의 투기 행위를 근본적으로 차단할 수야 없겠지만 수상한 자금거래 내역을 파악하는 데 도움이 될 수 있다. 그동안 열렬한 자본자유화의 전도사 역할을 자임했던 국제통화기금(IMF)도 마침내 "완전한 자본자유화가 모든 국가에 항상 바람직한 것은 아니다"라며 개별 국가가 처한 사정에 따라 핫머니 등 외환규제를 해도 된다는 쪽으로 입장을 정리했다.[4] 2008년 글로벌 금융위기 때까지만 해도 자본자유화 입장을 견지하던 IMF가 유럽발 재정위기 이후 미국·유럽·일본 등 선진국의 양적완화(돈풀기) 정책이 세계 경제와 금융시장 불안을 키운다는 신흥국들의 비판을 상당

---

3) 토빈세(Tobin's tax) : 노벨 경제학상을 받은 미국 예일대학교 제임스 토빈(James Tobin 1918~2002) 교수가 1972년에 주장한 개념. 투기성 단기 자본(핫머니)의 급격한 유출입으로 각국의 통화가치가 급등락해 통화위기가 촉발되는 것을 막기 위해 국경을 넘나드는 외환거래에 0.1~1%의 세금을 매기자고 제안했다.

4) IMF는 2012년 12월 3일 '자본자유화와 자본이동 관리에 대한 제도적 시각' 보고서에서 "적절한 금융 규제와 감독이 수반되지 않으면 자본자유화는 경제 내 변동성 및 취약성을 증폭시켜 위기를 초래할 수도 있다"고 적시했다.

부분 수용한 것이다.

금산분리 원칙
지켜야 한다

외환위기 때 막대한 공적자금을 투입해 망하기 직전의 금융기관을 살려놓았다. 그런데 이를 국민주 공모 방식으로 공개하지 않고 왜 사려 깊지 않게 거대경제세력에게 주려고 드는지 이해할 수 없다. 그 대표적 사례가 우리은행 민영화인데 마땅히 국민주 공모 방식으로 기업공개를 해야 한다. 국민주 공모 방식으로 하지 않고 원매자를 찾아 매각하려 드는 것은 경영권 프리미엄을 받을 요량인데, 몇 천억 원을 챙기려고 그렇게 해선 안 된다.

이런 사고방식으로 어떻게 분배 상황을 개선하고 양극화를 해소할 수 있겠는가? 더구나 외국계 자본이 국내 은행을 인수하면 선진 금융기법을 전수할 줄 알았는데 실상은 딴판이다. 개인대출 금리는 외국계 은행이 국내 은행보다 높고, 국내 은행과 달리 기업대출보다 개인대출 비중이 훨씬 높다. 금융의 공적 기능을 망각한 영업행태를 보이고 있다.

노태우 대통령 시절 포항제철과 한국전력을 민영화하면서 국민주 공모 방식으로 진행했다. 이런 정책이 일반 국민에 대한 정부의 배려다. 노태우 대통령 재임 5년 동안에 소득분배가 가장 공평하게 이뤄졌다. 당시 노동조합의 힘이 조금 세졌을 때다. 소득분배는 노동조합의 힘이 무력해지면 이뤄지기 어렵다.

금산분리 원칙도 지켜야 한다. 이미 보험·증권사 등 제2금융권은 대부분 재벌 손에 있다. 금융자본과 산업자본의 분리 문제는 은행을 산업자본이 소유할 수 있느냐 없느냐의 문제다. 사실상 국내에서 은행을 소유할 만한 기업도 별로 없다.

은행은 대형화하는 것만이 능사는 아니다. 몸집을 키운 은행이 사고가 나면 국민 부담이 더 커진다. 지금 금융정책을 다루는 사람은 우리은행 민영화나, 은행 대형화 등에 신경 쓸 게 아니라 가계부채 문제를 해결하는 데 힘을 쏟아야 한다. 스페인보다 심각하다는 가계부채 문제에 적극 대처해야 한다.

양적완화로 돈 풀어도
월가만 살쪄

레이건 정부에서 신자유주의 경제 정책을 주도한 사람들은 생각이 짧았다. 래퍼곡선을 만든 경제학자 아서 래퍼(Arthur Laffer)도 마찬가지다. 그는 어느 날 레스토랑에서 식사하던 중 갑자기 생각난 솥뚜껑 모양의 곡선을 냅킨에 그렸다. 이 곡선은 '세율이 적정 수준에 이르기까지는 정부 세수가 증가하지만, 세율이 적정 수준 이상으로 상승하면 이때부터 세수가 오히려 감소한다'는 내용이다. 예를 들면 극단적으로 세율이 100%라면, 어짜피 소득 모두가 세금이 될 것이니 사람들은 일하지 않을 것이고 이 경우 세수는 0(제로)이 된다. 이는 세금이 지나치게 많으면 투자나 소비가 감소하여 결과적으로 성장을 억제하게 된다는 래퍼곡선 효과 이론으로 발전했다.

이에 근거해 1980년대 레이건 정부는 세율이 적정 수준을 넘은 것으로 보고 법인세와 소득세에 대한 감세정책을 실시했다. 그 결과 재정적자가 크게 늘어나자 복지 지출을 억제했다. 세수가 감소하면 정부가 우선적으로 지출을 억제하려고 하는 분야가 복지 분야다. 복지 대상자들이 정치적 파워가 약한 사회적 약자이기 때문이다. 그 결과 소득분배 상황이 악화되고 양극화가 심화된다. 미국도 비슷한 경로를 걸었다.

2008년 서브프라임 모기지 사태로 이듬해 마이너스 성장률까지 기록한 미국 경제가 2016년 1.6%의 성장률로 2015년(2.6%)에 못 미쳤으며, 역사적 평균 성장률인 3.3%를 11년째 넘어서지 못하고 있다. 향후 미국 경제에 대한 전망도 그다지 밝지만은 않다. 미국 의회 예산처(CBO)는 2019~2026년 미국의 경제성장률을 미 연준이 추산하는 1.8%의 잠재성장률과 비슷한 1.9%로 예상하고 있다. 소비가 국내총생산(GDP)의 70%를 차지하는 경제구조에서 가계소득이 증가하지 않을 경우 미국 경제를 견인할 성장동력이 소멸되어 갈 수밖에 없기 때문이다. 세 차례에 걸친 양적완화(QE) 조치로 달러화를 찍어 돈을 대규모로 풀어도 이 자금이 월가로 흘러 들어가 주식시장만 활황일 뿐 실물경제로 유입되지 않고 있다.[5] 더구나 대규모로 풀린 자금이 각종 원자재와 곡물 시장으로 몰려 국제 원자재와 곡물가격 상승을 부채질하고 있다. 그 바람에 원자재와 곡물을 수입해야 하는 국가의 부담을 키우는 후유증을 낳고 있다.

미국 경제는 지금 경기순환 관점에서 보면 '콘트라티에프 B 국면'(50~60년 주기의 경기순환에서 침체 국면)에 와 있다. 1929년 대공황 시기로부터 50~60년 주기로 계산하면 침체 국면이다. 현재와 같은 상태가 이어지면 미국 경제도 1990년대 이후 일본 경제처럼

---

5) 양적완화(Quantitative Easing) : 중앙은행이 경기를 부양하기 위해 시중에 돈을 푸는 것으로 정부 국채나 기타 금융자산을 매입하는 방식으로 한다. 2001년 3월 일본은행이 처음 도입했으며, 미국은 2008년 금융위기 이후 시행했다.

장기 저성장 국면에 빠져들 것이고 세계 경제에 큰 영향을 미칠 것이다. 1990년대 초 이후 '잃어버린 20년'이란 소리를 듣고 있는 일본 경제가 세계경제에서 차지하는 비중(GDP·국내총생산 기준)은 8% 정도여서 상대적으로 영향이 덜했다. 하지만 미국 경제가 세계경제에서 차지하는 비중은 27% 정도로 일본의 세 배 이상이다. 미국 경제가 정상 궤도를 찾지 않으면 세계 경제 또한 장기 불황에 빠질 수밖에 없는 구조다.

오늘날의 미국을 만든 것은 미국인의 창조적인 사고방식이다. 하지만 언제부터인가 미국 사회에서도 아메리칸 드림이 사라졌다. 접시닦이를 하다가 벤처를 창업하여 백만장자가 되기 어려운 구조가 되었다. 그나마 애플의 스티브 잡스, 마이크로 소프트의 빌 게이츠, 구글의 래리 페이지, 페이스북의 마크 주커버그와 같은 인물이 나타나 미국 경제가 가까스로 명맥을 유지하고 있다.

미국, 네 번째 각성을 할 때다

오늘날 미국을 평가할 때 경제사학자 윌리엄 포겔[6]은 "네 번째 각성을 해야 한다"고 주장했다. 포겔은 300여 년 미국 역사가 '도덕적 각성 → 윤리 도덕의 변화 → 정치 개혁 → 경제 부흥'의 길을 걷고 있다고 진단했다. 그 첫 번째 각성은 1776년 미국의 독립

---

6) Robert William Fogel(1926~2013) : 미국의 경제사학자. 하버드대학교 인구경제연구소 소장과 시카고대학교 경제학 교수로 있었으며, 1993년 노벨 경제학상을 수상했다. 2000년 《제4의 영적 각성과 평등주의의 미래》란 책을 냈다.

이고, 두 번째 각성은 1800년대 노예제도 폐지와 여성에 대한 투표
권 부여, 세 번째 각성은 20세기 초 테어도어 루스벨트 대통령의
독점 해체를 시작으로 대공황 이후 프랭클린 루스벨트 대통령의 사
회적 불평등 해소 정책이다.

　　지금까지 미국의 세 차례에 걸친 각성에서 가장 중요한 것은
테어도어 루스벨트 대통령 시절 시행한 거대경제세력에 대한 정부
의 제재였다. 이를 통해 정치권력과 경제세력과의 관계에서 정치세
력이 경제세력보다 우위에 서는 시스템을 확립했다. 윌리엄 포겔이
주장하는 네 번째 각성은 미국이 도덕적으로 각성해야 한다는 것이
다. 도덕적 각성이 무엇을 의미하는지는 2008년 금융위기를 보면
금방 알 수 있다. 소수 금융 자본가들이 도덕성을 망각한 채 지나
친 탐욕을 부리다 상황이 그 지경에 이른 것 아닌가? 결과적으로
정부가 제 역할을 하지 못하면 안 된다는 점을 보여준 것이다.

　　이러한 상황은 빌 클린턴 대통령 시절부터 시작되어 시장주의
자들이 금융에 대한 규제를 대부분 폐지해 버렸다. 프랭클린 루스
벨트 대통령은 대공황으로 매우 어려운 시기임에도 금융산업분할
법을 통해 금융업의 영역에 대한 칸막이를 쳤다. 은행은 은행 업무
만, 보험사는 보험 업무만, 증권사는 증권 업무만 취급하도록 했다.
이런 금융업의 칸막이가 1979년 로렌스 서머스 교수가 재무장관으
로 있을 때 모두 없어졌다. 그 결과 2008년 금융위기가 발생한 것
이다. 규제라고 해서 무조건 나쁜 것이 아니다. 시장경제의 효율이
좋다고 하지만, 시장이 제대로 효율을 발휘할 수 있으려면 기본적
으로 지켜야 할 룰이 있어야 한다. 그런 기본적인 룰을 정하지 못
해 문제가 터진 것이다.

　　급기야 2011년 9월 월가점령 시위가 발생했다. 일단 3개월 만

에 봉합됐지만, 시위를 몰고 온 근본적인 배경인 경제 불평등은 완화되지 않은 채 잠복해 있다. 시위의 근저에는 '우리는 99%'라는 구호가 상징하듯 소득분배 구조 악화와 양극화가 자리를 잡고 있다.

미국 뉴욕타임스 칼럼니스트 토마스 프리드먼(T. Friedman)은 미국 자본주의가 위태롭다며 지금까지 걸어온 식으로 해선 안 된다고 경고음을 울리고 있다. 로버트 프랭크(R. Frank) 예일대학 교수는 오늘날의 자본주의가 《국부론》을 쓴 아담 스미스의 이론보다 《진화론》을 쓴 찰스 다윈의 이론에 의해서 움직인다고 지적했다. 이른바 '사회진화론'과 비슷한 개념으로 강한 자만 살아남고 나머지는 쓰러지는 적자생존의 논리가 지배하는 사회에선 자본주의는 물론 이를 바탕으로 한 민주주의도 결국 깨지고 만다고 경고하고 있는 것이다.

더불어 사는
경제로 가는 길

제3부

결국
다시
경제민주화다

제1장
결국 다시
경제민주화다

경제정책의 틀을
새로 짜라

경제 '기술자'만 있지 '경제정책가'는 없다

우리나라에 '경제정책을 하는 기술자'는 있어도 진정한 의미의 '경제정책가'는 없다. 1960년대부터 경제정책 대부분이 일본 것을 베끼는 수준에 머물고 있다. 1970년대, 1980년대만 해도 일본 기술자가 삼성전자에 반도체 기술을 알려주었지만, 지금 일본 반도체업체들은 겨우 명맥을 유지하고 있다. 미래에 대한 예측과 설계를 게을리한 결과다. 한때 세계 전자제품 시장을 주름잡던 소니가 저렇게 몰락하리라고 누가 예상했는가?

일본을 따라한 우리도 정신을 차려야 한다. 까딱하다가는 1990

년대 이후 '잃어버린 20년'으로 통하는 일본의 전철을 밟을 수 있다. 지금 현대·기아차가 잘 나간다지만 2010년 미국이 도요타자동차에 취한 대량 리콜 사태의 반사이익을 보고 있다는 점을 잊어서는 안 된다. 국내 자동차 판매가격과 미국 수출가격에 상당한 차이가 난다. 국내 소비자를 상대로 판매한 수익금을 바탕으로 미국에서 장사하는 셈인데, 언제까지 그렇게 할 것인가? 개발연대에는 국내 소비자가 참고, 희생해 수출기업을 살려야 한다는 논리가 통했을지 모르지만, 이제 정부가 나서 잘못된 구조를 시정해야 한다.

전기요금만 해도 그렇다. 언제까지 산업용 전기요금이 일반 주택용 요금보다 싼 구조로 갈 것인가. 1970년대식 전력요금 체계가 아직도 유지되고 있다. 게다가 주택용 전기요금은 얼마 전까지만 해도 6단계 누진제를 적용해서 여름철 무더위에 에어컨 몇 차례 틀었다가는 전기요금 폭탄을 맞았다. 이런 불합리한 전근대적인 가격 메커니즘만 조정해도 가계 부담을 상당 부분 줄일 수 있다.

최근 귀농·귀촌 인구가 늘고 있다. 역대 정부가 그리 노력해도 이뤄지지 않았던 인구분산이 자연발생적으로 나타나고 있는 것이다. 도시에서 거주하던 주택을 처분하고 농촌으로 이주할 경우 양도소득세 부담을 없애주면 귀농·귀촌을 활성화하는 데 큰 도움을 줄 것이다. 재산을 가진 자가 사망해야 상속세를 부과할 수 있는 여건이 되듯 양도소득세 또한 양도행위가 일어나야 비로소 세금을 부과할 여지가 생기는 세금이다. 직장에서 은퇴한 뒤 도시 주택을 처분하고 생활비가 덜 드는 농촌 생활을 원하는 이들에게는 그만한 동기 부여를 해주는 것이 필요하다. 귀농·귀촌 현상이 계속 활성화하면 인구 분산과 함께 수도권 집중 현상이 완화되고 지역 균형발전에도 보탬이 될 것이다.

행정중심 복합도시 세종시 건설과 정부기관 이전을 놓고 말이 많았지만 장기적으로 볼 때 필요한 조치였다고 생각한다. 과거처럼 교통과 통신이 불편한 시절도 아니므로 굳이 모든 행정 기능이 수도에 있을 필요는 없다. 스마트 시대에 화상회의 등 대체할 수단이 많다. 정부가 일을 하는데 굳이 그렇게 회의를 자주 할 필요도 없다. 고속철도를 연결하고 고속도로망을 갖추면 서울을 오가는 데에도 과거보다 시간이 훨씬 덜 걸린다.

우리 사회의 학력 인플레와 대학입시 과열 현상은 기업의 신입사원 채용 제도를 바꾸는 데에서 방법을 찾아야 한다. 대기업들이 이른바 SKY 등 명문 대학 출신만 선호하지 말고 직능에 맞춰 고교 졸업자와 전문대 및 지방대학 출신 등을 고루 뽑아 활용해야 한다. 그래야 기업 내 조직이 젊어지고 사내 소통도 원활해진다. 대학 등록금을 반값 정도로 싸게 해서 원하는 사람들을 모두 대학에 진학하도록 하는 것보다 젊은이들이 고교 졸업 후 사회활동과 대학 진학을 선택하도록 해야 한다. 이런 식으로 기업의 채용 제도를 바꾸고 학생들로 하여금 학교를 선택하도록 하면 비정상적으로 높은 대학 진학률이 50% 수준으로 떨어지며 안정을 되찾을 것이다. 시장 메커니즘은 바로 이런 곳에 적용하는 것이다.

슬로건만으로 경제, 나아지지 않는다

우리나라도 1960~1970년대에는 8~10%의 고도성장을 구가했다. 그러나 잠재성장률이 3%대 중반으로 하락한 가운데 잠재성장률에도 미치지 못하는 성장이 이어지고 있다. 문제는 과거 고도성장하던 기억이 사람들의 머릿속에 남아 있어 우리 경제의 현실을 냉철하게 판단하지 못하는 점이다. 불가능한 성장 목표는 정부에 대한 신뢰만 손상시킬 뿐 의미가 없다.

예를 들어보자. 2014년 가을부터 국제유가가 큰 폭으로 떨어졌다. 그래서 많은 나라에서 2015년 성장 전망치를 낮게 잡았다가 상향 조정했다. 그러나 한국은 높게 잡았던 성장 전망치를 내렸다. 이 무슨 넌센스인가? 21세기는 지식정보화 사회다. 스마트폰 하나만 갖고도 지구촌 곳곳의 정보를 확인할 수 있는 마당에 근거가 희박한 소리를 하면 신뢰만 잃을 뿐이다. 국민들의 합리적인 비판은 이미 상당한 수준에 도달해 있다. 나라 밖 상황을 냉정하게 보고 우리 처지를 돌아보면 경제 돌아가는 상황을 충분히 짐작할 수 있다.

제발 '경제 살리기'란 표현을 쓰지 않았으면 한다. 한국 경제가 죽지 않았는데 무엇을 어떻게 살린단 말인가? 2007년 대선에서 이명박 후보는 '경제 살리기'를 내세워 대통령에 당선되었다. 대통령에 취임한 뒤 '비즈니스 프렌들리(Business Friendly)'를 외치며 친기업 정책을 펼쳤고, 서울공항의 활주로까지 변경하며 롯데그룹에 제2 롯데월드를 건설할 수 있도록 해주었지만 이명박 정부의 경제실적은 그리 좋지 않았다.

정부가 구호를 외친다고, 슬로건이나 캠페인만으로 경제가 좋아지지 않는다. 재벌들은 돈을 벌 기회가 있다고 판단하면 어떤 규제가 있더라도 해야 할 투자는 한다. 지금 그들에게 투자할 곳이 보이지 않아 망설이는 것이다. 대기업들은 사내 유보소득이 넘쳐난다. 이런 판에 재정을 확대하고 이자율을 낮춘다고 투자가 금방 늘어나겠는가?

지금 한국 경제는 일본을 닮아가고 있다. 일본도 투자를 확대하고 소비도 늘리겠다며 통화를 대거 풀고 적자재정을 편성했다. 일본의 재정적자는 국내총생산(GDP)의 250% 수준이다. 일본 기업들이 왜 투자를 하지 않는가? 투자를 해도 돈벌이가 되지 않기 때문이다. 일본 기업들의 유보소득은 2조 1,000억 달러로 일본 GDP의 44%에 해당하는 규모다. 미국 기업들의 GDP 대비 유보소득 비율(11% 수준)의 네 배에 이를 정도로 비정상적이다.

일본은 65세 이상 인구의 비중이 전체의 25%에 이른다. 일본 국민은 저축을 많이 하기로 유명한데, 그 저축의 3분의 2를 60세 이상 노인들이 갖고 있다. 노인들은 소비성향이 낮아 소비 진작에 도움이 되지 않는다. 하류층과 젊은 층은 돈이 없어 소비를 하지 못하고 있다. 1999년 3월 오부치 게이조(小淵惠三) 내각은 15세 이하 자녀를 둔 저소득층 가구주 3,500만명에게 모두 7,000억엔에 이르는 '지역진흥권'(상품권)을 지급했다. 지급 초기 반향을 일으키는 듯 했지만 반짝 효과에 그쳤다.

현 아베 신조 내각도 과거 20년 동안 일본이 행했던 정책들을 망라하는 경기부양책(아베노믹스)을 시행하고 있지만 경제 상황은 나아지지 않고 있다. 구로다 하루히코(黑田東彦) 일본은행 총재와의 견해 차이로 돈을 풀어대는 양적완화 정책에도 균열이 생기기도 했다. 구로다 총재가 돈을 더 이상 마구 찍어낼 수 없다며 세금(소비세)을 올리라고 주문한 것이다. 그러나 2014년 4월 소비세를 5%에서 8%로 올린 뒤 소비심리가 위축되고 정권 지지율이 하락하자 2017년 4월로 예고된 소비세율 2%포인트 추가 인상 시기를 연기하기에 이르렀다.

한국 경제가 현재 어떤 상황, 어느 위치에 있는지 명확하게 인식해야 한다. 그리고 그에 따른 문제가 무엇인지를 파악해 문제를 치유하려고 노력해야지, 단기 경기부양에 급급해선 안 된다. 현 경제 상황이나 그에 대처하는 양국 정부의 정책을 보면 일본과 한국, 두 나라 모두 젊은이에게 미래가 보이지 않는다.

▌융합정책 시대 …
▌정부조직 정비해야

박근혜 정부는 집권 이후 2014년만 빼고 2013년, 2015년, 2016년 내리 추가경정예산을 편성하였다. 그러면서도 그 추경이 경제에 미친 효과에 대한 분석도 제대로 제시하지 않았다. 2016년에도 정부는 브렉시트(영국의 유럽연합 탈퇴)로 세계 경제가 동요할 것이므로 사전에 대비해야 한다고 했지만, 그런 막연한 예상으로 경제전망을 변경하고 추경을 편성해선 안 된다.

연례행사처럼 추경을 편성하고, 기준금리를 인하하고, 통화공급을 늘린 결과가 어떻게 나타났는가? 일본의 아베노믹스를 흉내내면서 금리를 내리고 돈을 풀었지만 결과적으로 부동산 경기만 자극했을 뿐 경제적인 효과는 없었다. 박근혜 정부가 내세운 부동산 시장 활성화는 결국 가계부채 증가를 통한 '부동산 투기성 경기 활성화'로 귀착된다. 명색이 경제부총리가 "빚 내 집 사라"는 식으로 발언해서 되겠는가? 인위적인 경기부양 정책이 중장기적으로 경제체질을 허약한 상태로 이끈다는 것은 과거 우리나라 경제정책 역사가 입증한다.

그동안 경제정책을 부문별로 수립해 집행해온 결과 모순되거나 서로 상충되는 부분이 적지 않다. 경제정책 전반을 놓고 종합적으로 점검해 시대착오적이고 낡은 규제와 관행적으로 해온 그릇된 행태를 과감하게 털어내야 한다. 동시에 재정과 금융, 산업 등 각 부문의 정책을 유기적으로 연결시키는 융합정책으로 바꿔야 한다. 그러려면 일부 정부 조직을 바꾸는 작업이 필요하다.

국방, 외교, 행정, 법무 등 국가 경영의 기본이 되는 행정부처를 제외하곤 전반적으로 정부조직의 기능을 조정할 필요가 있다. 특히 국토교통부의 경우 기능을 대폭 손질해야 한다. 주택 정책은 더 이상 국토교통부가 집행할 일이 아니다. 한국토지주택공사가 담당하도록 하면 된다. 선진국도 전후 복구사업이 필요한 시기에는 주택건설과 도시정비를 담당하는 행정부처를 두었다. 하지만 복구사업이 마무리되자 모두 없앴다. 이런 불요불급한 행정기구만 정비해도 상당한 예산이 절감된다. 산업통상자원부와 환경부도 최근 세계적 트렌드를 반영할 필요가 있다. 공정거래위원회는 기능을 더욱 강화해야 한다. 경제민주화를 위해 해야 할 일이 많다.

국가가 핵심적으로 수행해야 할 업무가 달라졌으니 정부 조직도 이에 맞춰 바꿔야 한다. 무엇보다 복지정책과 경제정책의 범주에 대한 경계를 분명히 해야 한다. 예를 들어 아이를 낳아 적어도 초등학교에 들어갈 때까지 성장하는 과정은 복지로 생각하면 곤란하다. 0세부터 만 5세까지의 양육은 지속 가능한 경제성장의 원동력을 확보하기 위해서라도 정부가 나서지 않으면 곤란한 상황이다. 당면 과제인 저출산을 해소하는 데 정부가 적극적인 역할을 해야 한다. 2017년부터 생산가능인구가 줄어들 전망인데 여성의 경제활동 참여를 유도하려면 0~5세 아동의 보육은 국가가 적극 나서야 한다.

보육·교육은 복지정책 아닌 경제정책

다시 말해 0~5세 보육 문제는 복지가 아닌 미래 성장을 위한 노동력 확보라는 경제 정책 관점에서 다뤄야 한다. 경제정책은 통화정책과 재정정책, 산업정책으로만 하는 것이 아니다. 노동력 확보를 위한 정부시책도 경제정책이다. 오늘날의 한국 경제를 이룬 핵심 추동력은 사람, 즉 인적자원이었다. 앞으로도 마찬가지다. 0~5세 보육 문제를 경제정책이 아닌 복지정책 차원으로 보니까 낭비니, 포퓰리즘이니 하는 이야기가 나오는 것이다.

더구나 한국의 합계출산율은 계속 1.2명 수준을 맴돌며 이는 세계 최저 수준이다. 진정 미래 세대를 걱정한다면 우리나라 인구구조부터 걱정하며 대책을 마련해야 한다. 지금 같은 수준의 출산율로는 미래에 제대로 할 수 있는 것이 아무것도 없다. 출산율 제고를 위한 노력이 선행되어야 한다.

마찬가지 이유로 초등학교 교육도 복지(비용)로 인식해선 곤란하다. 미래에 대한 투자라고 생각해야 한다. 부모가 자녀보육 걱정 없이 경제생활을 할 수 있도록 하려면 어린 아이를 돌봐줄 데가 있어야 한다. 국가가 이를 담당해야 한다. 보육과 의무교육을 복지비용과 예산 문제로 접근하는 경제정책은 유치하기 짝이 없는 패러다임이다. 이런 사회에서 어찌 국가의 미래를 이야기할 수 있나?

복지정책은 소득이 없거나 소득을 상실해 생존이 불가능한 사람들을 생존할 수 있도록 도와주는 것을 말하는 것으로 경제정책이 아닌 사회정책이다. 교육이 왜 복지정책인가? 대학생 등록금 부담을 줄이는 것이 왜 복지정책인가?

심지어 노동정책의 일부까지 복지인 것으로 착각한다. 노동정책이야말로 인적자원을 다루는 경제정책의 핵심 분야다. 화폐시장, 금융시장, 노동(고용)시장 등 세 가지 시장이 경제정책의 대상이다. 노동시장을 이야기할 때 분배 문제가 거론되니까 복지정책으로 오해하는 모양인데 분명한 개념 정립이 필요하다. 경제정책과 복지(사회)정책에 대한 구분부터 명확히 해야 한다.

우리 사회는 어떤 개념이 정확히 자리잡기까지 상당한 시간이 필요하다. 1977년 제4차 경제개발 5개년 계획을 발표하기 전 정부가 한국개발연구원(KDI)에게 '사회개발'을 주제로 세미나를 하도록 주문했다. 당시 김만제 KDI원장이 교육투자, 사회간접자본(SOC) 투자 등을 사회개발 범주에 넣어 주제 발표를 했다. 하지만 이는 '사회'라는 말을 잘못 해석한 것이다. 도로와 댐을 건설하는 것이 어찌 사회정책인가?

사회(개발)정책이란 기본적으로 허약한 계층을 어떻게 유지해 끌고 갈지를 다루는 정책이다. 1977년부터 시작된 제4차 경제개발 5개년 계획에 사회라는 단어가 들어간 것은 3차에 걸친 경제개발 5개년 계획이 수반한 경제·사회 구조의 변화를 반영한 것이다. 다시 말해 취약 계층을 위한 정책의 시작을 알리는 것이었다.

2008년 글로벌 금융위기에서 시작된 세계경기 침체는 쉽게 개선되기 어려운 구조다. 유로존이 재정위기를 극복하고, 미국의 소비가 살아나는 데 시간이 걸릴 수밖에 없다. 이런 상황에서 한국이 자칫 경기 부양책을 썼다가는 상황을 더욱 악화시킬 수 있다. 지금 여기서 부동산 투기가 한 번 더 일어나면 우리 경제는 회생하기 어려운 국면으로 빠져들 수 있다.

많은 나라가 기대를 걸고 있는 정보기술(IT) 산업은 1970년대부터 시작됐다. 1990년대 세계적으로 호황을 이룬 뒤 거품이 꺼지기 시작했다. 최근 스마트폰이 인기를 끌면서 정보통신기술(ICT) 산업이 각광을 받고 있지만, 기본적으로 인력을 대규모로 필요로 하는 업종이 아니라서 고용창출에는 한계가 있다. 세계 각국이 고민하는 청년실업 등 고용 문제를 생각한다면 우리나라도 전기전자, 기계, 섬유 등 전통 제조업의 부활에 더욱 큰 관심을 쏟아야 한다.

인구구조 변화에
대비하라

　미국 국무장관을 지낸 조지 슐츠가 1990년 4월 한국을 방문했
을 때다.[1] 함께 식사하는데 슐츠가 물었다. 21세기에 어느 나라가
가장 문제가 될 것 같으냐고. 미국이 가장 걱정인 것 같다고 대답
했다. 그러자 슐츠는 "세계화 시대에 미국처럼 글로벌화하기 좋은
나라가 없다. 미국은 이미 여러 인종의 사람들이 모여 이뤄진 글로
벌 국가라서 그렇다"고 했다. 그러면서 21세기에 가장 골치 아픈
나라는 일본이 될 것이라고 예상했다. 왜냐하면 인종의 동질성

---

1) George Pratt Shultz(1920~) : 미국 외교관이자 정치가 겸 학자. 시카고대학교 총
　장과 닉슨 대통령 정부에서 국무장관을 지냈다.

(homogeneity)을 가장 강조하는 국가이기 때문이라고 설명했다. 자기들끼리만 모든 것을 하려고 드는데, 한국도 일본과 비슷한 속성이 있으므로 경계해야 한다고 지적했다. 그래도 한국인들이 일본인보다 역동적이기 때문에 경제정책을 잘 펴야 한다고 충고했다.

조지 슐츠 전 장관의 예언은 적중했다. 그 뒤에도 슐츠를 가끔 만났는데 자주 하는 이야기가 인구구조 변화 및 그 대비책과 관련된 것이었다. 한국도 인구구조가 급속도로 악화되고 있다며 인구구조의 변화를 잘 살펴야 한다고 강조했다. 바로 세계 최저 수준의 출산율과 빠른 속도의 고령화에 대비해야 한다는 충고였다.

슐츠는 또 중국 경제가 지금과 같은 속도로 계속 성장하기 어렵다고 진단했다. 고령화 때문이다. 중국이 총인구는 많지만 노령인구 비율이 높아 젊은 층의 부양 부담이 커져 성장에 장애 요인으로 작용할 것이기 때문이라는 것이다.

▎세계를 지배하는 힘, 인구에서 나온다

미국이 드러내놓고 이야기를 하지 않지만 인구에 대한 관심이 매우 크다. 앞으로 세계를 지배하는 힘은 인구에서 나온다고 보기 때문이다. 골드만삭스의 장기 전망을 보면 오는 2027년에는 중국이 미국을 제치고 세계 제1위 경제대국으로 부상하고, 인도가 2위 국가가 될 것이라고 한다.[2] 그런데 미국이 중국에 대해 그리 경계하

---

2) 짐 오닐(Jim O'Neil) 골드만삭스자산운용 회장이 2011년 출간한 저서 《성장 지도 (The Growth Map)》에서 주장했다.

지 않는 이유는 중국의 인구구조 변화를 내다보고 있어서다. 중국에서 한 자녀 갖기 운동을 전개한 결과 머지않아 고령층이 늘어나고 생산가능인구가 줄어들 것으로 보기 때문이다.

지금 우리나라에서 가장 중요한 것 중 하나가 인구 문제인데 양극화를 해소하지 않고선 이를 해결할 수 없다. 사회 안정을 꾀하고 통일을 지향하는 데도 인구 변수가 중요하다. 지금과 같은 저출산 추세로는 나중에 국가로서 존립하기도 힘들어진다. 저출산 상황이 지금 상태로 지속되면 노인 부양 부담이 커지는 등 인구구조는 더욱 악화된다. 인구구조가 악화되면 아무것도 할 수 없다. 복지도, 경제도 안 된다. 저출산 문제를 지금 상태로 놓아두고선 경제 성장도 없다.

30대 초반 여성의 미혼율이 30%에 육박하며, 결혼해도 아이를 낳지 않는 경우도 많다.[3] 미래에 대한 설계를 할 수 없기 때문에 그렇다. 한 마디로 돈이 없어 아이를 못 낳겠다는 말이다. 양극화 현상을 서둘러 해소해야 저출산 문제도 풀어나갈 수 있다. 가장 혼자 벌어선 먹고 살기 힘들어 아내까지 직장에 나갈 수밖에 없는 상황에서 아이를 맡아 길러줄 곳이 없으니 아이를 낳지 않는 것이다.

지금처럼 낮은 출산율이 계속되면 경제활동인구 두 명이 노인 한 명을 부양해야 하는 지경에 이르게 된다. 더 이상 늦기 전에 출산율을 높이는 다각적인 정책을 써야 한다. 이미 총인구가 줄어들기 시작한 이웃 일본을 반면교사로 삼아야 한다. 일본 경제가 활력을 잃고 '잃어버린 20년' 상황에 빠지는 데 급속한 고령화도 크게

---

3) 통계청 인구주택총조사 결과 2010년에 20.4%였던 30대 여성의 미혼율은 2015년 28.1%로 높아졌다. 한편 30년 전인 1985년 30대 초반 여성의 미혼율은 4.2%였다.

작용했다. 독일에서도 출산율이 낮아지자 두 자녀 이상 가정에 투표권을 한 장 더 주자는 의견까지 나왔다.

우리나라 젊은이들이 아이를 아예 낳지 않거나 낳아도 하나만 낳는 것은 미래 설계를 할 수 없기 때문이다. 결혼 비용도 많이 들지만 워낙 오른 집값과 전셋값 때문에 신혼집 구하기도 힘들다. 집값이 하락하자 40대 하우스푸어가 사회문제로 등장했지만, 30대는 집값이 더 떨어져야 희망이 보이는 구조다.

더구나 초혼이 늦어지자 아이를 낳지 못하는 불임 부부가 적지 않고 아이를 낳았는데 저체중이거나 기형인 확률도 높아진다. 한국처럼 출산율이 낮은 나라에선 태어난 아이를 건강하게 기르는 게 더욱 중요하다. 출산 시 곧바로 관련 검사를 실시하면 치료도 상대적으로 쉬워 장애 확률을 낮출 수 있다. 의료보험 제도는 환자만 치료해주는 게 아니라 병에 걸리지 않도록 사전 예방에도 신경써야 의료비 지출을 줄일 수 있다.

신생아를 대상으로 눈과 귀 등을 검진해 이상 유무를 조기 파악하면 치료도 상대적으로 쉽다고 한다. 신생아 때부터 초등학교에 입학할 때까지 세 차례만 검사하면 상당수 시각 장애자와 청각 장애자를 치료할 수 있다. 그리고 여기에 들어가는 검진 비용은 1인당 3만 원 정도다. 연간 신생아가 40만 명 정도이므로 1,200억 원이면 해결할 수 있다. 세 차례 검진하는 데 연간 4,000억 남짓 예산을 투입하면 된다. 이렇게 어릴 때 장애가 심해지는 것을 예방하는 것이 나중에 장애 재활치료에 들어가는 비용보다 적을 것이고, 이런 활동이 정부가 국민을 위해 할 일이다. 신생아 때부터 유치원 시절까지 검진을 실시하는 것이 결과적으로 의료비 지출을 줄이는 길이기 때문이다.

현실화한
인구 오너스 시대

2016년부터 2020년까지 5년은 우리나라 인구구조에 일대 변화가 일어나는 역사적 전환점이다. 당장 2017년부터 생산가능인구가 줄어들고, 2018년에는 65세 이상 인구가 전체의 14%를 넘는 고령사회에 진입한다. 특히 베이비붐 세대가 노인인구에 본격 편입되는 2020년부턴 생산가능인구 감소세가 급격해지면서 경제·사회적으로 활력을 떨어뜨리는 요인으로 작용하게 된다.

2017년은 한국에 있어 생산연령인구 비중이 하락하면서 경제성장이 지체되는 '인구 오너스(Onus)' 원년이다. 만 15세에서 64세까지로 경제활동을 할 수 있는 연령대인 생산가능인구가 2016년 3,763만명으로 정점을 찍었고, 2017년부터 감소하기 때문이다. 그동안 보너스로만 여겼던 인구가 오너스(부담)로 작용하기 시작하는 것이다. 생산가능인구 증가 → 노동력·소비 확대 → 경제성장률 상승으로 이어지는 '인구 보너스(Bonus)' 시대는 끝났다. 다시 말해 생산가능인구 감소 → 노동력·소비 위축 → 경제성장률 저하로 이어지는 '인구 오너스' 시대가 시작된 것이다.

경제활동이 가능한 인구가 많을수록 그 나라 경제는 활력을 띠는데, 이 연령대 인구가 줄어들면 경제도 활력을 잃게 된다. 생산가능인구를 국가경제의 중추로 보는 것은 이 때문이다. 2016년 생산가능인구가 정점이었을 때 생산가능인구로 진입한 만 15세 청년들은 2001년에 태어났다. 2001년은 우리나라 합계출산율이 1.3명 아래로 떨어지면서 처음으로 초저출산 국가로 분류된 해다. 16년째 계속된 초저출산 시대의 그늘이 생산가능인구 감소로 현실화한 것

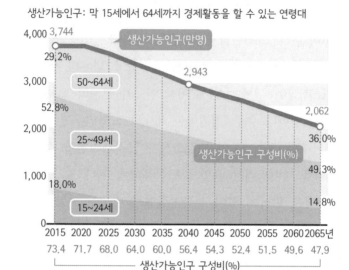

생산가능인구: 막 15세에서 64세까지 경제활동을 할 수 있는 연령대

생산가능인구(만명)

3,744

29.2%

50~64세

52.8%

25~49세

생산가능인구 구성비(%)

18.0%

15~24세

2,943

2,062

36.0%

49.3%

14.8%

	2015	2020	2025	2030	2035	2040	2045	2050	2055	2060	2065년
	73.4	71.7	68.0	64.0	60.0	56.4	54.3	52.4	51.5	49.6	47.9

생산가능인구 구성비(%)

자료: 통계청

이다.4) 생산가능인구는 불과 3년 뒤인 2020년부터 매년 30만명 넘게 감소해 50년 뒤에는 절반 가까이 줄어들 것으로 전망된다.

생산가능인구 감소는 우리나라 인구구조의 특징인 세계 최저 수준의 저출산과 세계에서 가장 빠른 고령화 때문이다. 2001년 이후 초저출산 국가에서 태어난 인구가 생산가능인구로 편입된다. 반면, 1950년대 이전에 태어난 세대는 생산가능인구에서 빠져 나와 생산가능인구가 부양해야 하는 고령인구로 편입된다. 인구 피라미드로 보면 현재는 생산가능인구의 핵심인 30~50대가 두터운 항아

---

4) 통계청은 장래인구추계에서 2015년 3,744만명이었던 생산가능인구가 2017년부터 줄어들기 시작해 2065년에는 2,062만명에 머물 것으로 예측됐다. 같은 기간 총인구 대비 생산가능인구의 비중은 73.4%에서 47.9%로 낮아진다.

리형이다. 그러나 머지않아 고령층
이 두터운 역삼각형 구조로 변한
다. 특히 1955~1963년생인 베이
비붐 세대가 만 65세가 돼 생산가
능인구를 졸업하기 시작하는 2020
년이 되면 감소세는 더욱 가파르게
확대된다. 그만큼 생산가능인구의
고령인구 부양 부담이 커질 수밖에
없다.5)

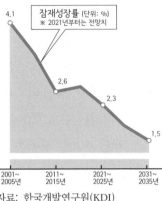

한국 경제의 잠재성장률 추이

잠재성장률 (단위: %)
※ 2021년부터는 전망치

4.1
2.6
2.3
1.5

2001~   2011~   2021~   2031~
2005년   2015년   2025년   2035년

자료: 한국개발연구원(KDI)

　　생산가능인구 감소는 한국 경제를 위협하는 악재다. 생산가능
인구가 증가하는 시기에는 어느 정도의 저출산·고령화를 감내할
수 있지만, 생산가능인구가 줄어들기 시작하면 노동력 감소, 소비
위축, 부양비용 부담 증가 등으로 경제성장이 지체될 수밖에 없기
때문이다. 따라서 생산가능인구가 감소하기 이전에 잠재성장률 이
상의 경제성장으로 국가의 부를 축적시켜야 했는데 그렇게 하지 못
했다. 특히 2015년부터 2년 연속 2%대 경제성장률을 기록한 데 이
어 2017년에도 2%대 중반의 성장이 전망되고 있다. 우리나라에서
3년 연속 2%대 성장은 경제개발이 본격화한 1960년대 이후 처음
있는 일이다.

---

5) 통계청 장래인구추계에 따르면 생산가능인구 100명이 부양해야 할 유소년·고령인구
　를 뜻하는 총부양비는 2015년 36.2명에서 2065년 108.7명으로 급격하게 높아진다.
　이 중 유소년을 뺀 노인 부양비는 17.5명에서 88.6명으로 높아진다.

저출산 해소대책에
국민연금 활용하자

영국의 인구학자 폴 월러스(Paul Wallace)는 저서《인구 지진 (Age-quake)》에서 인구 감소와 고령사회의 충격을 지진에 빗대었다. 그는 '인구 지진'이 '자연 지진'보다 훨씬 파괴력이 강하며, 그 강도가 리히터 규모 9.0에 이를 것으로 예측했다. 2011년 후쿠시마 원전 폭발 사고를 유발한 동일본 대지진 때와 맞먹는 규모의 지진과 같은 충격파가 경제·사회 곳곳에 미칠 것이란 의미다. 폴 월러스는 베이비붐 세대가 은퇴하는 2020년경 세계 경제는 인구 지진으로 뿌리째 흔들릴 것이며, 한국도 피해를 크게 입는 국가 중의 하나로 예측했다.

우리 사회 일각에서 국민연금 재정 상태에 대한 걱정이 많은데, 국민연금 재정이 고갈되지 않고 제대로 운영되도록 하려면 인구구조부터 정상화시켜야 한다. 연금을 불입하는 사람이 유지되어야 국민연금이 지속 가능하기 때문이다. 민간 생명보험도 가입자가 고정돼 있으면 운영할 수 없다. 생명보험에 가입하는 사람들이 계속 늘어나기 때문에 이를 바탕으로 이미 가입한 사람들의 보험금을 지급할 수 있는 것이다. 보험의 운영 메커니즘은 민간 보험이나 공적 보험이나 마찬가지다. 민간 보험이나 공공 연금이나 보험에 새로 불입하는 사람이 꾸준히 늘어나지 않으면 운영할 수 없다.

현행 국민연금 운영방식 대로라면 기금은 2040년까지 계속 쌓이게 되어 있다. 기금이 1,700조 내지 2,000조원에 이른다고 하는데 그냥 쌓아두는 것은 의미가 없다. 기업이 미래 수익을 위해 투자하는 것처럼 연금을 납부하는 사람이 계속 늘어나도록 연금도 투자를 할 필요가 있다. 다시 말해 낮은 출산율을 높이는 데 연금을 활용하자는 것이다. 정부가 채권을 발행해 이를 국민연금에 넣어 놓고 활용하면 된다. 이 경우 미래 세대에게 부담을 주는 것이라는 지적이 나올 수 있지만, 그 효용이 장기적으로 나타나는 지출에 대해선 정부가 부채를 사용해도 별 문제가 되지 않는다. 이런 메커니즘을 활용하면 출산 장려를 위한 재원이 부족하다는 말을 할 수 없다.

그 해 쓰고 나면 날아가 버리는 지출에 대해선 정부 부채를 쓰면 곤란하겠지만 출산을 장려하기 위해 쓰는 비용은 장기적으로 효과가 나타나는 것 아닌가? 정부가 국채를 발행해 국민연금에 맡겨 놓고 쓴 출산장려기금을 받고 태어난 아이들이 성장해 노동 능력이 있는 인력자원이 되는 것이다. 우리나라 국민연금이 앞으로 30~40년 동안 기금 운용에 별 문제가 없으므로 이런 식으로 접근하는 것이 필요하다. 지금 정부 재정에 여유가 없어서 하기 어렵다고 아무것도 하지 않고 있을 때가 아니다. 내일 모레 죽을 게 걱정돼 미리 스스로 목숨을 끊을 수는 없지 않은가? 생각을 바꾸면 정책이 보이고, 불가능한 정책도 없다.

제3장

결국 다시
경제민주화다

● ●
● ●

부동산정책은
잊어라

분배구조 악화시킨
부동산투기

　부동산 가격 상승은 우리나라의 소득분배 상황을 악화시킨 주범 중 하나다. 부동산 가격 상승은 그 자체만으로 끝나지 않는다는 점이 문제다. 대지 가격이 상승하면 건물 가격도 함께 상승한다. 주거용 건물 가격만 상승하는 게 아니라 사무실과 상가 등 상업용 건물 가격도 상승해 임대료를 인상시키는 요인으로 작용한다. 상인들은 인상된 상가 임대료를 상가에서 판매하는 물건 값에 전가시키기 때문에 물가도 상승하게 된다. 인상된 주택 가격과 임대료를 감당하기 어려운 근로자들은 임금 인상을 요구하고, 노사협상에 따른 임금 인상은 기업의 비용(cost)을 상승시킨다. 그 결과 기업의 경쟁력 약화 논쟁으로 이어지게 된다.

안타깝게도 우리나라 경제는 이런 악순환을 거듭해왔다. 그 결과 부동산 가격이 일시적인 조정 과정을 거치면서 전반적으로 크게 인상됐고, 이는 소득분배 상황을 악화시켰다. 왜냐하면 부동산에 투자할 수 있는 계층이 소수 부유층이기 때문이다. 부동산 가격 상승률이 실질금리보다 높자 수익성이 높은 부동산에 투자하려는 이들이 많아졌고, 이것이 부익부 빈익빈 현상을 부채질하며 분배구조를 악화시켰다.

부동산 정책이란 것이 따로 있어선 안 된다. 부동산 정책이 따로 발표되는 나라는 대한민국 밖에 없다. 그동안 역대 정부에서 부동산 정책을 마치 경기부양 정책처럼 상투적으로 써온 게 사실이다. 부동산 가격이 상승·하락하는 것은 이자율 변동에 따라 자연스럽게 나타나는 현상이지 인위적으로 조절하기 어렵다. 통상 부동산 투자는 장기적으로 하는 것이므로 금리의 영향을 받는다. 경기 호황이 이어질 경우 정부가 경기 과열을 막기 위해 이자율을 인상하면 부동산 시장에서 자금이 빠져나가면서 가격이 하락한다. 반대로 경기가 불황일 때는 정부가 경기를 부양하기 위해 이자율을 인하하게 되고, 그 결과 금융시장에 있던 자금이 실물시장으로 옮겨가면서 부동산 가격도 상승한다.

이처럼 부동산 가격 변화는 경기를 조절하기 위한 금리정책에 따른 결과다. 거꾸로 부동산 자체를 경기를 조절하는 정책의 수단으로 삼아서는 안 된다. 그런데 우리나라에선 부동산 정책을 하나의 경기부양 도구로 활용해왔다. 부동산 정책이 겉으로 효과가 빨리 나타나는 것처럼 보이자 경제 관료들이 경기부양 카드를 쉽게 꺼내들었고 나중에는 중독되다시피 했다. 하지만 그 후유증으로 부동산 투기가 나타났고, 이번에는 부동산 투기를 억제하는 정책을 발표했다. 이런 악순환이 주기적으로 나타나면서 결과적으로 부동산 가격을 크게 상승시키는 결과를 낳게 되었다.

필자가 청와대 경제수석으로 있던 1990년 5·8 비업무용 부동산 매각 조치[1]를 시행한 것은 부동산 가격이 계속 상승하여 정상적인 경제정책을 취할 수 없는 상황에 이르렀기 때문이었다. 우리나라는 1986년부터 이른바 3저(低) 호황[2]으로 큰 폭의 국제수지 흑자를 기록했다. 1986년부터 4년 동안 약 330억 달러의 흑자가 났는데, 수출로 재미를 본 기업들이 이익금을 빚을 갚거나 연구개발 투자에 사용하지 않고 부동산과 주식을 사들였다. 기업들이 큰 땅을 사들이자 개인들도 부화뇌동했다. 복부인까지 등장해 100평, 200평씩 땅을 사들이는 등 부동산 투기가 만연했다. 더 이상 방치해선 안 되겠다고 판단해 대기업들로 하여금 비업무용 부동산을 자진 매각토록 했다. 당시 재벌 총수들에게 이렇게 말했다.

"부동산 시장을 이렇게 두면 결국 기업들이 근로자의 임금인상 요구를 억제하기 어렵게 됩니다. 주택 가격과 임대료가 계속 상승하니 잠자리가 불안해진 근로자들로선 임금을 올려달라고 할 수

---

1) 1990년 5월 8일 발표된 기업의 부동산 과다 보유에 메스를 가한 초법적인 조치. 49개 그룹이 갖고 있는 비업무용부동산 5,700여 만 평과 금융기관의 과다 보유 부동산을 강제매각토록 하고, 생산활동과 직접 관련이 없는 업무용 부동산의 신규 매입을 1년간 금지하며 금융기관에 대해서도 부동산 신규 취득을 금지했다.
2) 3저(低) 호황 : 저달러·저유가·저금리의 영향으로 1986~1988년 한국 경제가 유례없는 호황을 누린 것을 일컫는 표현. 원유 수입과 외국차관, 수출 의존도가 높았던 한국은 3저 현상의 호기를 맞아 86년 이래 3년 연속 연 10% 이상 고성장을 구가하면서 사상 최초로 무역수지 흑자를 달성했다.

밖에 없습니다. 이때 근로자의 임금인상 요구를 무슨 수로 막을 수 있겠어요. 지금도 임금이 비싸 기업을 경영하기 힘들다고 하는데 말이지요."

▌부동산정책 ▌따로 쓰지 않아야

부동산 정책이라고 이름 붙일 만한 정책은 일체 쓰지 않아야 한다. 그동안 역대 정부가 해온 부동산 정책이란 것이 무엇인가? 경기를 부양할 목적으로 부동산 가격을 올린 것에 다름 아니다. 빈부격차만 더욱 심화시킬 뿐이었다. 주택 가격이 자꾸 상승하면 젊은 세대들은 희망이 없어진다. 집을 갖고 있는 기성세대, 가진 자들에게는 유리할지 모르지만 미래를 짊어지고 가야 할 젊은 세대들로선 부담이다. 따라서 부동산 정책이란 것은 애초에 쓰지 않아야 한다. 부동산이야말로 그냥 시장에 맡겨 놓는 게 정답이다.

부동산 가격이 너무 상승하면 안정 대책을 내놓아야 한다고들 하지만, 애초에 정부가 실책을 저지르지 않으면 부동산 가격이 터무니없이 상승하지 않는다. 과거 정책 사례를 보면 경기를 부양한답시고 정책을 써 투기에 불을 붙여 부동산 가격이 뛰면 이제는 진정시킨다고 아우성을 친다. 처음부터 부동산 정책이란 것을 쓰지 않으면 괜찮다. 대신 금리 조정 등 거시정책을 경기순환에 맞춰 적절하게 운용하면 된다.

경기순환상 호황은 스스로 가라앉는다. 내버려 두면 부동산 가격은 이내 진정된다. 금리가 낮으면 장기 투자를 해야 하는 부동산 경기가 좋아지고, 금리가 오르면 부동산 경기는 꺼지는 법이다. 따

라서 일시적 가격 변동에 조급해 하지 말고 그냥 시장 기능에 맡겨
놓으면 된다. 세계 주요 국가의 경제정책 중에 부동산 정책을 따로
쓰는 나라는 없다.

유럽 재정위기를 보면 영국은 유로존에 가입하지 않았으므로
얼핏 문제가 없는 것처럼 보인다. 하지만 영국은 물론 아일랜드, 스
페인, 포르투갈, 이탈리아에 이르기까지 오늘날 전부 부동산 문제
때문에 곤경에 처해 있다. 사실 스페인은 유로존 가운데 국가부채
비율이 가장 낮을 정도로 국가부채가 그리 많지 않았다. 그런데
2000년대 초반 금리가 다른 나라의 절반 수준으로 떨어지면서 부
동산 투기가 크게 일었다. 많은 스페인 은행들이 프로젝트 파이낸
싱3)에 뛰어들었다. 그러다가 2008년 미국발 서브프라임 모기지 사
태로 글로벌 금융위기가 닥치면서 부동산 가격이 급락하자 은행들
이 부도 위기에 직면했다. 다급해진 스페인 정부가 은행을 살리기
위해 공적자금을 투입하는 바람에 국가부채가 늘어난 것이다.

아일랜드도 마찬가지다. 그리스 사태도 출발은 비슷하다. 금리
가 싸니까 여기저기서 쉽게 돈을 빌려 부동산 투기를 하다 문제가
된 것이다. 독일의 내로라하는 기업들이 쓰는 이자율이나 스페인과
아일랜드·그리스의 시원찮은 기업들이 쓰는 이자율이나 같아서 그
런 상황이 빚어진 것이다.

부동산 정책은 결국 약자를 약탈하는 행위다. 경기를 부양한답
시고 부동산 경기를 부양하면 대지 가격이 상승하고 아파트 값도
함께 상승한다. 어디 그뿐인가? 상가 임대료와 전세 가격도 함께 상

---

3) 프로젝트 파이낸싱(project financing) : 은행 등 금융기관이 사회간접자본 등 특정사
업의 사업성과 장래의 현금흐름을 보고 자금을 지원하는 금융기법

승한다. 그리고 이것이 전부 물가에 반영된다. 결국 저소득층만 피해를 보게 되는 것이다.

박근혜 정부 두 번째 경제사령탑인 최경환 경제부총리는 2014년 7월 취임한 지 얼마 안 돼 주택담보인정비율(LTV)과 총부채상환비율(DTI) 등 금융 건전성을 지키는 규제를 완화했다. 당시 상황을 "한겨울에 여름 옷(규제)을 입고 있으면 감기 걸려 죽는다"고 비유했다. 한국은행도 이에 보조를 맞춰 기준금리를 낮췄다. 재건축 관련 규제가 완화되고, 아파트 분양가 상한제도 철폐됐다. 저금리 속 부동산 규제가 풀리자 주택가격이 오르고 아파트 분양시장이 활기를 띠었다. 전·월세값이 급등하자 '빚을 내 집을 사자'는 심리도 작용했다.

그 바람에 2015년 건축 인허가와 주택분양 물량이 사상 최대를 기록하며 부동산 경기가 과열 양상을 보였다. 하지만 전체 경기와 극심한 불균형을 이룬 상태는 오래 가지 못했다. 2015년 가을부터 분양 열기가 식고 미분양 아파트가 다시 늘어나기 시작했다. 결과적으로 전반적인 경기는 활성화시키지도 못한 채 부동산만 반짝하는 데 그쳤고, 가계부채 뇌관을 자극하는 자책골을 연출하고 말았다. 2015년 경제성장률은 2.6%로 3%에도 못 미쳤고, 가계소득은 제자리인데 가계 빚이 불어나자 가계소비가 위축돼 내수에도 부정적인 영향을 미쳤다.

건설투자는 속성상 대규모 자금이 필요해 부채를 유발하는 구조다. 사회간접자본(SOC)으로 대변되는 공공토목 부문은 정부 재정지출을, 주택건설이 중심인 민간건축은 가계부채 증가를 초래한다. 따라서 국내총생산(GDP)에서 건설투자가 차지하는 비중을 적절하게 관리해야 한다. 인위적으로 경제성장률을 끌어올리려고 부동산 경기를 자극하는 것은 독을 잉태하는 것과 같다. 부동산 경기, 즉 건설투자에 의존하는 경제성장은 빚으로 움직이게 하는 '부채추동형 성장'으로 오래 갈 수 없다. 일본도 1990년대 건설투자 위주의 경기부양책을 썼다가 부동산 거품이 꺼지면서 '잃어버린 20년'의 단초를 제공했다. 정부도, 건설업계도 부동산시장이 조금 침체하는 듯하면 경제 활력을 상실한다고 걱정하지만, 역설적으로 주택가격이 하락세로 이어져야 이 나라의 결혼적령기 30대에게 희망이 생긴다.

엄밀하게 보면 국토교통부란 조직은 부동산 정책이나 하는 곳이 아니다. 그런데 현실은 거기서 양도소득세 부담을 강화하거나 덜어주는 등 조세 정책까지 관여한다. 우리나라의 큰 병이 아닐 수 없다. 조세 제도는 국가재정 운용의 큰 틀에서 기획재정부(세제실)에서 맡는 것이지 다른 부처가 임시방편의 정책 수단으로 자꾸 세제를 동원하면 안 된다. 경제정책은 각 분야의 정책 수단이 유기적으로 연결돼 작동해야 효과를 낼 수 있다. 임시변통으로 정책을 동원하다 보면 꼭 필요할 때 써야 할 경제정책이 제 기능과 효과를 발휘하지 못하게 된다.

세계 어느 나라든 경기 상황에 대응하는 정책은 재정과 금융이다. 구조적인 문제가 아닌 한 경기를 안정화시키는 유효한 수단이다. 1970년대 소득정책(income policy)이란 게 있었는데, 요즘은 그 말이 쏙 들어갔다. 이것은 소득분배 정책이 아닌 경제 안정화 시책의 하나로 사용되었다. 실물시장에서 통화정책과 재정정책이 효과를 보아도 노동시장을 안정화시키지 않으면 인플레이션을 잡기 어렵다. 그래서 나온 것이 생산성에 입각한 임금정책이었다. 소비자물가가 높아졌다고 임금을 올려달라는 요구를 하지 말라는 이야기였다. 이는 서구 선진 공업국에서 임금인상에 기인한 인플레이션 요인을 줄이면서 균형 있는 안정적 성장을 도모하려는 의도에서 나온 정책이었다.

세금으로 부동산 못 잡는다

과거 정부 시절 부동산 가격을 안정시킨다며 세제를 동원했는데, 세계 경제사를 볼 때 세금으로 부동산 가격을 안정시킨 사례가 없다. 세금으로 부동산을 잡겠다고 처음 시도한 나라가 1920년대 데이비드 로이드 조지[4] 수상 시절의 영국이다. 세금을 무겁게 부과하면 치솟는 땅값을 잡을 수 있을 것으로 생각했는데, 땅값이 내려가기는커녕 땅의 소유 구조만 바뀌기 시작했다. 세금을 납부할 수 없는 땅 주인들이 자꾸 땅을 매매할 수밖에 없게 되자 산업 자본가와 금융 자본가들이 이를 사들였다. 결국 영국 정부는 토지 정책을 바꿀 수밖에 없었다.

우리나라도 마찬가지다. 부동산 보유자에게 세금을 많이 물린다는 것은 극단적으로 말해 세금을 납부할 수 있는 사람은 아무리 많은 토지를 소유해도 괜찮다는 의미가 된다. 이런 식으로는 부동산 투기를 잡을 수 없다. 왜냐하면 기업이 사들이는 토지는 아무리 세금을 부과해도 부담이 되지 않기 때문이다.

---

4) David Lloyd George(1863~1945) : 영국의 정치가. 1909년 재무장관으로 있을 때 부자 증세를 전제로 하는 예산안을 제출해 보수당 지주들의 반대에 부닥쳤다. 1911년에는 노동자를 위한 국민보험법·실업보험법 등을 제정해 사회보장제도의 기초를 확립했다.

부동산 가격은 1987년 대통령선거 기간 때부터 꿈틀거리기 시작했다. 서울올림픽이 열린 1988년과 1989년 내내 아파트와 땅값이 상승했다. 1985년 플라자 합의에 따라 일본 엔화 가치가 오르는 등 국제 환율이 바뀌자 가격 경쟁력이 높아진 한국산 제품 덕분에 1986~1989년 국제수지가 330억 달러의 흑자를 기록했다. 이 중 130억 달러 정도가 토지 매입으로 들어갔다. 기업들이 유동성에 여유가 있자 대거 땅을 매입한 것이다. 이 과정에서 아파트 가격이 동반 상승하자 주택 200만호 건설 정책이 나오기에 이르렀다.

이처럼 토지와 아파트 가격이 크게 상승한 노태우 정부 시절 토지공개념 제도가 도입되었다.[5] 1990년 청와대 경제수석으로 들어가면서 내각에 토지공개념의 정의에 대해 물었더니 명쾌하게 정의를 내리지 못했다. 재화에 공공재와 사유재가 있지만, 공적 성격을 가진 재화가 있다고 하긴 어렵다. 당시 세금으로 부동산 투기를 잡겠다며 토지공개념 3법(택지소유상한제, 개발이익환수제, 토지초과이득세)을 도입할 때 국무회의 석상에서 성공하기도 어렵고 위험 소지도 있으므로 도입하지 말자고 발언했지만 불가항력이었다. 1989년 정기국회에서 관련 법률안이 만장일치로 통과되었지만, 결국 헌법재판소에서 위헌 결정이 나와 없어지고 말았다.

세금을 인상하면 그만큼 가격도 상승하게 되어 있다. 당시 토지공개념 도입을 추진한 이들은 이런 세금의 전가 메커니즘을 모르고 있었다. 제도 시행 초기에는 시장에 미치는 충격파로 잠시 멈칫

---

5) 토지공개념 제도 : 1980년대 후반 부동산 투기에 따른 땅값 상승이 사회문제화하자 도입됐다. 1989년 국회에서 택지소유에 대한 법률, 토지초과이득세법, 개발이익 환수에 관한 법률 등 관련 법률을 제정하였다.

하지만 적응 기간이 지나면 다시 오를 수밖에 없는 구조였다. 땅을 대규모로 사들이는 세력을 잡아야지 이른바 복부인들이 100평, 200평의 땅을 매입하는 것을 잡아본들 소용이 없다. 당시 경제팀이 밀어붙였으나 투기억제에 성공하지 못하였다. 이 와중에 필자가 경세수석을 맡으라는 요구를 받았다. 고민하다가 경제수석을 맡아 2주 만에 재벌들로 하여금 비업무용 부동산을 매각하도록 했다. 기본적으로 땅을 많이 가진 사람들이 땅을 내놓아야 땅값이 하락하지 않겠는가.

1990년 5·8 비업무용 부동산 매각 조치로 30대 그룹이 4,800만 평의 땅을 팔았다. 당시 재벌들로선 그 땅을 살 만한 이들이 자기들 아니면 있겠느냐며 한 번 해보자는 식이었다. 국가가 공시가격으로 사들이고, 현금이 없으니 채권을 주고 매입하기로 했다. 그렇게 해서 당시 치솟던 부동산 가격을 잡을 수 있었다.

그렇게 10년 가까이 있다가 2001년 9·11테러 사태가 터졌다. 외환위기 이후 각 분야가 구조조정에 들어갔다. 김대중 정부 시절인 2001년 1차 구조조정, 2002년에 2차 구조조정을 하기로 되어 있었는데 9·11사태로 경기침체가 예상되자 정부가 경기 부양으로 선회했다. 결국 9·11테러 두 달 만인 2011년 11월 부동산 규제를 풀었다. 그 결과 성장률은 조금 높아졌지만 부동산 투기가 시작돼 노무현 정부 초기까지 계속됐다.

노무현 정부는 부동산 시장에 대한 인식이 부족했다. 언론에서 부동산 투기가 심각하다고 하면 부동산 규제 대책을 내놓았다. 종합부동산세를 도입하고 양도소득세를 무겁게 매겨 부동산 가격을 낮추려고 했다. 그러다가 경기가 어려워지자 다시 경기 부양에 나섰다. 이렇게 부동산 시장에 대한 규제를 강화했다가 다시 이를 완화해 부동산 시장을 활성화하는 조치가 몇 차례 반복되는 사이 부동산 가격은 지속적으로 올라갔다.

거듭 강조하지만 부동산 규제나 활성화 등 '부동산 정책'은 따로 쓸 필요가 없다. 경기가 자연스럽게 상·하향 곡선을 그리도록 그냥 놓아두면 된다. 호황은 스스로 죽는다. 금리와 통화정책 등 정책을 잘 집행하면 된다. 경기가 하강하면 금리가 하락하고, 자연스럽게 부동산에 투자하게 된다. 그러면서 부동산에 의해 경기가 부양된다. 하지만 역대 정부는 자연스럽게 해결될 문제를 '○○ 부동산 대책' 등으로 개입해 더 큰 문제로 만들었다.

●●
●●

될 만한 산업으로
구조조정하라

우리나라 소상인, 자영업자가 600만 명에 육박하고 있다.[1] 우
리나라에 자영업자가 많다는 사실은 치킨집이 전 세계 맥도널드 점
포보다 많다는 통계로 입증된다. 2013년 기준 통계로 3만 6,000개
라니 그새 늘어난 곳과 통계에 잡히지 않은 데까지 합치면 5만개에
육박할 것이다.

치킨집뿐만이 아니다. 카페도, 미용실도 몇 집 건너 하나 꼴이
다. 고만고만한 음식점들이 즐비한 가운데 24시간 영업이나 연중무

---

[1] 2016년 10월 말 기준 우리나라 자영업자는 약 570만 명이다. 국세청 국세통계연보
에 따르면 2015년 기준 하루 평균 3,000명이 자영업을 창업하고 2,000명이 사업을
접었다. 매일 1,000명씩 자영업자가 증가하는 셈이다.

휴를 내세우지만 몇달 안 돼 문을 닫는가 하면 이내 다른 가게가 개업 준비에 나선다. 그 와중에도 건물 주인은 임대료를 꼬박꼬박 챙긴다. 남 밑에서 눈치 보며 샐러리맨 노릇 하기 싫어 창의적인 사업을 하는 것(기업가적 창업)이라면 그래도 괜찮겠지만 현실은 딴 판이다. 상당수가 직장에서 은퇴하거나 강제 퇴직당한 뒤 먹고 살기 위해 어쩔 수 없이 생업 전선에 뛰어든다(생계형 창업).

이들이 요즘 헌법 제119조 제2항 경제민주화 조항을 놓고 공부한다고 들었다. 그만큼 의식이 바뀌고 있다는 의미다. 양극화 해소를 구호만으로 할 수 없다. 법과 제도를 통해 양극화를 해소해야 한다. 경제 정책의 틀을 양극화를 축소하는 방향으로 만들어 적어도 지금보다 더 이상 양극화가 심화되지 않도록 해야 한다.

자영업, 이대로는 안 된다

한국의 자영업 문제는 서민 생존의 문제다. 자발적으로 선택하는 기업형이나 투자형보다는 임금노동자에서 퇴출된 뒤 먹고 살기 위해 발을 들여놓는 생계형이 대부분이기 때문이다. 업종도 미래를 내다보고 새로운 수요를 창출하는 '블루오션(blue ocean)'이 아니라 이미 경쟁자가 많아 수익을 내기 어려운 '레드오션(red ocean)' 분야다. 참신한 아이디어를 내 시장조사를 한 뒤 준비된 창업을 하는 게 아니라 호구지책으로 남들이 하는 것을 보고 대충 따라하는 식이다. 창업 자금도 저축이나 퇴직금으로는 모자라 금융회사에서 대출을 받아 하는 경우가 허다하다.[2]

우리나라 자영업은 '3고(高 = 고밀도화·고연령화·고부채)'의 함정에 빠져 있다. 40~50대 중심으로 이미 남들이 많이 하는 업종에 뛰어드니 경쟁이 치열하다.[3] 고연령층은 상대적으로 아이디어가 빈곤해 남을 따라하다가 실패할 확률이 높고, 재기할 수 있는 여력도 약하다. 비싼 가맹비를 내고 프랜차이즈 점포를 열어도 프랜차이즈 본사만 살찌울 뿐 가게 장사는 시원찮은 경우가 허다하다. 빚을 내 일을 벌였는데 벌이가 시원찮으니 시간이 갈수록 부채만 쌓인다.

이와 같은 '3고' 함정은 '3저(低 = 저숙련·저소득·저희망)' 현상과 함께 자영업의 빈곤화를 가속화한다. 준비 없이(저숙련) 뛰어드니 경쟁이 격화돼 장사가 안 되고(저소득), 폐업으로 마감하며, 가정까지 흔들린다(저희망). 1997년 말 외환위기, 2003년 카드대란, 2008년 금융위기에 이어 베이비붐 세대의 은퇴가 본격화하며 직장을 잃은 가장들이 대거 생계형 창업에 뛰어들었다가 얼마 안 되는 퇴직금마저 날리고 있다.

카페나 치킨집, 식당 등 요식업은 과거 40~50대 중장년 여성이 주도했던 대표적인 자영업 업종이다. 그런데 최근 퇴직한 50~60대 베이비붐 세대와 취업이 어려운 20~30대 젊은 층까지 대거 뛰어들고 있다. 60여 만 음식점들이 치열하게 경쟁하는 대표

---

2) 한국은행에 따르면 2016년 9월 말 기준 금융회사의 자영업자 대출 규모는 총 464조 5,000억원으로 전년동기 대비 13% 증가했다. 특히 신용도가 낮은 자영업자들이 은행보다 대출이자가 비싼 저축은행에서 주택담보대출을 받는 경우가 크게 늘었다.
3) 경제협력개발기구(OECD)가 2016년 발간한 '한 눈에 보는 기업가정신' 보고서에 따르면 한국의 전체 취업자 중 자영업자 비중은 27.4%로 OECD 평균 16%를 크게 웃돌았고 OECD 회원국 중 네 번째로 높다.

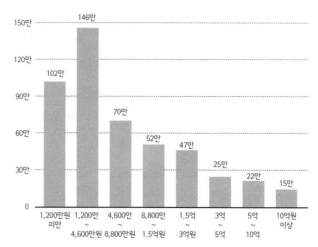

자영업자 매출액 구간별 점포 현황 (단위: 개)

2015년 등록사업자 기준
자료: 통계청

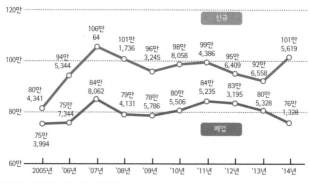

자영업자 신규 창업-폐업 현황 (단위: 명)

자료: 김현미 더불어민주당 의원실

적인 레드오션 자영업에 세대 간 다툼까지 가세한 형국이다.

자영업이 그러려니 하고 방치하면 대한민국의 미래는 없다. 소득 격차에 따른 양극화가 심화되고 사회 불안으로 이어질 수 있다.

이미 포화 상태인 레드오션 업종에 퇴직자들이 불나방처럼 몰려드는 현실을 정부가 몰라라 해선 안 된다. 은퇴하는 베이비붐 세대가 가진 숙련된 기술과 노하우를 살리는 재취업 및 직업전환 프로그램을 더욱 활성화해야 한다.

우리나라 자영업의 상당수는 가족이 함께 일하는 생계형 형태이므로 실패하면 한 가정을 극빈층으로 전락시키는 결과를 초래한다. 자영업 문제는 일자리 창출, 대기업과 중소기업 그리고 정규직과 비정규직 간의 임금격차 해소, 전문화된 직업교육 등과 함께 종합적으로 다뤄져야 한다.

소규모 영세 자영업에 대한 대출이 급증해 부실화하는 것을 막는다고 갑자기 금융회사의 대출을 조이면 문제가 더 커질 수 있다. 은행과 제2금융권 대출을 까다롭게 할 경우 한계에 이른 자영업자들이 대부업체나 사채업자를 찾을 것이기 때문이다. 사회안전망 확충 차원의 접근이 필요하다.

프랜차이즈 횡포, 공정위가 나서야

우리나라에는 기본적으로 소상인 계층이 너무 많다. 게다가 베이비붐 세대(1955~1963년생)의 은퇴가 본격화되면서 고만고만한 자영업 창업이 급증하고 있다. 이들이 손쉽게 의지하는 곳이 프랜차이즈 가맹 영업인데, 우리나라 프랜차이즈 시스템은 거의 착취 메커니즘에 가깝다.

기존 점포에서 얼마 떨어지지 않은 곳에 신규 점포나 프랜차이즈 본사 직영 점포를 열어 영업지역을 침해한다. 걸핏하면 매장

이전이나 확장 또는 인테리어 개조를 강요한다. 프랜차이즈 가맹본부의 영업지역 침해와 무리한 요구에도 시설투자비 등 비용 회수가 어려운 가맹점은 울며 겨자 먹기로 수용할 수밖에 없다. 공정거래위원회가 나서 외식업과 서비스업, 도소매업 등 프랜차이즈 업태별로 모범 거래기준을 만들어 지키도록 해야 한다.

우리나라 대기업은 수많은 중소 하청기업들을 거느리고 있다. 수많은 중소업체들이 납품 하청을 따내기 위해 경쟁하는 구조를 악용해 착취하고 있다. 특히 비용 부담을 전가하는 데 있어 소비자에게 비용을 전가하는 '포워드 시프팅(forward shifting)'은 소비자가격에 영향을 미쳐 당국의 규제를 받기 쉬우므로 납품업체에게 비용을 전가시키시는 '백워드 시프팅(backward shifting)' 방법을 쓴다. 대기업과의 계약 관계에 있어서 을(乙)의 위치에 있는 중소 하청업체로선 울며 겨자 먹기로 이런 비용 전가를 수용할 수밖에 없다.

정부는 가격 메커니즘은 건드리지 않으면서 백워드 시프팅을 하지 못하도록 적극 나서야 한다. 예를 들어 국제 원자재 가격 상승으로 제품 가격이 오르는 것은 국내 요인으로 해결하기 어려우므로 감수해야 한다. 적자를 내면서 물건을 만들어 파는 기업이 어디 있겠는가? 그런데 우리나라는 그동안 적자를 내도 정부 정책목표에 합당하면 내버려두었다가 나중에 은행 빚으로 적자를 보전하도록 배려했다. 환율에 기대는 가격 경쟁력만 갖고 적자를 내면서도 수출하는 기업은 망할 수밖에 없는데 정부가 은행 대출로 연명시켜 준 것이다. 이는 경제의 전반적인 효율을 위해서도 바람직하지 않다.

대기업이든, 중소기업이든 정상적인 시장 메커니즘 속에서 어느 누가 특별하게 이익을 보거나 손해를 봐서는 안 된다. 축구 시합을 할 때 심판이 룰에 따라 공정하게 심판을 보아야 경기가 원활하게 진행되고 관중도 흥미를 느끼는 이치와 마찬가지다.

수요독점·수요과점을 활용하자

2011년부터 이슈화한 카드 수수료 분쟁이나 대형 마트 진입 제한 문제도 따지고 보면 공정거래위원회가 제 기능을 수행하면 해결할 수 있다. 하지만 우리나라 공정거래위원회는 공급(supply) 측면만 생각한다. 공급 측면에서 경쟁적인 메커니즘을 어떻게 가져갈 것인지만 생각하지 말고 수요 측면을 활용해 경쟁적인 구도를 이끌도록 해야 한다. 이른바 수요독점(monopsony)[4]과 수요과점(oligopsony)[5]을 제대로 활용해야 한다. 물건과 서비스를 구매하는 중소기업과 소비자의 힘을 기르라는 이야기다. 이를 제대로 관철시키면 굳이 대기업과 중소기업 간 상생을 논하지 않아도 된다.

독과점이 되면 효율적이고 소비자에게 유리하다는 논리를 전개하는 이들도 있다. 과거 고만고만한 많은 기업들이 우르르 몰려 있는 것보다 소수 기업 체제가 치열하게 경쟁하는 구도가 소비자에게 좋다는 논리도 있다. 하지만 최근 행태를 보면 소수 독과점 기업들이 담합을 일삼으며 제품 가격을 올리고 서비스를 제한하고 있

---

4) 수요독점(monopsony) : 구매조합에 의한 독점구입이나 소비자의 불매동맹 등과 같이 구매자가 많은데도 구매자가 1인 또는 하나의 통일된 의사를 가진 주체로 나타나는 경우

5) 수요과점(oligopsony) : 한 상품에 대해 공급자가 다수이고 수요자는 소수여서 수요자가 수요량을 마음대로 결정하는 시장 상태

다. 이를 공정거래위원회가 적발해도 과징금 몇 푼 내는 데 그치고, 먼저 담합 사실을 신고한 기업은 자진 신고했다는 이유로 과징금을 면제받고 있다.[6] 공정거래위가 공급자의 공정거래만 생각하니 문제가 풀리지 않는다. 구매자 독과점을 활용하면 독과점 대기업의 횡포 문제를 상당 부분 차단할 수 있다.

최근 프랜차이즈 영업을 보면 빵집과 카페가 많다. 그런데 프랜차이즈의 영업 행태가 제멋대로다. 베이커리 프랜차이즈의 경우 처음 시작할 때 2억 내지 3억 원이 들어간다고 한다. 그런데 그 비싼 인테리어를 2년에 한 번씩 바꾸라고 강요한다. 그 인테리어 업체를 프랜차이즈 모기업이 거느리고 있다. 가맹점들이 빚을 내 인테리어를 바꾸고 나면 사실 남는 게 없다. 그 결과 해마다 전체 가맹점의 30% 정도가 영업을 포기한 채 떠난다. 그리고 그 소상인들이 영세민으로 전락한다.

인구 30만 명도 안 되는 지방도시에 대형 마트가 들어서면 그 지역 중소 상인들은 몰락할 수밖에 없다. 소상인들이 영세민으로 전락하면 복지의 대상이 된다. 그런데 정부는 재원이 부족해 복지정책을 집행할 수 없다고 한다. 이런 상황을 뻔히 아는 정부가 가만히 있는 것을 보고 2040세대가 앞날에 희망이 보이지 않는다고 생각하는 것이다. 한국 경제가 그동안 잘 나간 것은 국민의 역동성 덕분이었다. 그런데 지금 역동성을 발휘할 만한 환경이 아니라서 희망을 버리고 절망하는 것이다. 우리 국민의 강점인 역동성을 다

---

6) 리니언시 제도(leniency program) : 담합 자진 신고자 감면 제도. 담합 행위를 스스로 신고한 기업에게 과징금을 감면 또는 면제해주는 것을 말한다. 우리나라에선 1997년 도입 당시 75%였던 과징금 감면율이 2005년 100%로 확대됐다. 담합 사실을 처음 신고한 업체에 100%를, 두 번째로 신고 업체에는 50%를 면제한다.

시 살리려면 우선적으로 양극화 문제를 해소해야 한다.

일각에선 인구 30만명 이하 도시에 대형 마트 입점을 제한[7]하면 한미 FTA 협정의 투자자국가소송제도(ISD)[8] 조항에 위배된다고 주장하는데, 선진국 유통 재벌이 대한민국 30만명 이하 도시의 구매력을 보고 진입하는 경우는 없다. 그리고 한국 유통재벌이든, 외국 유통재벌이든 똑같은 룰을 적용하므로 문제가 될 게 없다. 아무리 글로벌 시장의 돈을 노리는 자본이라도 한국 사회가 불안하다고 여기면 한국에 들어와 투자하지 않는다. 소비자 선택권을 제한한다는 논리도 있지만, 주민투표를 해서 소비자들이 좋다고 하면 대형 마트가 입점할 수 있는 길을 열어 놓았다. 현행 유통산업발전법에 그런 메커니즘이 이미 다 포함돼 있다. 그런데 관료들의 사고방식이 큰 기업을 상대로 하는 게 편하므로 그렇게 하지 않은 것이다. 정부가 나서서 소상인들이 구매 파워를 가질 수 있는 메커니즘을 만들어 주어야 한다.

지금 상태는 재래시장 및 소상공인과 대형 마트가 공정하게 경쟁할 수 없는 여건이다. 인구 30만 명 이하 도시에 대형 마트 진입을 일정기간 제한해야 한다. 재래시장과 소상공인들이 대형 마트에 맞설 수 있는 시간적 여유를 주자는 것이다. 산업화의 역사가 짧은 우리나라에서 다른 선진국처럼 한꺼번에 대형 마트가 진입하면 소규모 자본으로 생활하며 자기 자산을 축적하기 어렵다.

최근 고용동향을 보면 늘어나는 취업자가 대부분 5060세대 소

---

7) 2012년 4·11 총선을 앞두고 새누리당은 인구 30만 명 미만 시·군에 대형마트와 기업형 슈퍼마켓(SSM)의 신규 출점을 5년간 금지하겠다는 선거공약을 제시했다.

8) ISD(Investor-State Dispute) : 해외투자자가 상대국의 법령·정책 등에 의해 피해를 입었을 경우 국제중재를 통해 손해배상을 받도록 하는 제도

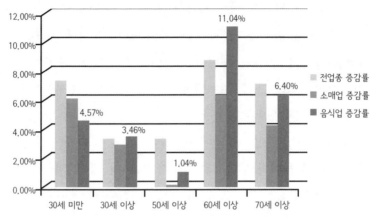

연령대별 자영업 창업 실태

2016년 10월 기준 전년 대비 개인사업자 증감률, 단위: %
자료: 국세청, 이데일리 2017년 1월 16일 보도

상인들이다. 베이비붐 세대의 은퇴가 본격적으로 시작되면서 나타
난 현상이다. 노후 준비가 제대로 되지 않은 상태에서 그냥 놀고
먹을 수는 없으므로 뭐라도 하기 위해 뛰어들고 있다. 지금 상태를
방치해 이런 소상인들이 몰락하면 고용 상황은 더욱 어려워진다.
정부가 상황을 종합적으로 고려해 정책을 펴야 한다. 단편적인 정
책을 집행하니까 한쪽에선 고용이 늘어난다고 하는데 다른 한편에
선 일자리를 파괴하고 있다. 양극화 현상이 심각하다고 이야기는
하면서 양극화를 자꾸 심화시키는 '거꾸로 정책'을 집행하고 있는
것이다.

4차 산업혁명,
재벌만으론 안 된다

　세계는 빠른 속도로 4차 산업혁명으로 달려가고 있다. 도로에는 무인 자율주행 자동차가 달리고, 하늘에선 드론(Drone)이 물건을 배달한다. 제조업체의 생산 현장에선 정보통신기술(ICT)과 결합한 컴퓨터와 로봇이 사람 대신 작업한다. 영화나 만화, 게임에서 보아왔던 로봇, 인공지능(Artificial Intelligence, AI), 가상현실(Virtual Reality, VR), 증강현실(Augmented Reality, AR), 사물인터넷(Internet of Things, IoT), 스마트자동차, 3D프린터 등이 빠른 속도로 속속 현실화돼 우리 눈앞에 펼쳐지고 있다.

　2016년 스위스 다보스에서 열린 세계경제포럼(WEF)의 최대 화두는 4차 산업혁명이었다. 세계적 규모의 가전 박람회나 모터쇼는 4차 산업혁명을 향한 첨단기술의 각축장으로 탈바꿈했다. 2016년 3월 이세돌 9단과의 세기적인 바둑 대국으로 관심을 모았던 구글 알파고에서 보듯 AI는 이미 글로벌 산업을 관통하는 키워드다. AI를 활용한 다양한 가전제품과 스마트자동차가 속속 탄생하고 있다.

　산업 간 경계도 무너지고 있다. IoT와 빅데이터, 로봇 등 첨단기술이 긴밀하게 연결된 형태로 구현된다. 세계적 기업들이 치열하게 기술 경쟁을 벌이는 무인 자율주행 자동차는 신기술의 여러 요소를 결집한 4차 산업혁명의 요체다. 미국과 독일 등 선진국은 물론 그동안 여러 산업과 기술 분야에서 한국을 추격해오던 중국까지 관련 기술 개발에 열심인데 한국은 뒤처져 있다.

　조선, 철강, 석유화확 등 주력산업이 성장 정체 및 위기 상황에 직면한 한국으로선 서둘러 4차 산업혁명 열차에 올라타야 할 텐데 현실은 그렇지 못하다. 창조경제를 외쳐온 박근혜 정부는 4차 산업혁명의 요람이 될 것이라며 전국에 18곳의 창조경제혁신센터를 설립했다. 이들 창조경제혁신센터의 리더로 재벌그룹이 참여하면서 수십억 내지 수백억원씩 투자하기로 했다.[9]

그러나 중앙·지방 정부와 대기업이 자발적으로 설립 추진하는 것으로 알려졌던 창조경제혁신센터는 최순실 국정농단 사태에 대한 수사와 재판이 진행되면서 정부의 압박과 강요에 의한 것임이 드러났다. 이에 대기업의 추가 투자 및 출연 명분이 없어졌고, 서울과 대전시 등 일부 지방자치단체는 시비를 삭감하기에 이르렀다.

중국 알리바바 그룹의 마윈 회장은 "20년간 지속돼온 정보기술(Information Technology, IT) 시대가 저물고 앞으로 30년 동안 데이터기술(Data Technology, DT)[10] 혁명에 기반한 새로운 인터넷 시장이 열릴 것"이라고 말했다.[11] 바야흐로 이제 DT의 시대라는 것이다. 방대한 고객 데이터를 활용해 개별 고객의 요구에 부응할 줄 아는 기업이 성공하는 DT 시대에는 몸집이 무겁고 의사결정 과정이 느린 대기업보다는 아이디어가 풍부하고 혁신에 익숙한 중소기업이 주도할 것이라고 내다봤다.

4차 산업혁명의 전진기지로 삼겠다며 창조경제혁신센터를 설

---

9) 창조경제혁신센터는 2014년 9월 삼성이 대구에 1호, SK가 대전에 2호를 설립한 이후 2015년 7월 울산과 서울, 인천을 마지막으로 1년 사이 18곳이 만들어졌다. 삼성과 현대차, SK, LG, 롯데, 한진, 한화, 효성, CJ, KT 등 대기업이 주도했다. 삼성이 2014~2018년 5년간 500억원을 투자하는 등 기업별로 수십억 원에서 수백억 원씩 투자하기로 약속했다.

10) DT(Data Technology) : 축적된 데이터를 분석해 가치를 창출하고 미래를 예측하는 기술

11) 마윈 알리바바 회장은 2015년 5월 19일 서울에서 열린 아시아리더십컨퍼런스 기조연설에서 "지금은 DT(데이터 기술) 시대"라고 역설했다.

산업혁명의 발전 단계별 특징

산업혁명	특징
제1차(18C)	동력 -수력 및 증기기관 -기계식 생산설비
제2차(19~20C)	자동화 -노동, 분업 전기 -대량 생산
제3차(20C 후반)	디지털 -전자기기, IT -자동화 생산
제4차(2015~)	융합 -사이버 물리 시스템 (Cyber-physical system)

자료: World Economic Forum

립하면서 재벌그룹더러 주도하라고 강요한 것부터가 박근혜 정부의 4차 산업혁명에 대한 이해가 부족했다는 방증이다. 글로벌 산업의 대전환기를 맞아 주요 국가들이 승기를 잡기 위해 사활을 건 전쟁에 뛰어들었다. 하지만 정치권과 한국을 대표하는 대기업들은 여전히 낡은 사고방식과 정경유착에서 벗어나지 못하고 있다.

4차 산업혁명도, DT 시대도 그 특성상 제대로 이끌 주역은 대기업보다는 중소기업과 벤처, 기발한 아이디어로 뭉친 스타트업(신생기업)이다. 몸집이 가볍고 의사결정이 빠른, 작지만 강한 기업들에서 청년과 여성들이 한껏 기량을 펼 수 있도록 마당을 만들어 주어야 한다. 경제민주화가 시급하고 절실한 이유다. 산업정책의 패러다임도 경제민주화 정신에 맞춰 근본적으로 전환해야 한다. 4차 산업혁명의 거대한 패러다임 전환에서 뒤처지면 한국의 미래는 없다.

제5장
결국 다시
경제민주화다

●●
●●

북한의 개혁 개방을
유도하라

현재의 냉각된 남북관계나 이명박 정부에 이어 박근혜 정부가 취해온 외교안보 정책을 보면 한반도 문제를 스스로 해결해나가겠다는 의지가 부족해 보인다. 과거 독일 통일을 이루기 전 서독은 40여 년 동안 독일 분단의 당사자인 미국과 소련과의 관계에서 균형을 잘 유지해 통일을 이뤄냈다. 한국도 분단에 책임이 있는 두 당사자인 미국과 중국과의 관계를 잘 설정하고 활용해 한반도의 미래를 설계해야 하는데 현실은 그렇지 않다. 이런 상태로 한국이 동북아 세력 균형 관계에 있어서 무슨 전략으로 어떤 위치를 정립할 수 있을지 염려된다.

중국 경제로 편입되고 있는 북한 경제

1979년 영국의 경제 주간지 <이코노미스트>가 중국 특집을 별책으로 냈다. 중국이 과거의 '죽의 장막'에서 나와 나라를 개방하고 같은 유교권인 한국이 1970년대에 그랬던 것처럼 중국이 21세기에 거대경제세력으로 등장할 것이라고 내다봤다. 실제로 등소평 중국 주석이 1978년 개방을 선언하고 1979년 시장경제 원리를 도입했다. 그 당시 한국에서도 중국이 앞으로 어떻게 변할까, 중국 경제가 한국과 어느 정도 시차를 두고 발전할까를 두고 여러 관측이 나왔는데 예상보다 빨리 시차가 좁아졌다.

과거에는 기술 습득이 쉽지 않았는데 국제 환경 변화로 과거 고급 기술이 지금은 보편적인 기술이 되었다. 사실 일본의 산업화 과정을 모방한 것이 한국 경제이고, 이를 다시 중국이 모방했다. 그 결과 일본과 한국, 중국이 비슷한 경제 구조를 갖게 되었다. 여기서 한국은 중국에 인건비나 가격 경쟁력에서 밀리고, 일본에는 첨단 기술과 부품·소재 산업에서 밀리는 샌드위치 신세다. 중국의 경제 규모는 이미 일본을 제치고 미국과 경쟁하는 G2 경제대국으로 커졌다. 중국과 인도 등 인구대국의 경제가 급성장하면서 엄청난 동력을 발휘하고 있다.

1990년 한중 수교 협상 차 중국을 방문했을 때 대장정(大長征)[1]에 참여했던 등소평 시대의 한 원로가 이렇게 말했다. "당신들

---

1) 대장정이란 1934~1935년 1만 5,000km에 이르는 중국 공산군(紅軍)의 역사적 대행군으로 그 결과 공산당 혁명 근거지가 중국 동남부에서 서북부로 옮겨졌으며 마오쩌둥이 지도자로 부상했다.

하는 걸 보니까 검은 구름이 몰려오고 천둥번개는 치는데 비는 한 방울도 안 내리는 외교를 한다"고. 그 얘기를 듣고 깜짝 놀랐다. 큰 소리만 치고 다니면서 실속은 없다는 말인데 요즘 한국 외교가 딱 그렇다. 얼마 전부터 중국은 한국에게 매사를 머리로 해결하려고 하지 않고 가슴으로 해결하려 든다고 말한다. 감상적으로 접근한다는 의미다. 남북관계나 6자회담, 북한 핵문제에 대한 한국 정부의 대응을 꼬집는 말이다.

자본주의 체제도 세계 각국의 역사적 배경이나 문화적 배경 등 여건에 따라 달리 나타나고 변화한다. 중국의 자본주의를 '천자 (天子) 자본주의'라고 한다. 예전 중국의 왕을 천자라고 부르고 나머지 사람들은 거기에 종속되어 있다고 생각한 것처럼 지금 중국 경제의 모습이 그렇다. 자기들에게 집중하는 모든 것들이 자기들 것이 된다고 생각하는 것이다. 중국에 대한 외국인투자 규모가 엄청나고 중국의 외환보유액은 3조 달러를 넘는다.[2] 이를 무기로 중국은 아프리카에서 맹렬한 자원외교를 펼치고 있다.

사무엘 헌팅턴이 쓴 책《문명의 충돌》에는 한국 경제가 중국에 편입될 것이라고 쓰여 있다.[3] 자칫 잘못하면 그렇게 될 수도 있다. 한국이 자주성을 지키면서 생존하려면 중국과 일본 사이에서 지렛대 역할을 할 수 있는 외교적 역량이 필요하다. 북한 경제에 대한 중국의 영향력은 계속 증대될 것이다. 북한이 공을 들이는 나

---

2) 2016년 말 현재 중국의 외환보유액은 3조 105억 달러다. 2014년 중반 4조 달러를 넘어섰던 것이 2016 하반기 이후 미국 달러화 가치가 오르면서 위안화 가치가 하락하는 것을 막기 위해 달러를 팔아 위안화를 사들이면서 감소했다.

3) Samuel Huntington(1927~2008년) : 미국의 정치학자. 저서로 《제3의 물결-20세기 후반의 민주화》, 《미국정치론》, 《문명의 충돌》 등이 있다.

선지구와 황금평 개발사업에 중국이 깊숙이 참여하고 있다. 2008년 7월 중단된 금강산 관광에도 중국 업체가 참여하고 있다.

남북관계 최대 변수, 중국

대한민국은 지구상에서 유일한 분단국가다. 경제적 측면으로 보나 한반도의 지정학적 위치와 국가적 위상으로 보나 남북통일은 필요하다. 굳이 '흡수통일'이란 표현을 쓰지 않아도 어느 날 갑자기 통일의 순간이 다가올 수 있다. 이에 미리 대비해야 한다. 사실 남북 간 대화와 협상을 통한 통일은 어렵다고 본다. 어느 순간 북한이 도저히 체제를 유지할 수 없게 되었을 때 통일이 이뤄질 것이다.

이 과정에서 가장 중요한 변수는 중국이다. 정치·경제적 이유로 북한을 지원한 중국이 북한을 쉽사리 포기하지 않으려 들 것이기 때문에 현재와 같은 북한 체제는 앞으로도 한동안 유지될 것으로 본다. 따라서 한국과 중국 간 외교관계가 매우 중요하다. 중국에게 남한과 북한이 통일되더라도 중국에 위협이 되지 않을 것이라는 점을 인식시켜주는 일이 필요하다. 중국 역사를 보면 과거에 중국 본토 한족들을 괴롭힌 세력이 옛 만주 지역인 지금의 동북3성[4]이

---

4) 東北三省 : 중국 동북쪽에 위치한 지린성·랴오닝성·헤이룽장성 등 3성을 일컫는 말. 일찍이 석유·석탄 등 풍부한 지하자원과 철강·조선 등 중공업의 발달로 중국 경제에 기여했으나 1990년대 이후 자원이 고갈되고 국영기업이 노후된 설비로 적자에 시달리면서 낙후지역으로 전락했다. 이에 중국 정부는 2003년 이 지역 개발을 위한 동북 대개발 계획을 발표했다. 한반도 인접 지역으로 200만 명의 조선족이 살고 있다.

다. 중국으로선 통일된 한국이 북한 지역의 경제를 발전시키면서 동북3성과 직접 교류하면 동북3성의 힘이 커질 것이고 장차 중국을 위협하는 세력으로 부상할까봐 경계하고 있다.

1989년 베를린 장벽이 붕괴되는 등 소비에트 연합 체제가 무너진 것은 소련이 동유럽 국가들에게 최소한의 생활을 영위할 정도로 지원할 만한 경제력을 상실했기 때문이다. 이와는 달리 세계적인 경제대국으로 부상한 중국은 북한이 최소한의 생활을 할 수 있도록 도와줄 만한 능력이 있다. 따라서 현재의 북한 체제는 오랜 기간 유지될 것이므로 남북 문제는 장기적인 안목과 전략으로 접근해야 한다.

북한이 어떤 이유로든 체제가 와해될 경우 남북한의 통일 과정에는 막대한 비용이 필요하다. 남한으로선 이에 대비하는 지불 능력과 지불 의사를 함께 갖춰야 한다. 아울러 통일의 시점이 오기 이전이라도 북한 주민을 기꺼이 도와줄 수 있어야 한다. 비록 북한 정권의 정책이나 태도가 성에 차지 않아도 같은 민족인 북한 주민의 삶을 개선시키는 데에는 좀 더 포용하는 자세가 필요하다. 적어도 북한 어린이들이 영양실조에 걸리지 않고 성장할 수 있도록 식량 지원을 할 필요가 있다. 이런저런 조건을 달지 않고 도와주는 것이 통일에 대비하는 바람직한 모습이다. 그렇게 하려면 먼저 우리 사회 내부의 조화와 합의가 필요하다. 지금처럼 양극화 현상이 심각한 상황에서는 '우리 사회 내부 문제도 해결하지 못하면서 북한을 돕느냐'며 퍼주기 논란이 일 것이다. 사회안정과 함께 경제가 지속적으로 성장하는 등 역동적인 균형 상태를 유지해야 한다. 1989년 베를린 장벽이 무너져 독일이 통일된 지 20년 만에 잡음 없이 거의 모든 문제가 해결된 것은 그만큼 서독이 통일에 대비해

왔고 경제 기반이 탄탄했기 때문이다.

김대중 정부가 시작한 햇볕정책은 효과적인 정책이라고 본다. 결국 햇볕은 돈이나 마찬가지다. 이솝우화처럼 두터운 외투를 벗기는 데에는 햇볕, 돈이 필요하다. 북한을 지원하는 과정에서 많은 사람들이 남북한을 왕래하고 남한 주민과 외국인들이 평양 등 북한을 관광하다 보면 북한 주민들이 북한 체제와 남한 체제를 비교하게 된다.

이처럼 북한 사회에 밖으로 통하는 구멍을 뚫은 게 김대중 정부다. 그 구멍을 통해 남한 소식이 오갈 수 있게 되었다. 그 영향을 받아 북한 내부에서 개혁·개방을 요구하는 등 변화가 일 것이다. 이런 북한 내부의 변화로 체제에 변동이 생길 경우에는 중국도 영향력을 발휘하기 힘들어진다. 사실 1980년대 말 동유럽 국가에서 사회주의 체제를 붕괴시킨 간접적인 요인 중 하나가 경제 상황이 어려워진 동유럽 국가들이 외국인 관광을 허용한 것이다.

개성공단 사업도 큰 의미를 지닌다. 공단 규모와 입주기업을 확대하고 북한 근로자들도 더 많이 현지 공장에서 일할 수 있도록 해야 한다. 그곳에서 일하는 북한 근로자들이 자연스럽게 남북한 체제와 현실을 비교하고 깨달을 것이다. 제2, 제3의 개성공단 건설 사업도 필요하다. 이는 심화되고 있는 북한 경제의 중국 의존도를 약화시키는 방법도 된다. 그런데 박근혜 정부는 북한의 핵실험과 장거리 미사일 발사에 맞서 2016년 2월 개성공단에 대한 폐쇄 결정을 내렸다.

중국은 동북3성에 북한을 편입시켜 '동북4성'화하는 전략을 쓰고 있다. 북한의 나진·선봉지구 개발을 필두로 고속도로와 교량을 건설해주고 지하자원 개발에도 눈독을 들이고 있다. 특히 무산 광산의 철광석은 철 함유량이 낮아 질은 약간 떨어지지만 매장량이 포스코가 50년 동안 쓸 수 있는 10억t에 이르는 것으로 알려졌다. 포스코가 이를 개발해 남한으로 들여와 쓰기 위해 2011년 북한과 협의하였지만 남북 관계가 냉각되면서 성사되지 않았다.

남북문제, 우리가 주도권 잡아야

북핵 문제를 다루는 6자 회담을 보면 과거 독일 통일 과정을 연상시킨다. 1989년 베를린 장벽 붕괴 이후 독일 통일을 논의하기 위한 6자 회담 — 미국, 러시아, 서독, 동독, 영국, 프랑스 — 이 열렸는데, 사실 영국과 프랑스는 영향력을 발휘하지 못한 '4자 회담'이었다. 미국과 러시아, 서독이 회담의 주체가 되고 동독은 회담 결과를 받아들여야 하는 수동적 입장이었다. 지금 북핵 문제를 논의하는 6자 회담도 이와 비슷한 구조다. 미국, 중국, 러시아, 일본, 한국, 북한 등 6개국이 참여하는데 러시아와 일본은 별 영향력을 발휘하지 못하고 있고 한국도 곁다리 역할에 머물렀다. 미국과 중국, 북한이 회담의 주축이다. 남한이 6자 회담에서 주도적인 역할을 하지 못했던 것은 그 이유와 배경이 어떻든 현실적으로 이명박 정부 이후 남북 관계가 원활하지 못했기 때문이다.

차기 정부에서 경제 문제 못지않게 중요한 것이 변화하는 동북아 질서에서 한국이 주도권을 잡는 것이다. 그러려면 한국과 중국의 외교 관계 및 남북 관계가 매우 중요하다. 2012년 독도와 센카쿠 열도(중국명 댜오위다오)의 영유권 문제를 둘러싼 한국과 일본, 중국과 일본과의 힘겨루기에서 보듯 동북아 정치외교 무대에서 주도권을 잃지 않는 것은 국익과 직결되는 사안이다.

미국 닉슨 대통령 시절 국무장관을 지낸 조지 슐츠가 남북 문제 해결을 위한 논문을 썼다. 슐츠는 남북한 통일을 빨리 성사시켜야 하는데, 그 전제 조건으로 통일이 되면 미군이 철수하고 북한의 부흥과 경제개발에 미국 기업도 협조해야 한다고 주장했다. 논문은 미군 철수가 한반도 문제 해결의 핵심 중 하나라고 적었다. 왜냐하면 미군이 철수해야 중국도 안심하고 북한에서 손을 뗄 거라는 전략적 판단에서다.

제2차 세계대전에서 일본이 패한 뒤 한반도에서 대한민국 정부의 설립 근거는 유엔 결의다. 유엔 결의에 따라 신탁통치를 하지 않고 유엔 감시 아래 선거를 치러 정부를 수립한 것이다. 당시 유엔이 제안한 남북한 동시선거를 북한이 거부했기 때문에 대한민국만 합법적인 정부로 인정했다. 그런데 1991년 남북한이 동시에 유엔에 가입함으로써 국제적으로, 법률적으로 북한도 독립국가로 인정받게 되었다. 따라서 북한에 문제가 생겨 중국이 개입할 경우 현실적으로 유엔을 통해 해결할 수밖에 없는 구조다.

독일 통일 사례에서 보듯 통일은 당사자 합의만으로 이뤄지지 않는다. 한반도의 남북 분단 자체가 우리 뜻에 의한 것이 아니고 전승국간 이해관계의 산물이었다. 현실적으로 6·25전쟁의 휴전 당사자가 유엔연합군과 북한 및 중국이다. 통일에 대비하려면 우리가 북한의 마음을 움직여 얻는 자세로 가야지 북한을 이기려 드는 자세는 곤란하다. 북한의 마음을 얻으려면 북한 주민들이 남한에 대해 고마움과 함께 남한을 동경하는 마음을 갖도록 이끌어야 한다. 이런 면에서 고 박태준 포스코 명예회장이 생전에 북한 원산 지역에 포스코의 제3제철소를 짓기를 염원했다는 이야기는 새겨들을

가치가 충분하다.[5]

북한의 개혁 개방을 유도하라

김정은 체제의 북한도 결국 변화할 수밖에 없을 것이다. 지금은 핵무기 개발과 미사일 발사 등으로 북한 주민이 밖으로 통하는 문을 닫아걸고 있지만 시기의 문제이지 중국 방식이든, 베트남 방식이든 자신들에게 맞는 부분을 골라 '북한식 개혁·개방' 정책을 취하려 들 것이다. 2012년 집권한 김정은은 노동당 간부들에게 경제 발전의 중요성을 강조하며 "중국의 방법이든, 러시아나 일본의 것이든 사용할 수 있는 수단이 있으면 도입하라"고 지시한 것으로 전해졌다. 일종의 북한식 '흑묘백묘(黑猫白猫)'론이다.

북한 주민의 행복과 문명생활의 길은 북한 경제의 발전에 있다. 경제발전에 필요한 국내 자본과 기술이 부족한 북한으로선 현실적으로 외국 자본과 기술을 들여오는 방안을 모색할 수밖에 없다. 우리가 북한의 움직임을 면밀히 파악하지 못한 채 중국에 밀리면 북한 경제의 중국 예속화는 더욱 가속화할 것이다. 개성공단과 같은 남북 경제협력 모델을 더 만드는 등 비정치적인 분야 - 경제협력과 문화 교류 등 - 의 남북한 접촉을 늘릴 수 있는 방안을 적극 찾아야 한다. 남북관계를 원활히 함으로써 북한 리스크를 줄이

---

5) 2011년 작고한 박태준 포스코 명예회장은 포스코 원산제철소 건립 방안에 대해 자금은 포스코의 국제신인도를 활용해 마련하고, 인력은 북한군 1,000명 정도를 선발해 포항·광양 제철소에서 훈련시키면 된다고 말했다. 그는 북한도 일본으로부터 대일청구권 자금을 받아 도로, 발전소, 항만, 철도 등 인프라 건설에 써야 한다고 주장했다.

는 것은 한반도 평화 정착은 물론 우리나라 국가신용등급을 높이는 데에도 도움이 된다. 우선은 단절된 남북관계를 이명박 정권 이전 수준으로 회복하는 게 급선무다.

장래 남북한 통일에 대비하기 위해서는 우리 사회의 여러 문제를 바꾸는 작업도 매우 중요한 의미를 지닌다. 남한의 제반 상황에 비춰볼 때 현 상태에서의 통일은 거의 불가능하다. 설령 통일이 된다고 해도 위험하다. 어느 나라든 정치·경제·외교 등 모든 분야가 고루 조화를 이루며 상당한 수준에 이르러야 사회가 안정되는 법이다. 또한 이런 사회 안정을 바탕으로 체제에 반대하는 세력을 포용해야 국제외교 무대에서 역량을 발휘할 수 있다.

여기서 다시 독일의 사례를 들여다보자. 서독은 1966년 공산당 창당을 허용했다. 이것이 가능했던 것은 공산당이 등장해도 별문제가 없을 정도로 서독 정부가 사회안전망을 구축해 놓았기 때문이다. 서독에 공산당이 탄생하고, 곧이어 실시된 주 의회 선거에서 공산당이 5% 이상 표를 얻지 않을까 우려했는데 득표율은 2%에 미치지 못했다. 이런 기반에서 서독 정부의 통일정책인 빌리 브란트의 동방정책(Ostpolitik)이 성공할 수 있었다.

1969년 서독에서 처음으로 사회당이 집권에 성공했다. 빌리 브란트의 동방정책에 불만을 가진 정파들의 연합 공세에 밀려 1972년 의회를 해산하고 조기 총선을 실시했다. 당시 '반(反)브란트 전선'이 형성돼 제2차 세계대전 이후 선거전 중에 가장 치열했다. 그런 상황에서도 서독 국민들은 3년 전 선거보다 더 많은 표를 사회민주당에 몰아주었다.

미국에서도 1929년 세계 대공황 이후 여러 분야의 많은 지성인들이 대거 공산당에 가입하는 등 사회주의가 득세하는 움직임이 나타났다. 이에 프랭클린 루스벨트 대통령이 사회안전망(social security net) 구축에 초점을 맞춘 뉴딜(New Deal)정책을 구상해 실행했다.

독일이 통일 이후 더욱 막강해지며 유럽의 맹주 역할을 하는 것은 시장과 인구가 커졌기 때문이다. 본디 제조업이 경쟁력을 갖추고 있어서 통일의 효과가 배가됐다. 독일의 사례에서 보듯 통일은 비용으로 따질 일이 아니다. 역사적으로 그 순간이 오면 싫든 좋든 적극 받아들이고 긍정적 효과를 높이도록 노력해야 하는 것이 통일이다. 그러려면 우리의 정치는 물론 경제·사회 제도가 북한보다 훨씬 우위에 있어야 한다.

결국 다시 경제민주화다

초판인쇄	2017년 3월 30일
초판발행	2017년 4월 5일
지은이	김종인
펴낸이	안종만
편 집	전채린
기획/마케팅	조성호 · 나영균
표지디자인	김연서
제 작	우인도 · 고철민
펴낸곳	(주)**박영사**
	서울특별시 종로구 새문안로3길 36, 1601
	등록 1959. 3. 11. 제300-1959-1호(倫)
전 화	02)733-6771
f a x	02)736-4818
e-mail	pys@pybook.co.kr
homepage	www.pybook.co.kr
ISBN	979-11-303-0429-8 03320

정 가   16,000원